MEIJIE PIPING

媒介批评

第九辑

蒋原伦 张 柠 主 编

柳 珊 魏宝涛 副主编

U0662298

GUANGXI NORMAL UNIVERSITY PRESS

广西师范大学出版社

· 桂林 ·

图书在版编目（CIP）数据

媒介批评. 第九辑 / 蒋原伦，张柠主编. —桂林：
广西师范大学出版社，2019.11
ISBN 978-7-5598-2348-9

Ⅰ．①媒… Ⅱ．①蒋… ②张… Ⅲ．①传播媒介—
研究 Ⅳ．①G206.2

中国版本图书馆 CIP 数据核字（2019）第 242696 号

广西师范大学出版社出版发行

（广西桂林市五里店路 9 号　邮政编码：541004）
（网址：http://www.bbtpress.com）
出版人：张艺兵
全国新华书店经销
桂林日报印刷厂印刷
（广西桂林市八桂路 1 号　邮政编码：541001）
开本：720 mm × 970 mm　1/16
印张：20.5　　字数：325 千字
2019 年 11 月第 1 版　　2019 年 11 月第 1 次印刷
定价：60.00 元

目　录

符号战争：二次元世界的建造与破损

焦典　张柠

摘要：二次元文化在产生之初，通过制造大量名词术语等话语符号，在自身与现实世界之间建造了一堵符号围墙，创造了属于自己的"异托邦"。在这个小世界中，一系列的二次元影音符号则构筑起了具体而丰富的亭台楼阁，展现出了诸如符号的漂浮性、彻底的平面性等独特的二维特征。但事实上，二次元世界从来不是一块纯粹独立的飞地，个人、资本、政治以及其他各种力量都在这里进行着或隐或显的话语争夺战。二次元这面符号围墙也在这符号战争的振动波中逐渐破损，最终走向瓦解。

关键词：ACGN 文化；御宅；二维平面；符号；话语权力

一、二次元世界的"符号围墙"

人们对于空间的认识史，就是人类文明的进步史。中国古人认为天圆地方，地是一块平坦的土地，被巨大的半球形天穹罩着，"天之包地，犹壳之裹黄"。古代印度人则认为世界是一座塔，从下往上分别是海洋、大地和天空。当然，随着近代科学的发展，这些神奇的想象已经成为历史的遗迹。

然而一个很有意思的现象是，随着人类科学探索的目光逐渐延伸，四维空间乃至多维空间在人类面前展开的同时，一个主动"降维"的二次元世界出现了。这个二次元世界吸引了大量的青少年乃至成年人入驻其中，对他们而言，这个平面世界似乎更加精彩、自由，具有难以抗拒的吸引力。

二次元世界是一个"飞地"，是一个拥有相当数量居民的"异托邦"①，它利用各式各样的符号策略，建了一道高高的围墙，将自身与现实世界分隔开来。

作为文化批评视域的二次元当然不仅仅是二维的平面空间那么简单，二次元文化更为学术一点应该称为"ACGN"文化，是动画（Animation）、漫画（Comic）、游戏（Game）、Novel（轻小说）等一系列平面的视界产物。ACGN 文化最先发源于日本，最初被看作是一种青少年亚文化。随着网络的普及运用，以及自身近四十年的不断发展，ACGN 文化现在已经不再是一种小众的亚文化那么简单。它特有的话语方式已经逐步渗透到现实世界的日常话语和主流文化中，对影视、美术、文学等艺术领域更是产生了巨大的影响。

二次元世界里的忠实居民是被称为"御宅"的人群，"御宅"一词是日语词语的翻译，乍一看不太好理解，但放在中国古代汉语的思维下，其实很好理解。"御宅"日语词语为"Otaku"，更准确一点的写法是"O-taku"。"O"缀于词前表尊称，"taku"指房子，合在一起就相当于中国古代汉语里的"贵府上""您家"。②由此可以发现，"御宅"一词是一个表示尊敬和礼貌的正式用语。日本爱好ACGN 文化的人们为了交换信息、欣赏彼此的藏品，经常举行一些聚会，形成了自己的圈子，见面时互相正式而礼貌地称呼对方为"Otako"。在 20 世纪 80 年代日本学者用该词指称对二次元世界异常投入的人群，各类报刊媒体上也大量出现，"御宅"一词就大范围使用开来。日本"御宅"之父冈田斗司夫在自己的著作《御宅学入门》中不仅对"御宅"一词的起源做了分析，也对"御宅族"做了很高的正面评价，认为真正的"御宅族"具备如下特征："一是具有高度的

---

① ［法］福柯著，王喆译：《另类空间》，《世界哲学》2006 年第 6 期，第 54 页。
② 易前良、王凌菲：《御宅·二次元世界的迷狂》，苏州大学出版社 2012 年，第 37 页。

信息检索的能力;二是具备高性能的参考能力,并对某一领域的了解异常详细深入;三是极为强烈的上进心和自我表达的欲望。"①

当然,正如现今很多人听到"御宅族",会在脑海里浮现出一些负面词语一样,日本国内对"御宅族"也有不少负面评价。早在 1982 年,日本社会评论中森明夫在《御宅的研究》中,就第一次对"御宅族"做出了负面评价。他形容"御宅族"为"就像不管在哪个班级都会有的那种人,运动完全不行……不是营养不良、瘦不拉几的瘦子,就是胖到眼镜框架都陷到肉里的胖子。女生的话,则是留着西瓜皮头,大多胖胖的,长一双螺旋腿,包着高高的白筒袜……这样子的家伙们,不知一下子从哪里冒出来,在这里聚集超过了 1 万人!"

随着 ACGN 文化的发展,"御宅族"已经变成了一个数量庞大的群体,涵盖了各式各样的人群,不仅仅只是中森明夫所说的那些十几岁的中学生了。"御宅族"们在自己的圈子内自给自足,几乎不与外界过多交流。这一点其实在其他类型的粉丝群体中也很明显,美国文化研究学者约翰·菲斯克就指出,"粉丝社群与社群之外的世界之间的界限非常分明"。他们竭力保全自己圈子的纯粹性,体现出很强的非政治化、非现实化的特点,"圈地自萌"是一个普遍的现象。同时,他们较一般的受众在程度上更加痴迷,对"手办"的追捧就是一个很明显的例子。作为一种动漫周边,"手办"最开始是指套装模件,这种模型需要人工进行一系列诸如打磨、拼装、上色等复杂工艺,制作难度也远远大于一般的模型制作,因此价格非常昂贵。一个 30 厘米大小的日本"手办"大概需要人民币几千元,如果再加上"限量""珍藏"等特殊要求,价格更是高得令人咂舌。但对于真正的"御宅族"来说,为这样的周边千金散尽也是值得的。相比起来,普通的读者和观众基本只是消费作品本身及一些软周边,自然也就被排除在了二次元的居民"御宅族"之外。

《新科学精神》的作者加斯东·巴什拉通过他的阐述已经告诉我们,"我们不是生活在一个同质的、空的空间中。正相反,我们生活在一个布满各种性质,一个可能同样被幻觉所萦绕着的空间中"②。人们对世界的认识与判断很

---

① ［日］冈田斗司夫:《御宅学入门》,太田出版社 1996 年,第 14 页。
② ［法］福柯著,王喆译:《另类空间》,《世界哲学》2006 年第 6 期,第 53 页。

大程度上取决于自身对自己所在位置的定位,也就是说,取决于所在的空间。"御宅族"们所生存的空间,就是大量 ACGN 文化产物所虚构出来的二次元世界。

相比起没有真实场所,完全是一个不存在的乌托邦,二次元世界更接近福柯所说的"异托邦"。这是一个确实存在并且在社会的建立中形成的场所,"这些真实的场所像反场所的东西,一种的确实现了的乌托邦……因为这些场所与它们所反映的、所谈论的所有场所完全不同,所以与乌托邦对比,我称它们为异托邦"①。比如 19 世纪西方的博物馆和图书馆,"在一个场所,包含所有时间、所有时代、所有形式、所有爱好的愿望,组成一个所有时间的场所,这个场所本身即在时间之外,是时间所无法啮蚀的"②,博物馆和图书馆封存了所有的知识与爱好,同时与外界隔离开来。在 21 世纪的今天,二次元世界和这种个人爱好选择产生的异托邦是多么相似。现实世界是官方的、严肃的、等级森严的秩序世界,而二次元世界是巴赫金的狂欢世界,是对现实世界进行嘲弄、改造、变形、幻想的世界,是一个轻飘飘的,像云彩一样流动的世界,它悬浮在坚实严肃的现实世界之上。在这个狂欢的二次元里,"御宅族"们不必承受三次元的种种现实压力,一改人们印象中内向懦弱的性格,自信又快乐地进行"吐槽"和"恶搞",仿佛和动漫里的人物一样拥有强大的能力或者令人倾心的魅力,获得在三次元的现实世界里很难得到的自信与满足。在建立二次元异托邦的同时,御宅族们也重建了自我。

正因为二次元世界不是一个完全虚幻的乌有之邦,而是一个处在中间和交缠状态的"异托邦",它是在与现实共存的空间里构建出来的。因此在二次元世界和现实的三次元世界之间必然存在着话语权力的争夺。布尔迪厄就一针见血地指出:"在高度分化的社会里,社会世界是由具有相对自主性的社会小世界构成的,这些小世界就是具有自身逻辑和必然性的客观关系的空间,而这些小世界自身特有的逻辑和必然性也不可化约成支配其他场域运作的那些逻辑和必然性。"③正是因为这种不可化约性,二次元世界逐步建立的过程,就

---

① [法]福柯著,王喆译:《另类空间》,《世界哲学》2006 年第 6 期,第 54 页。

② [法]福柯著,王喆译:《另类空间》,《世界哲学》2006 年第 6 期,第 56 页。

③ [法]布迪厄著,李猛、李康译:《实践与反思——反思社会学导引》,中央编译出版社 2004 年,第 134 页。

是多种力量相互斗争的动态过程。这场战争的武器不是飞机大炮核导弹，而是一个个词语、概念，一帧帧画面。简而言之，是一场符号的战争。

人本身就是符号的动物，卡西尔把符号理解为由特殊抽象到普遍的一种形式。人类具有的抽象能力，把事物从不可捉摸的感性世界里提取出某些固定的成分，形成一种象征物，也就是符号。"如果没有符号系统，人的生活就被限定在他的生物需要和实际利益的范围内，就会找不到通向理想世界的道路。"①在人类社会之中，符号的意义和使用范围都十分广泛，可以说，人类文化中的所有意义都是通过各式各样的符号表现出来的。符号也许不能完全准确地表达出所有的含义，但不依赖于符号的意义是不能被表达被感知的。

创建了"符号形式哲学"的德国哲学家恩斯特·卡西尔就认为"所有的文化形式都是符号形式"②。看似新奇的二次元文化，其实也是由一系列现实世界的符号形式搭建的。二次元的作品采用与现实世界间离和陌生化的手法，将现实世界里的种种符码进行重新拼贴，建立一个架空的世界。苏珊·朗格继承了卡西尔的符号学理论，她认为，"艺术是人类情感符号的形式创造"③。二次元作品里包含了大量的视觉和听觉符号，这些符号和现实世界里的符号一样，触动着人们共通的情感体验。也正是在这个基础上，二次元世界里的"御宅族"们才能沉浸于他们的"异托邦"中，仿佛生活在一个现实甚至比现实世界更好的空间里。以日本为例，早在20世纪90年代末，日本动漫就已步入"符号时代"。二次元作为沟通交往的一种文化符号，深入到了人们的日常生活之中。尤其对于青年一代，二次元不断提供给他们寄托幻想与情感的空间，对于青年一代的"御宅"来说，二次元不仅是一种休闲娱乐，更是一种生活方式。在这所有的符号中，最基础也是最重要的就是语言。"御宅族"们想要建立起属于他们自己的小世界，就必须创造一套二次元的语言，以此与强大的现实世界争夺话语权力。

在20世纪末突然盛行，至今仍是中国文化热门词语的"小资"，拥有一本属于自己的文化辞典——《小资辞典》。里面列出了一份词条清单，用来判别

---

① ［德］恩斯特·卡西尔著，甘阳译：《人论》，上海译文出版社1985年，第142页。
② ［德］恩斯特·卡西尔著，甘阳译：《人论》，上海译文出版社1985年，第33页。
③ ［美］苏珊·朗格著，刘大基等译：《情感与形式》，中国社会科学出版社1986年，第51页。

你是否属于"小资"这个圈子。"红酒、高尔夫、花草茶、爵士乐、阳朔……"①这些文化符号为小资世界创造了具有辨识度的标志。和"小资"类似，二次元也拥有一套属于自己的话语系统，但是"排外"性更加明显。二次元的圈内术语如果不经过专门解释和学习，理解起来是非常困难的。大量的二次元名词术语铸造起一道高耸入云的墙壁，把自己与现实世界隔绝开来。

正因为二次元文化制造出了如此众多令大众难以理解的话语符号，由维基软件进行技术支持的 ACG 百科全书"萌娘百科"就在 2010 年建立起来。早期萌娘百科只收录性转换后的女性版本以及伪娘角色，之后逐渐扩展到收录大量动漫术语以及解释术语的来源。萌娘百科下有英文、日文、中文三种语言版本，其中仅中文条目就有超过四万条收录。"萌"是二次元文化一个很重要的概念，用来形容在观看 ACGN 产生的"从脑海里一闪而过、纯净美妙的愉悦感"。在"萌娘百科"里，"萌属性"对应的条目里又有两个子分类"D"（定型角色）和"X"（形象塑造用语）。子分类 D 下又有包括"万年萝莉、伪郎、伪娘、文学少女、无性……"一百多条词条，子分类 X 下则有两百多条更为细致的"萌"描写用语。倘若不是电脑网络技术的发展，二次元制造出的浩如烟海的话语符号，恐怕光解释的词典就要堆满一整间图书馆。

二次元术语就像是山野江湖之间的"黑话"，不是"行内"的人基本无法理解。但二次元人士则借由这套专属语言行走天下，寻找同好。比如特别常见的"里番"一词，即便不是"御宅族"，只要稍微看过动漫的人也十有八九都见过。但就是这个很常见很基础的二次元名词，其准确含义也仅供"圈内"参考。在日语中"番组"是"节目"的意思，"里番"，顾名思义就是在"里面"放的动漫，在日本指不能公开播放的影视录像，但在中国这个词则特指 18 岁以下禁止观看的成人动漫。与此对应的术语是"表番"，在日本"里番""表番"是视多种情况而定的，在中国则对应"里番"指虽然含有少儿不宜情节但可以在电视台播出的动画。与这组术语密切相关的则是"エロ"，这个词语更加明显地体现了二次元术语的强烈排外性。无论从表面的汉字字形，还是从读音、文化背景，都完全无法猜测其含义。"エロ"一词是从日语的"エロ"（色情）直接形译而

---

① 何悠然：《小资辞典》，中国纺织出版社 2006 年，第 24 页。

来，在动漫、漫画和轻小说里，这个术语和英文字母"H"一起，成为情色内容的标识。而更为资深的"御宅族"，则会在必要的场合将这个词语对外解释为"努力工作，养家糊口"，作为一种伪说明。二次元的圈内人士彼此会心一笑，而还没"降维"的三次元人类就只能面对着"御宅族"们互相调侃的"梗"，或者是屏幕上飘过的一排排弹幕挠头皱眉，百思不得其解。

拥有自己的话语，就拥有了属于自己的世界。在这个层面上来说，二次元文化成功地运用了语言这个最基础的符号，为自己构筑了一道坚实的墙壁，把并不令人满意的三次元世界挡在了外面，建立了自己的"异托邦"。福柯在《另类空间》里指出："关闭的房屋和殖民地，这是异托邦的两个极端类型"，二次元世界就是一间这样紧锁门窗的关闭的房屋。它"是空间的漂浮的一块，一个没有地点的地点，它自给自足，自我关闭，投入到茫茫的大海之中……"①

二、"围墙"建造术——二次元世界的叙事方法

如果说二次元世界利用话语符号圈定了自己异托邦的边界，那么一系列的影音符号则建造出了这个异托邦里具体而丰富的亭台楼阁。二次元文化产品一方面和电影、美术乃至于文学一样，共享一套社会文化符号并以此作为原材料进行加工创造，但另一方面，二次元文化展现出了独特的二维特征。我姑且把它暂时总结为符号的漂浮性。

伴随着消费社会的到来，二次元文化愈加兴盛。迈克·费瑟斯通曾指出："消费社会的文化被认为是碎片化的符号和形象漂浮不定的大杂烩，它带来没完没了的符号游戏，破坏了经年不衰的象征意义和文化秩序的基础。"②当我们审视二次元文化时，会发现这种符号漂浮的特征表现得很明显。首先是二次元对传统文化的颠覆性，传统的文化产品含义相对固定，人们对其的解读也遵循着固定的规则。但二次元文化似乎从兴盛之初，就对社会主流文化秩序表现出了反抗和抵制，是带有先锋色彩的青少年亚文化。例如相对早期的动漫

---

① ［法］福柯著，王喆译：《另类空间》，《世界哲学》2006年第6期，第57页。
② ［英］迈克·费瑟斯通著，杨渝东译：《消解文化——全球化、后现代主义与认同》，北京大学出版社2009年，第105—106页。

作品《铁臂阿童木》和《美少女战士》，塑造了"儿童""机器人""少女"这样的英雄角色，一反传统文化中把强壮成年男性作为英雄主角的套路，满足了大多正处于叛逆期的青少年人群的心理需求。由此产生的连锁反应，就是二次元文化的符号漂流现象。有人把二次元文化的消费模式称为"数据库消费"，这个词很有意思。所有消费的东西经过编码成为不同的符号储存在数据库里，消费的行为本身也并不再创造其他的产物。在前面已经提到过的动漫里的"萌"特质，成为新一代"御宅族"最为关注的点。日本学者东浩纪就指出，1995 年之后的"御宅族""打一开始便将注意力集中在过度解读的二次创作以及人物萌的对象"。套路化的"人设"成为二次元作品里的看点和卖点，而"人设"又只不过是不同"萌要素"的排列和组合。日本"御宅之父"冈田斗司夫曾在新宿的一次会议上说"御宅族已死"①，表达的正是对这种丧失了对叙事的想象创造，满足于表面符号拼贴组合的不满。"御宅族"当然没有死，只是随着消费社会的进程，变成了"萌点"至上的轻松主义者。另一个与之相关的现象则是"同人"创作的大量兴起，漫画本子、小说、音乐、游戏……"御宅"们并不仅仅满足于原作的讲述，而是通过对作品中人物故事进行二度创作，把自己喜爱但没有得到满足的要素进行添加、改变，从庞大的二次元"数据库"里拿出自己所需的符号，进行拼贴游戏，从而获得自我满足与社群认同。在这个世界里，符号的组合是任意的，甚至符号自身的意义也是可以随时变换的。符号就像漂浮在水面上的花瓣，岸边的人可以根据需要自由取用，赋予它属于自己的理解与内涵。

当然，二次元文化最初的发源和最重要的组成部分是漫画和动漫，而这二者与绘画和电影这两大艺术媒介密切相关。在艺术语言的运用上，也有相似的规律。二次元消费文化一定程度上又可以说是符号的游戏，视觉符号、听觉符号等一系列的符号共同造就了二次元独特的视听语言与美学风格。

在今天这个大众读图时代，对视觉艺术的研究理应被提到一个新的高度上。从 20 世纪潘诺夫斯基提出的图像符号学，到达弥施把图像看作视觉艺术符号学，符号学的领域从语言不断扩展到文化领域。到了罗兰·巴特和艾柯，

---

① ［日］冈田斗司夫著，谈璞译：《阿宅，你已经死了！》，时报文化出版公司 2009 年，第 69—74 页。

关于图像的符号学不再局限在美术领域，而是进入到了各种各样的视觉文化中。在世界上第一部电影诞生五年之后，第一部广义上的动画电影也出世了。同为视觉表现艺术，动漫和电影却有很大的不同。尤其在视觉符号的运用方面，二者展现出了二次元和三次元之间的巨大差别。艾柯在研究电影语言符号时归纳了十大代码，即知觉代码、识别代码、传输代码、色调代码、肖似代码、肖似化代码、趣味和感觉代码、修辞性代码、风格代码以及无意识代码。同时，他在索绪尔、皮尔士的理论之上，针对视觉文化建立了"表达－内容－解释项"的三元符号模式。其中的"解释项"是"一个文化集合的空间，是意义得以作用的平台"①，是一个独特的"场"。在这个开放的视域中，或许能更好地审视二次元这块文化的异托邦。

提到日本，说起动漫，或许很多人脑海里浮现出的第一个人就是宫崎骏，他的《千与千寻》为日本动漫赢得了世界性的声誉。殊不知就是这样一位元老级的人物，在日本年轻一代"御宅族"中，却被视为过时与落伍。"披着二次元外衣的三次元"，宫崎骏已经被二次元的居民们驱逐出了他们的神圣异托邦。为什么现在二次元的年轻人已经不再认可宫崎骏了？利用艾柯的视觉符号理论分析一下日本现在人气最高的动画导演新房昭之的作品，或许就能看清在真正的二次元世界里，符号是怎么运作的。

随着计算机技术的发展，大量的 3D 动画应运而生。从天空、树木，到每一根毛发每一根草茎都力求真实逼真。但在二次元看来，这样的动画只是对三次元的模仿，称不上是真正的二次元。在宫崎骏的动漫里，人物场景往往栩栩如生，甚至连一个药材抽屉都在现实生活里对应着一家叫武居三省堂的文具店木柜。但新房昭之的动漫电影，则是彻底的平面化、完全的符号化，与现实的三次元世界即便在表面的画面呈现上也截然不同。

新房昭之动漫电影符号化的一个很极端的表现就是：字符直接代替画面。图画本来已经是平面的了，但如果说画得逼真的图画还在一定程度上让人感觉到三次元世界的话，字符则是彻彻底底的二维。比如新房昭之"物语系列"的《化物语》，在第十话开头一共十八个镜头，每个镜头时长不足一秒。这些镜

---

① ［意］乌蒙勃托·艾柯著，卢德平译：《符号学理论》，中国人民大学出版社 1990 年，第 25 页。

头大多由大量的文字构成，观众不得不暂停画面来识别这些文字，以至有人抱怨"每次看这种动画都锻炼我的暂停能力"。《再见了，绝望老师》里的一幕，除了主角对着天空怒吼的身影之外，其余部分竟被长达二十多行的文字填满。新房昭之直接把小说原本的文字内容进行复制粘贴，因为他知道，真正的"御宅族"们会不断在电脑键盘上敲击空格键暂停，他们从不把观看新房昭之的动漫电影当作养眼的消遣，而是将其看作一份需要付出体力劳动才能得到的高级享受，为此不嫌累眼之苦。单调的红色涂满了整个屏幕，在屏幕的右上方分行写着"街灯，街灯，街灯"，这就是一副典型的新房昭之式画面。

除了文字符号代替图画以外，新房昭之动漫电影另一个非常二次元的特点就是平面化。"超平"概念源自日本江户时代受西方影响的木刻版画，一度成为艺术及设计领域一种极为重要的方向。"超平"不仅仅只是一种二维的美学，它强调的是其内在的平面性而非单纯的深度。除了经过 3D 处理的影像，一般的动漫、电影自然都是平面的。但新房昭之作品的平面化不仅仅是在这个层面上，而是深入到每一帧画面的表现方式上。一幅静止的画面往往就构成新房昭之作品的一个镜头甚至一组镜头，因此有人把他的作品戏称为"配了背影音乐的 PPT"。事实上，如果仔细推敲每一幅这样的画面，会发现新房昭之其实吸收并化用了大量的平面艺术设计方法。比如在《化物语》的第二话片头，镜头中所有的图形都是用最基础的点、线、面构成，一个不断打点、划线、画出平面图形的订书机作为贯穿始终的唯一视觉符号。又或者是在《再见了，绝望老师》里的第四话，直接使用了图表来表现剧情，并且背景也不是写实的现实背景，而是像 PPT 的背景纹理设计一样，用不同色调的图案进行背景填充。虽然新房昭之此举并不是首创，但他在作品中使用图案纹理的频率及占比之高是很罕见的。很多人在看到新房昭之作品的第一眼感受就是怪异，正是因为他的作品在平面形式感的制造和新颖度上很高，不是对日常现实生活的模仿与表现，而是彻彻底底的二次元思维、二次元事物。这是新房昭之被人说一味怪奇的原因，却也是被二次元"御宅族"们奉为圭臬，成为最当红动漫家的原因。

对新房昭之作品进行分析的价值，不在于证明他是一个多么独特的动漫家，而是让我们看见一种新的思维方式，也就是所谓二次元的思维方式。艾柯在"十大代码"里提出了"知觉代码"和"识别代码"，主要指观众对影像画面的视觉感知和通过视觉符号进行联想的一些意义单元。新房昭之的动漫电影是二次元思维表现方式的典型代表，其中的"知觉代码"和"识别代码"不是我们所熟悉的三维空间的代码，比如对日常景观的描绘、一些具有象征意味的事物和人物等，而是二维空间的字符、线条、纹理……二次元世界的"御宅族"们正是使用这种独特的方式去感受世界和表达自我。

当然，除了纯粹形式上的符号，新房昭之的作品里也有许多文化符号、背景符号。这和艾柯"十大代码"里所说的"肖似化代码"与"趣味与感觉代码"有所对应，这两种视觉代码引入了文化与社会的维度，在一定程度上起到了暗喻隐喻的艺术效果。新房昭之《再见了，绝望老师》里就对日本乃至全世界普遍存在的社会问题进行了讽刺，其中有一幕是一个秃头的中年人只有在露出闪闪发光的秃头时才会被人们所注意到，"秃头"作为一个人辛苦生存与被漠视的符号，是日本社会里人们生存状态的一个缩影。这或许也说明了，无论二次元这块异托邦是如何努力地与现实世界隔离，也不可能斩断与其千丝万缕的联系。

三、破洞的墙壁——二次元世界的符号战争

正如麦克卢汉的预言，进入电子文明之后的人类重新走向了部落化。每个"部落"都不断生产着它们自己的语言，形成了各种各样的"方言"。"其中特别有生命力的'方言'可以打破部落间的壁垒，成为网络流行语；甚至打破'次元之壁'，进入主流话语系统。"[①]如前文所分析的，二次元是这些"部落"中庞大而又典型的一个，大量的二次元语言符号构筑起了一道墙，使二次元世界成为一块隔离于现实世界的"异托邦"。随着二次元世界的不断扩展，越来越多三次元的人开始关注这块领土。"破壁"，似乎成为一件必要而又紧急的事情。但事实上，二次元这块"御宅族"们尽力建造并维护的次元墙，本就不是想象中的那般坚固与纯粹。2.5次元，或许才是更合适的称呼。

①　邵燕君：《破壁书：网络文化关键词》，生活·读书·新知三联书店2018年，第2页。

二次元文化产生之初,对现实的三次元世界采取的就是回避与隔离的态度。对于一部真正的二次元作品来说,它的背景设置必须是虚构的、架空的。即使有时候不可避免的涉及现实问题,也要对其做"陌生化"处理,不能与实际的现实世界和历史形成一一对应的关系。正如前文所分析的,"拟真"的动漫被看作是不够二次元的落伍之作。纯粹的二次元世界,是"御宅族"们理想中的自由之地。在这块土地上,他们可以抛下现实世界的一切负担,不用顾忌种种规则与束缚,在其中享受快乐、寄托情感。正是出于这样的目的,真正的"御宅族"们其实并不希望二次元世界与真正的现实世界过多交流,甚至融为一体。在"破壁"的事情上,"御宅族"们是消极的、被动的。

这一点其实并不奇怪,根据"哔哩哔哩"网站的数据显示,二次元文化的受众普遍是低于 25 岁的年轻人。这一代人生长在经济条件相对富足的和平年代,对于现实与政治既不甚感冒,也没有足够的能力去改变。相比起曾经的"嬉皮士""朋克"之类的亚文化团体,二次元的"御宅族"们是内敛的、自足的,这种文化是"从目前世界上绝无仅有的儿童文化中派生、进化出来的"[①]。这种审美倾向,对现实世界天然就是拒斥的。这或许也解释了,为什么二次元文化如此热衷于制造自己的话语墙,以此把自己和外界隔离开来。

可惜的是,"御宅族"们单纯的愿望难以实现,拼命挣脱着漂浮起来的二次元世界,同样是一块资本和权力不断进行符号战争的土地。

二次元文化与资本掌握话语权力的消费社会有着不可分割的关系,甚至可以说,从"御宅"到"二次元"的概念重构就是由产业及资本主导的。[②] "二次元"是一个中国特色的称呼,在日本对于 ACGN 爱好者仍旧以"御宅族"指称,英语文化中也鲜有"two dimensional culture"的提法。但在 2015 年中国多家企业鼓吹"二次元"经济之后,这一词语如今已是炙手可热。随着二次元世界疆域的逐渐扩展,各种资本力量已经看见这其中蕴含的巨大财富。在二次元文化的发源地日本,从市场调研、策划,到具体制作过程中的导演、声优、画师、编剧,再到最后的宣发、周边,都已经形成了一条成熟的产业链。在中国,诸如

---

① [日]冈田斗司夫:《御宅学入门》,太田出版社 1996 年,第 94 页。
② [日]冈田斗司夫:《御宅学入门》,太田出版社 1996 年,第 88 页。

阿里巴巴、腾讯等具有雄厚实力的经济集团也纷纷涌向二次元文化市场,抢大IP(Intellectual Propety,知识产权),炒作 IP,已经是一个常规操作。除了外在资本力量的侵入,二次元文化之所以难以避免地与资本发生联系,原因更在于其自身的审美特征。

正如前文所分析的,二次元文化之中的"萌点"是吸引"御宅族"的主要因素。而"萌"是一个已经形成了的"数据库",与其说是创作,不如说是各种符号的拼贴和组合。人设代替故事,成为触动"御宅族"心里快感的关键点。日本早稻田大学教授东浩纪在《动物化后现代:从御宅族看日本社会》中如此分析:"受众所关心的并非整个故事而是其中的几个人物角色,进而迷群对这些角色进行诠释。事实上,日本动漫的制作过程,也会因为迷群重视人物胜过整个故事情节的趋势,而在制作过程当中特别为迷群所喜爱的萌元素量身定制。"①因此,二次元作品的生产者往往故意制造角色之间的暧昧不明的关系,为"御宅族"的"萌点"和同人创作留下空间。这种留白完全不属于艺术表现上的手法,而纯粹是一种商业套路。而就"御宅族"们本身来说,也存在着一个明显的"鄙视链"。一些相当大众化的动漫作品,被看作底端的"民工漫"。有调查显示二次元用户在动漫作品上的年均花费超过一千七百元,除去大量并不花钱只是单纯观看的用户,可想而知真正核心圈层的"御宅族"在二次元产业上的花费是相当惊人的。二次元文化本身的很多东西是带有很强的反抗性的,比如其中的性别观念、对儿童和女性的颠覆性塑造等,都对僵化的父权社会形成了冲击。但可惜的是,随着资本力量的逐步侵入,大多数时候这些已经成为一种作为"卖点"的商业符号,失去了原本的精神力量。

在二次元这块"异托邦"最初搭建的时候,国家的宏大叙事是被遮蔽的。和 20 世纪末诸如文学、美术等艺术领域一样,二次元文化最初体现出了很强的"去政治化"。东浩纪在具体考察了日本的社会文化之后作出了如下论述:"御宅族舍弃现实社会、选择虚构的理由,并非因为他们无法区分两者之间的差异⋯⋯御宅族们之所以封闭在共同的兴趣之中,不是他们抗拒这个社会,而

---

① 易前良、王凌菲:《御宅·二次元世界的迷狂》,苏州大学出版社 2012 年,第 12 页。

是因为社会价值规范的机能已无法顺利运作，被迫需要创造出另一套价值观……御宅族们的行为，无非是在大叙事凋零的背景下，为了掩埋这个空白而登场的行为模式。"①但到了中国，随着政治经济社会的发展，情况发生了改变。不少的主流甚至是代表国家的媒体，纷纷吸收使用二次元词汇，电影、综艺等也大量掺入二次元世界原料。本来属于亚文化的二次元开始与官方主流叙事形成某种合作关系，这不仅仅是一次简单的"破壁"，更是一场事关"文化领导权"的隐秘争夺战。来自各方的话语力量相互角力、对抗，二次元的次元壁在这样的震荡中逐渐破碎。

在对二次元符号的收编上，诸多二次元的流行用语、表情包和流行语句被直接吸收到面向青少年的媒介语言中。比如共青团中央微信公众号，制作了"萌萌"的拟人化形象，自称"团团"。日常推送中也使用"硬核健身！68 岁大妈上吊式锻炼，吓得大爷躲墙角瑟瑟发抖"等话语。在二次元人类聚集地的哔哩哔哩网站上，某著名军事评论家拥有很高的人气，被称为"局座"。二次元粉丝制作了他的许多"鬼畜"视频，这位军事评论家因此一度成为网络红人。

最典型的例子是国内网友逆光飞行（真名林超）创作的爱国主义题材漫画《那年那兔那些事》，把新中国成立以来的重大历史事件都通过漫画的形式表现出来。里面的兔子就是革命的"同志"（兔子与同志的拼音缩写一样）……每一个历史人物都被塑造成了一只只或者憨态可掬或者霸气外露的兔子形象。动漫里使用了许多二次元文化之中有名的"梗"，比如官员开会被描绘成SEELE 的七元老开会场面，借用了《新世纪福音战士》；西沙海战中的三条杠猴子穿着片中海军上将的制服并打出海军的旗号则是模仿了《海贼王》……作为一部土生土长的中国动漫，《那年那兔那些事》充分体现了国家话语，政治叙事对二次元世界的渗入与征用。二次元这块"异托邦"既是"御宅族"们的伊甸园和庇护所，也是现实政治投射力量的场所。

简而言之，"御宅族"们理想中的二次元世界从来不是一块纯粹独立的飞地，个人、资本、政治以及其他各种力量在这里进行着或隐或显的话语争夺战。

---

① ［日］东浩纪著，褚炫初译：《动物化的后现代》，大鸿艺术股份有限公司 2012 年，第 47—49 页。

即便它用大量的符号建起了一面隔绝外界的墙,这面墙也在这符号战争的振动波中逐渐破损,最终走向瓦解。

(焦典,北京师范大学文学院 2018 级研究生;张柠,北京师范大学文学院教授)

Symbol War: The Construction and Dilapidation of the Two Dimensions

Jiao Dian; Zhang Ning

Abstract:At the very beginning, the culture about ACGN maked a large number of discourse symbols such as nouns and terms. Thus, a symbolic wall was built between the culture about ACGN itself and the real world, and its own "heterotopia" was created. In this small world, a series of ACGN audio-visual symbols construct a concrete and rich pavilion, showing unique two-dimensional features such as symbolic floatability and thorough flatness. But in fact, this world has never been a purely independent enclave. Personal, capital, political, and other forces are here to engage in hidden or explicit discourse battles. Such symbolic wall is also gradually damaged in the vibration wave of this symbolic war, and eventually it is disintegrating.

Keywords: the culture of ACGN; homebody; two-dimensional plane; symbol; discourse power

二次元虚拟偶像的生产及其接受心理

郭萌萌

摘要：伴随着网络技术的迅速发展及二次元亚文化的传播狂潮，虚拟偶像的人物类型渐趋多元化。从虚拟歌姬"初音未来""洛天依"到虚拟视频博主"绊爱"，这些虚拟人物作为被成功打造出来的文化商品，正在影响着网络时代的青年人。制作团队运用开放的生产方式和多元化的推广模式，增强了大众参与到科技文化产业的主体意识。追捧虚拟偶像的"御宅族"在现实与虚拟的界限中找到一种方式隐藏自我，在虚假的"真实体验"中获得了陪伴感和自我满足感，他们的追星方式却依然是"三次元"化的。二次元世界的偶像生产及接受与真实世界存在着形式上的差异，本质上却有着一致性。

关键词：二次元；虚拟偶像；洛天依；绊爱

网络为现代生活创造了多维空间，人们不仅可以在现实世界的生活中打通地域、语言、文化等障碍进行交流，甚至可以进入一个没有人类的世界——二次元世界。二次元指二维平面的世界，特指由动画（Animation）、漫画（Comic）、游戏（Game）构成的平面世界，动画、漫画、游戏又简称为 ACG。作为一个在网络部落文化中被广泛使用的词语,二次元既可以指 ACG 所创造的二维世界,也可以指 ACG 爱好者构成的亚文化社群,还可以指 ACG 及相关产业所形成的文化产业链条。[①] 二次元世界的"御宅族"通过 ACG 产品进入独特的文化圈层,在"次元壁"内进行自我修复和自我隐藏。在这个世界里不仅存在着可幻想的任何美好事物,也存在着被数字技术打造的"完美偶像",即虚拟偶像。虚拟偶像是随着互联网技术和影像及语音技术革新而出现的一种二次元文化产品,它们的出现使追星行为不再只是"三次元"世界的专属。

虚拟偶像是人为制作出来的架空偶像,也被称为"假想偶像",是通过电脑图形化等手段人工制作的虚拟人物。[②] 伴随着网络技术的迅速发展及二次元文化的传播狂潮,虚拟偶像的人物类型渐趋多元化,从虚拟歌姬"初音未来""洛天依"到虚拟视频博主"绊爱",这些虚拟人物隔空满足了大批二次元网民的心理需求,得到了越来越多粉丝的喜爱和追捧。虚拟偶像尽管在现实生活中并没有具体的物质载体,却拥有着强大的粉丝团体,以支撑它们能够同真人偶像一样,直播互动、发行专辑、举办粉丝见面会和大型演唱会等。这种"三次元"化的粉丝行为在二次元世界逐渐普遍化,"次元壁"并没有完全将虚拟世界的"御宅族"和真实世界的"追星族"区别开,二次元世界的偶像生产及接受与"三次元"世界存在着形式上的差异,本质上却有着一致性。本文试图从分析二次元虚拟偶像的表现形式、生产方式和推广模式入手,进而推论其接受心理,以期从多角度更好地理解这一文化现象。

一、"萌化"的人物形象和"数字化"的偶像技能

随着现代科技的发展,电影电视等视觉媒介的普及使大众寻找到了休闲娱乐、获得知识的快捷途径,大众成为了影像文化产品的主要消费者甚至创造者。大众文化利用电视作为媒介,通过机械的复制和传播极力地扩展着话语领域,并迅速拥有了相当的话语权。"中国文化的当代转变,一个非常明显的

①　邵燕君:《破壁书》,生活·读书·新知三联书店 2018 年,第 12 页。
②　动漫大辞典编辑室:《动漫大辞典 3——电子游戏虚拟偶像》,航空工业出版社 2014 年,第 170 页。

方面，就是它正在向视觉文化或者影像文化过渡。"①虚拟偶像是依托现代影像和语音技术，融合创作者对现代人物性格、大众心理的把握，创造出来的二次元影像形象。虽然在主流文化层面，话语文化和传统文学作品依然有其强大的生命力，但在大众文化中，影像产品的吸引力无疑更加强大。它们的产生不同于传统艺术品，有着无限复制的可能，这使得接受者不再受时间、空间的束缚，可以自由选择时间地点，以一种轻松娱乐的，而非严肃、学习的心态去欣赏。同时，虚拟偶像最大限度地满足了其受众在视觉上的多样化需求。因而，作为影像产品出现，并以盈利为目的的虚拟偶像，可以迅速地、大批量地、廉价地走进受众群体的生活，其建构吸引力的核心要素之一是视觉形象。

二次元产品的受众群体主要是"御宅族"，虽然目前没有统计数据显示其中的男女比例，但观察各传播平台的粉丝构成可以看出，"御宅族"中男性粉丝的狂热程度远超女性。因而瞄准了男性受众群体，虚拟偶像的形象大多被打造为二次元世界的"萌系少女"，这种设定使得虚拟偶像一出现，就保证了一定的粉丝量和关注度。生产者通过形象上的复制，为这一新文化产品上了一道"保险"。二次元世界中的女性形象，大都逃离不开"白瘦幼"的少女设定，亚洲男性对女性的审美表现为偏爱低龄化女性，在二次元的发源地日本则更加表现为对"萌"的狂热追求。这类女性角色通常都是有着大大的头，大大的眼睛，而与之相比鼻子和嘴却是小小的，像要消失似的。仿佛他们对这个世界只有好奇和热爱，只想静静观察感受美好的一切，却不爱讲话、懵懂、可爱。身体由柔和的曲线构成，身材矮小，年龄大多是 10 到 16 岁的少女。无论所属的动漫作品更新了多久，她们的角色外形都不会有任何改变，不会长高更不会变老，永远保持少女形象。这样的女性在真实世界并不存在，只存在于男性幻想之中，她们的性吸引力更接近于激发保护欲和想象力，而不是纯粹的肉体冲动。在这样的体验中，"御宅族"幻想自己与角色亲密接触，角色也完全信任并依赖自己，在这种交互关系中，获得精神慰藉和满足感。所以，很多"御宅族"认为这种类型的少女之"萌"是非常纯洁且具有艺术创造性的行为。在这样的条件下，虚拟偶像横空出世，它们的形象与动漫作品中最受欢迎的"萌系少女"类

---

① 　周宪：《中国当代审美文化研究》，北京大学出版社 1997 年，第 123 页。

似,却不同于传统动漫角色,它们不存在于故事性的作品中,而是脱离了故事性作品的角色本身,比角色更加贴近真实人类,粉丝的认同感则陡然上升。随着影像技术的发展,为了能带给粉丝最大限度的情感满足体验,虚拟偶像运营团队已不满足于仅依靠声音,以及固化的图片和视频产品来呈现人物形象,而是开始为它们打造个性化的职业、性格、语言习惯等,并与网友展开互动。个人元素越丰富,越接近真实的人,粉丝黏合力越大,由此催生出了"虚拟 up 主"这一类型的虚拟偶像。

"虚拟 up 主"是指使用虚拟形象在视频网站上进行投稿活动的视频发布者,以虚拟 YouTuber(指 YouTube 网站的视频发布者)最为人所知。① 它们一般以原创的虚拟人格设定、形象在视频网站、社交平台上进行活动,形象多以二次元的 3D 或 2D 模型出现,并以真人声优配音。视频形式多种多样,视频博客和游戏实况较多,甚至可与网友进行直播互动。产生于日本的"绊爱"又被粉丝称为"爱酱",是当下最受欢迎的虚拟 YouTuber,它在 YouTube 网站的主频道订阅数有 236 万,发布后被转载至中国哔哩哔哩弹幕视频网的视频《人工智障想吃鸡? 不存在的!》,点击量已经超过了 150 万。它有着典型的二次元"萌系少女"形象,身穿白色短裙式制服、蕾丝边长筒靴,头戴粉色发箍,留着粉色挑染长发,自称 16 岁。"它被刻意塑造为人工智能的形象,性格上却和一般的少女无异,好动爱玩,乐观积极。"② 从网友对"绊爱"所下的定义可以看出,以虚拟 YouTuber 为代表的互动型虚拟偶像已经不再是单方面的输出形象,而是生产方与接受方的互动载体。有粉丝对"绊爱"的形象设定给出这样的评价:

> 严格来讲爱酱根本和所谓 AI 沾不上半毛钱关系,尽管它经常自称自己是一个高智能 AI(其实是个笨蛋)……其实属于虚拟偶像一类的吧……但是管那么多干嘛,只要可爱不就行了嘛。③

---

① 来自萌娘百科,"虚拟 up 主"词条,https://zh.moegirl.org/%E8%99%9A%E6%8B%9FUP%E4%B8%BB

② 来自萌娘百科,"绊爱"词条,https://zh.moegirl.org/%E7%BB%8A%E7%88%B1

③ 来自知乎《如何看待 AI 绊爱?》,https://www.zhihu.com/question/57760908

　　对于"绊爱"这一类以视觉和互动向为主的虚拟偶像，粉丝主要关注的是人物本身的外形与性格。生产方制作出二次元固定化"萌系少女"的模型是吸引粉丝的第一要素，而为虚拟形象打造有趣、个性化、可爱的性格则是稳固粉丝的必要条件，至于科技手段、偶像技能等其他特质，并不在受众的期待之内。生产与运营团队只需要努力革新技术，定期更新人物造型，并在发布的内容作品上丰富完善人物性格，粉丝群体就能够得以巩固并持续扩张。

　　除了视觉形象外，"声音"是虚拟偶像吸引粉丝的一大主要特质，这一技能的高低完全取决于制作团队所掌握的数字技术水平。公认最早出现并完美掌握这项技能的虚拟偶像是"初音未来"，2007 年"初音未来"出现并开启了数字化偶像的时代。它是由日本克里普敦未来传媒公司打造的一款电子音乐软件，而被取名"初音未来"的这一形象是这款软件的虚拟女性主唱，一头绿色的双马尾辫是它的经典形象。2007 年 8 月，它的代表作品《甩葱歌》红遍大街小巷，"初音未来"也迅速被大众所熟知并被定义为虚拟偶像，这一类型的虚拟歌手在二次元世界开始被称为"虚拟歌姬"。自此，独特的电子嗓音成为了层出不穷的虚拟歌姬的个性化技能，歌手身份也成为了虚拟偶像们的最初、最经典的人物形象设定。

　　"初音未来"本是一款电子音乐软件，但有了制作团队为它塑造的二次元"元气少女"形象，使得这款产品所产生的价值已远超了音乐软件的可创造价值。与传统歌手偶像相比，虚拟歌姬的声音是合成的电子音，没有人类的声音特质，更没有生动的变化，它们的歌声动听和丰富程度完全取决于制作团队的科技水平。但恰恰是这种数字化的偶像技能，才能够吸引到当下对现代科技狂热痴迷的年轻人，这使得虚拟偶像不再只是一个简单的文化产品，而是声音科技的二次元衍生品。如今，数字复制时代已经到来，并正在悄悄重构现代青年人的偶像体系。曾经本雅明所说的机械复制时代，是以磁带、唱片等带有实体物质形态的产品为主，复制技术主要掌握在生产复制品的厂家手中。而进入数字复制时代，人们借用数字录音设备进行复制品生产，以二进制数字的形式将想要复制的音乐歌曲录进设备当中。克里普敦打造"初音未来"的核心技术是雅马哈公司发布的语音合成引擎 Vocaloid 软件，这一软件将配音演员的声音摘录进系统,做成"音源库",用户可以通过输入歌词和旋律的方式直接生成歌曲。Vocaloid 软件实现了对人声的复制,在使用该软件进行歌曲创作的整个过程当中,并没有人的歌唱行为的直接参与,有的仅仅是存在声音数据库中的人的发声"数据",真人只提供特定的音调,将音调制作成歌曲则是由软件的用户来完成。[①]　然而这样的数字复制也同机械复制一样,与艺术本身背道而驰,不再有"光晕"[②],有的只是可以无限复制的快感。

　　复制会消解拥有者或欣赏者独一无二的占有感,被复制方的价值则无疑会贬值,包括情感价值。现实世界的"追星族"追逐偶像最看重的是个性,这也是视觉互动向的虚拟 YouTuber 被打造的过程中,最被关注的特质。人容易被对方所具有的某种不可复制的特质而吸引,也就是我们所说的魅力。但数字复制产生的虚拟歌姬反其道而行之,依然能够吸引大批追逐者,这证明至少在对声音的欣赏上,它们的粉丝追求的并不是情感满足,而是轻松和快感。快餐时代,对娱乐性和"爽感",二次元甚至是整个网络世界趋之若鹜,但短暂的快乐带来的消费力有限,生产者必须不断地推陈出新以接续这种快感。依托相同 Vocaloid 软件打造的歌手类虚拟偶像目前已有成百上千种,它们的声音并没有太大差别。数字化的偶像技能对受众人群的吸引力有限,如今越来越多的虚拟歌姬生产方不再注重歌曲的打造,转而更关注"人设"的塑造。脱离了核心技能的偶像,它们的生命力又能够维持多久?

二、生产方式与推广模式

　　从 2007 年"初音未来""出道"开始,二次元虚拟偶像走入大众视野已超过了十年,直至现在依然能够持续拥有关注热度,究其根本原因,既与影像及语音合成技术本身的发展有关,又与背后制作团队的生产和推广模式有关。虚拟世界的商业运营与现实世界有所不同,基于特殊的受众,虚拟偶像的制作团队在更新技术的同时摸索出了一条成熟的运营套路,在此将以中国目前最受

---

　　①　张旭:《迈向真实消散的时代——以"初音未来"为例讨论数字复制技术对当代人的影响》,《教育传媒研究》2016 年第 5 期。

　　②　[德]本雅明著,王才勇译:《机械复制时代的艺术作品》,中国城市出版社 2002 年,第 89 页。

欢迎的虚拟偶像"洛天依"为例，分析二次元虚拟偶像的开放的生产方式和多元推广模式。

　　仿照"初音未来"的打造模式，2012 年，中国禾念信息科技有限公司打造推广了一款以 Vocaloid 3 语音合成引擎为基础制作的中国本土虚拟歌姬"洛天依"。这一灰发、绿瞳、发饰碧玉、腰坠中国结的中国少女形象自正式出道以来，已发表了超过一万首歌曲，哔哩哔哩视频网站上由"洛天依"和另一位虚拟歌手"言和"合作的音乐作品《普通 DISCO》点击量已经突破 780 万，"洛天依"官方微博的粉丝数量超过 310 万。得益于虚拟影像技术的发展，禾念公司已连续三年为"洛天依"举办全息演唱会，2018 年 7 月以"洛天依"为主角的 Vsinger 家族全息演唱会吸引了近万名粉丝到场，500 张 SVIP 门票在开票三分钟后即售罄。从这些数据中可以窥见"洛天依"粉丝的庞大数量和超高的活跃度，以及中国本土虚拟偶像强大的粉丝号召力。粉丝号召力的源动力产生于制作团队，"初音未来"面世后收获了大批粉丝的青睐，中国的二次元网民渴望有本土制造的虚拟偶像出现，而禾念科技瞄准二次元市场推出了"洛天依"，同时采取了开放的生产方式，将"洛天依"的制作权下放一部分给关注二次元虚拟偶像的受众群体，在明确的受众和生产者之间形成了良性互动。

　　"洛天依"沿用了"初音未来"所用的 Vocaloid 语音合成软件，电子音库有所更新，但大体上的语音特点没有太多变化，制作团队将更多的精力放在了原创曲目和视觉形象打造上。禾念科技制作虚拟形象的过程不是封闭的，在当时中国还没有被虚拟偶像完全打开市场的状态下，闭门造车是有风险且不适用于二次元世界的。二次元"御宅族"中有很大一部分人享受的是二次制造的乐趣，他们乐于运用各种软件和可操控的技术手段来对自己感兴趣的形象进行干预，从而依自己的喜好制作出属于自己的"完美偶像"。制作团队恰恰利用了受众的这一心理，禾念科技商务总监程若涵在接受采访时就提到，"洛天依"的形象来自网络征集，创作灵感来自每一个音乐人和业余爱好者。

　　"在我们的理解中，Z 世代的年轻群体相对以往，接受了更多的音乐、绘画等方面的教育，他们拥有这些才华和展现自己才华的诉求，喜欢、善于'表达自我'是他们的特质之一。与其说天依的特质与粉丝们契合，不如说天依的身上体现了他们的审美……'00 后'已经在为天依等 Vsinger 成员消费，他们不再满足于单向的、简单的消费行为,对互动、定制、仪式感等消费形式有更高的要求。我们在营销战略上已经向他们倾斜,希望能够开发出他们喜爱的产品,甚至与他们共同讨论、开发产品。"①

由于二次元虚拟偶像的受众群体一开始就是明确的,制作团队可以在制作完成之前就与潜在粉丝进行交流,为打造出符合他们想象的形象而不断改进,在征求意见的过程中已然形成了一种开放式的生产制作模式,生产方与接受方的交流互动为科技产品的制作规避了部分风险。形象制作完成推出后,禾念科技依然保留了大众对"洛天依"二次创作的可能性,包括两方面,即声音和形象。歌姬类虚拟偶像的歌声是基于语音库合成的,它们所唱的歌曲可由软件使用者自由创作;另一方面,大多数虚拟偶像的制作公司会在产品推出后的一段时间内,公布该虚拟人物的制作模型,任何人可以根据这一模型使用软件来为其改变造型和制作视频。这也是大多数二次元虚拟偶像的打造模式,这一措施极大地激发了消费者的创作动力。消费者们使用 Vocaloid 引擎创作"洛天依"的音乐作品,用画笔描绘出各式各样的"洛天依"形象,用 AE 等软件创作图声并茂的 MV,用 3DMAX、MAYA 等软件制作 3D 人物模型并为其编舞,这才产生了现在网络平台上过万首的音乐作品和多种多样的视频。这种贯穿始终的交互体验拉近了生产方与接受方的距离,在满足粉丝的同时制作团队也节省了大量的制作成本和推广成本。

相较于生产,二次元文化产品的推广显得更加容易,虽然二次元群体有一定的封闭性,但封闭圈子内的资源传播速度则更快,受众把握更精准。虚拟偶像在推出后拥有了一部分稳固的粉丝群体,粉丝则转而成为最卖力的推广者,成为了虚拟偶像这一二次元产品"变现"的主要消费者。漫画、动画、游戏、杂志、手办模型等周边产品是一大"变现"方式,加上创作环境相对自由,同人创作也为虚拟偶像带来很大的宣传作用。而在二次元世界的虚拟偶像斩获了无数的喜爱后,它们开始突破"次元壁",与"三次元"世界有更多的合作和交流,被更多的人所认识意味着制作公司的资本回收更高效,媒体评论这一现象为生产团队为虚拟产品寻找三次元世界的"变现"途径。一方面,以禾念科技公

①　梁伟:《"完美偶像"洛天依,二次元如何撬动"00 后"》,《商学院》2018 年第 8 期。

司为例,在"洛天依"打造成功后,他们又陆续打造了多个虚拟偶像,包括言和、乐正绫、乐正龙牙、徵羽摩柯、墨清弦等,仿效现实社会打造明星的"以老推新"方式,进行"捆绑打包"式推广,在保旧出新的过程中,迅速抢占了一部分二次元市场。另一方面,他们将虚拟偶像更多地推到"圈外",以强大的粉丝基础为凭借,为这些虚拟偶像接代言、拍广告、办商演。2016 年,洛天依登上湖南卫视小年夜春晚,与歌手杨钰莹合唱,成为首位登上中国主流电视媒体的虚拟歌手。在此之后,更是多次登上各大卫视的晚会,包括中央电视台的舞台。可见,在粉丝的狂热支持和团队的推广下,虚拟偶像们的影响力已不仅局限于二次元世界。这种多元的推广模式不仅保证了虚拟偶像在二次元市场的持续的影响力,同时开拓了"三次元"市场,为虚拟产品"变现"提供了更多可能性。

三、二次元虚拟偶像的接受心理浅论

(一)"御宅族"的"逃离"诉求

有数据调查显示,二次元文化的主要参与者是"90 后"及"00 后"的青少年,他们在现实社会面临着生活与学习的挑战和压力,但尚未掌握话语权,体验不到充沛的权利感知,很容易面临青年的"弱权"处境。生活中不断出现的各种棘手问题令他们难以解决,于是他们本能地选择逃避。二次元为渴望逃离的青年人创造了一个美好而虚幻的精神处所,随着网络对现代青年人的包裹,部分人选择将自己与"三次元"现实世界隔离开,被称为"御宅族"。他们往往痴迷于某物、某事,高度依赖网络和现代传媒技术,在现实社会离群索居(或者说在精神上独居),不喜欢社交,在二次元世界自得其乐是他们逃避现实生活的方式。他们选择的逃离方式有两种:一是在 ACG 中寻求"治愈",将二次元的一切美好幻想投射在自身,寻找精神慰藉;二是在网络世界寻求话语权和参与感。

二次元世界是根据作者和消费者的双重想象构建而成的,受现实世界的约束小,可塑造、删减、夸张、变形。从某种意义上说,它是对有限的现实时空的一种积极超越。它创造了一个虚幻而多彩的世界,塑造了众多超脱现实的人物形象,这些形象极具个性,叛逆而不拘一格。在虚幻中,人自我臆想的、潜在的、在现实中得不到体现和释放的能量得到了暂时的解脱,害怕和恐惧的心理得到了暂时的安慰,失落感和弱势感也得到了极大的弥补与满足。人们能暂时逃离现实的约束,感受虚拟角色的喜怒哀乐,获得自我实现的体验,能够有效地缓解心理压力。但这种逃离只能是短暂性的,二次元世界本就是虚幻的,存在于故事情节中的 ACG 角色则是在虚拟世界又披上了一层虚假的外衣,长时间浸泡在完全被隔离开的世界,使人对现实世界加深了不信任感。过于虚幻的角色使人们单纯地处于逃离的情绪内,精神上的满足感有限。而虚拟偶像则是被扒下了多层虚拟外衣的二次元形象,不再依托于角色的人物像真人一样出现在"御宅族"面前,它们形象鲜活又兼顾二次元人物的完美、可爱,是 ACG 角色的延伸,是真人的"二次元版",是动漫角色的"真人版",在与粉丝互动的过程中更加满足了"御宅族"的逃离诉求。在按下停止键后,从动漫和游戏中抽离出来的"御宅族"可在虚拟偶像身上感受到持续性满足。

这种持续性满足不仅弥补了二次元角色缺少的真实感,而且也给予了接受者以他们在"三次元"世界所极度缺少的"陪伴感"。与现实的"追星族"相比,二次元虚拟偶像的陪伴距离更近,完全可以由接受者心情选择,自由进入和退出情境,互动感更强,更能满足自我抚慰的内心需求。虚拟角色被赋予"拟人"的特质,被塑造成有血有肉的"歌手""主播",例如"洛天依"作为电子歌姬,有着完美的形象,但她被赋予了吃货属性,令粉丝感受到人物的真实感。电子特色的声音是它的重要特征,但同时它还被要求尽可能像"人",在某些演唱视频中,粉丝对于"洛天依"的吸气声、沙哑感这类细节会大加称赞。在"像"与"不像"之间达到一种平衡是构建一个虚拟偶像所追求的。由此可见,虚拟偶像的粉丝在诉求上渴望逃离真实世界但又想要在二次元找到可以寄托情感的对象,这个对象近乎完美但又要有人类属性和特征,以达到他们在逃离中依然与这个世界保存某种关联的需求。"御宅族"在追随虚拟偶像的过程中没有完全摒弃自身的真实属性,追星只是一个窗口,这个窗口与现实世界相通但有一定的安全距离,才能够确保他们在享受心理慰藉与满足的同时又不至于缺失安全感。

(二)参与性社群体验

新型的媒体技术革命引发了受众对于媒体信息接收与消费的质变,进而掀起了"参与性文化"的浪潮,粉丝群体之中很重视"忠诚度",这与粉丝文化所特有的"社群性"特点有关,而这一特点在二次元世界则表现得更加明显。粉丝群体附属于偶像,某个偶像的粉丝群一旦形成,在这种小型社群内则会容易产生"集体高潮",他们相互交流情感、分享感受,人们容易在有相似诉求的人群中寻得精神慰藉,消解孤独感,而偶像的处境高低好坏直接被理解为自我贡献度的衡量,从而生成追星的无限动力。表现在二次元中,则是不仅表现在追星的行为上,还表现在二次元小圈子内的一种安全感和归属感,在小众文化圈层内,他们的交流有着明显的"排他性",具体表现为他们使用各种术语沟通、使用特有软件和网站互动等,这种"加密"的交往方式,符合年轻人对新鲜、刺激和满足感的追求,同时有着身处某种"排他性"团体的荣誉感,与众不同使他门感知到自我价值的提升,则会更加巩固自己的粉丝位置。

追捧虚拟偶像也是青少年在网络世界寻求话语权和参与感的一种方式,这种行为与现实世界的追星行为有着相似性,二次元是基于对"三次元"世界的想象产生,而二次元世界的追星行为则是"三次元"世界的同样行为的一种延伸和扩大化,表现形式上的变化没有从本质上使二者产生差异。在偶像与粉丝的互动上,二者的相似点是都存在着拉近偶像与粉丝之间距离的倾向。不同点则是二次元虚拟偶像为粉丝提供了更多的参与机会,扩张了粉丝的权限,粉丝的干预度达到了最大化,数字技术在其中扮演了重要角色。学者施密德和克里姆特在研究粉丝群体特点的时候,引入了拟社会互动的理论框架,"以描绘读者粉丝通过在线获取自己的拟关系角色,假想自己与电视角色有某种关系以舒缓他们的归属感需求"[①]。为满足粉丝的归属感和亲密感需求,明星偶像的打造团队倾向于打破明星与粉丝之间的壁垒,明星需要以发微博、参加真人秀节目等方式缩短与粉丝之间距离。而得益于虚拟偶像的"数字化"属性,能够被复制的人物形象可以被通用在各种领域,依托网络的即时性和广泛传播性,虚拟偶像融入粉丝生活的方式更加容易。比如,国内手游《天下》就在玩家互动模式中引入了"洛天依""乐正绫"等当红的二次元虚拟偶像,玩家达

① 李镓、陈飞扬:《网络虚拟偶像及其粉丝群体的网络互动研究——以虚拟歌姬"洛天依"为个例》,《中国青年研究》2018 年第 6 期。

到一定的级别,就可以激活这两位虚拟偶像的支线任务,与偶像一同在游戏中做任务、夺经验,这种零距离的互动方式能够瞬间调动粉丝的积极性,充分满足了他们的心理需求。

粉丝社群文化作为一种非主流亚文化,也为社群成员提供了一个文化资本的弥补空间。费斯克在《粉都的文化经济》一文中描述了这样的一种情况,在学校表现不太优良的学生就会缺乏官方的文化资本和社会资本及这些资本所带来的自尊,这些人就有可能成为粉丝,希望在粉丝社群中通过积累粉丝知识和鉴赏水平来获取一种非官方的文化资本,而年轻粉丝中原本就成绩优异正稳步积累官方文化资本的那些人,则通过粉丝社群积累与同龄人或成年人更多更丰富的价值观和文化趣味。① 粉丝社群中切实存在着不少在现实生活中挣扎于各种考试之中、成绩表现并不突出的青少年,但却在粉丝社群中通过追星而生产的饭拍、视频、手绘漫画等不同粉丝知识和资源成为粉丝社群中文本生产传播的佼佼者,甚至成为粉丝社群中的意见领袖,这样一种非官方的文化资本带给他们与众不同的自尊满足,同时也填补了他们在现实生活中缺失的官方文化资本空白,这种自尊满足来源于社群传播中共同分享沟通带来的快乐和尊重。网络时代,青年人对喜爱事物的干预心理得以实现,纵观各大网络媒体平台可以看到,如今在所谓的“饭圈”中广泛传播着各种粉丝为偶像剪辑制作的宣传物料,包括照片、视频、推广文案等,在同好之间分享并互相评价,同时还能够达到宣传偶像的目的,内心获得极大的满足。而虚拟偶像将这一方式具体化了,技术含量更高更有难度,粉丝的成就感就更强。例如,“初音未来”和“洛天依”本就是语音合成软件,粉丝可以不受限制地为它们创作歌曲,合成作品。粉丝还会使用制作公司公开的原始人物模型,借助 3DMAX、MAYA 等软件制作专属自己的形象模型,并且将这些作品投放到各大网络平台。粉丝群体在追捧虚拟偶像的过程中感受到自我价值的实现,填补了现实生活的空虚感并缓解了自我怀疑的态度,从而感受到巨大的心理安慰,这是虚拟偶像的粉丝选择以这种方式逃离的重要原因。

---

① 陶东风:《粉丝文化读本》,北京大学出版社 2009 年,第 7 页。

（三）虚假的"真实体验"

二次元虚拟偶像的出现及其粉丝团队的不断扩大使得"偶像圈"中不再是以现实偶像为主，虚拟偶像以颠覆传统思维的模式对传统偶像定义造成了不小的冲击。粉丝团队的不断扩大也反映出了当代青年发展中的后现代主义思维的倾向，即反传统、反理性、反现实的，他们宁愿相信虚拟世界，也拒绝融入现实社会。他们选择进入一个虚假的时空，对于虚拟和真实，他们的认识是矛盾的，二次元并没有真正能够创造一个在真实和虚拟之间平衡的世界，而是将真实暂时掩盖了起来。一位日本网友如此描述自己钟爱的虚拟 YouTuber：

　　　　她不是真的，但也不是假的。①

他们自我选择进入了一个虚幻的世界来输出真实的情感，在其中感受到的心理满足只是假象，不是精神层面的真实满足，带来的则更多的是情绪上的安慰和暂时性的心理纾解。热爱虚拟偶像的青少年们，虽然不会将虚拟偶像们当成现实中生活着的人，但他们坚信自己的偶像们是真实地存在于他们的世界的。他们有生命，有情感，像真人一样会有种种烦恼。正如杰姆逊所说，"这些极度真实的艺术品对现实是有一定影响的，如果你在博物馆里长时间地盯着这种塑像看，那么当你转过身时，你会怀疑周围的人是否是真实的"②。于是我们经常可以看到，拥护不同偶像的粉丝群相互攻击，以表达对自己偶像的支持。但这样的争吵是毫无意义的，对虚拟偶像自身不会有任何改变，真正的受惠方只有制作团队，虚拟偶像得到了关注和人气，他们也就得到了实际的经济利益。但粉丝们并不这样认为，或者是主动选择无视，他们宁愿相信自己的偶像一定能感知到他们付出的努力和情感。

二维世界对现实世界的消解使人们向往一个更简单依靠数字代码就能够操作的数字系统，这个系统的可控性令他们感到满足。这种自我欺骗是主动

---

　　① 来自搜狐《虚幻与真实：VTuber 的魅力案例与探究》，http://www.sohu.com/a/241916227_116000

　　② ［美］弗·杰姆逊著，唐小兵译：《后现代主义与文化理论——弗·杰姆逊教授讲演录》，陕西师范大学出版社 1986 年，第 189 页。

选择的,而不是机械时代的被动"异化"。当然,他们随时可以选择主动退出,迈入真实世界,但"次元壁"横亘在内心,在与虚拟偶像交往的臆想中他们是不需要真实的,在二次元中他们有审美体验,也有心理满足,主动打破壁垒几乎不可能。与现实和解的方式只能是无意识的,伴随着精神世界的成熟和丰满,人们开始对精神慰藉和心理满足有着更高层次的需求,对二次元虚拟偶像的追随则成为了在真实生活的缝隙中获得的短暂性的逃离和放松,不再是盲目而自我欺骗的。在现实和虚拟之间找到平衡,并在虚拟的想象性抚慰中逐渐迈入真实,是虚拟偶像接受方式的必然走向。

结语

　　虚拟偶像与传统艺术形象有一定的相似之处,都是虚拟的,并不是真实地存在于生活之中。但从呈现方式上来看,传统艺术形象往往是通过文字的描摹和线条的绘制令我们产生一定的艺术想象,从而在内心构建出经过个人心理加工后的形象。而虚拟偶像不同,它们从产生开始就是视觉的直接呈现。虚拟偶像与传统艺术形象从产生方式上也不同。传统艺术形象,无论是绘画还是文学,一般都由作者独立完成,作品的每一处都在发出作者的声音。而虚拟偶像们的诞生,往往是先设定了形象,再由制作团队设计特定的人物性格和偶像技能等,最后由技术工作人员通过各种技术手段来实现这些设定,将人物形象完整呈现在公众面前。因此,虚拟偶像是由团队合作完成的,每一个环节的质量都将直接影响虚拟偶像总体的品质,整个过程都是依靠技术完成的,可复制的。从接受方式上看,传统艺术作品的创作者不会令一个作品是完全确定而不可延伸想象的,他们会为读者提供想象的空间和自主创造的机会。因此当面对同一部作品时,每一位接受者都会在内心进行自我消化和理解,从而形成对一部作品的自我感知。也就是说,传统艺术形象的塑造,有一部分是由接受者自己完成的。而虚拟偶像则是由制作公司制作完成后,直接呈现在读者眼前的。它们的接受者是被动的。虚拟偶像为人们呈现的是一个具体的、任何细节都展露无疑的现成的形象,不仅是视觉形象,包括声音、性格等特征,都是事先设定好的。所以它们的接受者不需要再有任何想象,可以说,这一形象不是一个真正意义上的艺术形象，它的扩展空间被压缩，是趋于平面化的。

　　二次元虚拟偶像的生产是一个商业行为，虚拟偶像则是被成功打造出来的文化商品，它的商业意义远大于文化意义。它们有固定的形象范式，制作公司运用开放的生产方式和多元化推广模式，使消费者参与到虚拟偶像的价值创造中，互动的打造方式增强了大众参与到科技文化产业的主体意识，赢得了广大粉丝的喜爱。同时，二次元虚拟偶像是依托科技手段打造出来的产品，它的发展在一定程度上可以推动影像语音技术的发展和革新，但这种商业目的大于艺术追求的文化产品，想要在科技上有所突破，短时内很难实现。

　　二次元虚拟偶像的出现满足了当代一部分年轻人的"逃离"诉求，并提供了权力翻转，使它们的追随者能够通过网络媒体平台直接与偶像互动，拉近了二者的距离。他们能够在现实与虚拟的界限中找到一种方式隐藏自我，但只是一种想象而已，粉丝崇拜和喜爱偶像的方式依然是"三次元"的，"次元壁"只存在于"御宅族"的内心，假想的壁垒使他们主动划分阵营。"当前审美文化中崇高退场和日常生活登场的转变，可以看作是理想型文化让位于世俗型文化的一个标志。"①而虚拟偶像粉丝的这种行为则是脱离了"理想型"和"世俗型"，试图将一种世俗型文化转换为一种"幻想型"文化，最终只能获得虚假的体验。大众文化消解了崇高与伟大，大众渴望寻找到轻松娱乐的方式来获得心理满足和愉悦感，而二次元为他们创造了新的途径将娱乐对象完全理想化，但虚假的想象仅能在形式上达到所谓的成功，接受者依然难以在这种虚拟形象上持续地输出情感，因而二次元虚拟偶像的接受者的追随期也很难长久。没有真实体验的虚无感会渐渐吞噬人的精神世界，残酷的现实大幕终究会落在他们的头上。

（郭萌萌，北京师范大学 2018 级硕士研究生）

---

① 周宪：《中国当代审美文化研究》，北京大学出版社 1997 年，第 123 页。

The Production and Receptive Psychology of Virtual Idols

Guo Mengmeng

Abstract：With the rapid development of network technology and the spread of the ACGN subculture，the types of Virtual Idols are becoming more and more diversified. From the Virtual Singer "Hatsune Miku" and "Luo Tianyi" to the Virtual YouTuber "Kizuna AI"，these virtual characters，as cultural products that have been successfully created，are affecting young people in the Internet age. The production teams used open production methods and diversified promotion models to enhance the public's participation in the subject of science and technology culture. The "Otaku" who pursued the Virtual Idols found a way to hide themselves in the boundary between reality and virtuality，feeling companion and self-satisfaction in the fake "reality experience". Their ways of chasing stars are still the same with that in the real world. There is a formal difference between the idol production and acceptance of the ACGN world and the real world. However，they are still consistent in essence.

Keywords：ACGN；virtual idol；Luo Tianyi；Kizuna AI

日本动漫中的"身体变形"主题

罗建森

摘要:"身体变形"主题自古希腊神话始,经由无数文艺作品继承和创新,在动漫这种虚拟性极强的艺术类别中占有重要位置,其中尤以产业成熟度极高的日本动漫为最。在日本动漫中,"身体变形"不单是一种常用的视觉技巧,更被创作者赋予了与社会、生活相关的多重寓意。本文对"身体变形"主题进行了一定的历史溯源,通过作品分析和归纳总结的研究方法,具体研究了"身体变形"主题在日本动漫中的种种表现形式及其内在含义,并从动漫市场和受众的角度切入,探讨了"身体变形"及其隐喻在被传播和接受的过程中所遭遇的困境。

关键词:日本动漫;变形;御宅族;隐喻;商业化

"动漫"一词,顾名思义,是指动画、漫画二者的合称。作为一种视觉艺术,动漫自诞生伊始便在孜孜不倦地追求视觉效果上的丰富和突破,画面从黑白到彩色,绘制从简单到精细,并且随着 3D、VR 等新技术的介入,不断在打破虚拟和现实间的界限。然而"虚拟"正是动漫区别于其他影像形式的根本属性,动漫之所以能作为一个独立的影像领域存在,就在于它具有高度的虚拟性。

真人电影的指导思想是"模仿",是对现实生活的真实复现,"唯有摄影机镜头拍下的客体影像能够满足我们潜意识提出的再现原物的需要"①。动画从一开始就是手绘的产物,相较于精密的摄像机器而言,显然不是很符合"再现原物"这一要求,一些学者在电影研究相关著作中也会特意避开动画电影②。漫画也是如此,《汉语大词典》中对"漫画"一词的释义为"以简单而夸张的手法描绘生活或时事的图画。一般运用变形、比拟、象征等方法来达到尖锐讽刺的效果"③,它和传统意义上写实主义的绘画有诸多抵牾之处。这一阐述同样适用于与漫画密切相关的动画:作为"动起来的漫画"(animated cartoon)的缩写,动画从漫画那里移植和继承了大量和视效相关的处理技术。

尽管动漫拙于忠实地复现现实,但它并非不能反映现实。恰恰相反,正是因为动漫强大的假定性和虚拟性,动漫创作者才得以便利地借助抽象、变形、拼贴等种种手段,来表现更为特别和主观化的"现实"。那些为动漫视效增色不少的处理方法,并不只是作为冷冰冰的技术手段被加以应用,其背后往往隐藏有创作者对现实社会的另一番认知和理解,借动漫的虚拟性特征作为掩护,大胆加以呈现,"身体变形"即为其中最为常见的一例。诚然,对动漫人物的身体做出夸张的变形处理,可以引发一定的视觉冲击,产生并传递悲伤、欢乐、恐惧等情绪,但其效用绝不仅限于一般的感官刺激,而是承担有更为复杂的功能,比如嘲笑和讽刺、气氛的营造、某种观念的传达等。

日本动漫作为动漫派别中的重要一支,在世界范围内都拥有极大的影响力,无论是其艺术水平还是产业发展的成熟度,其他国家都无法望其项背。日本动漫已经走过了百年历史,其中涉及变形主题的作品不胜枚举,"身体变形"是日本动漫所热衷于表现的经久不衰的主题之一,并在不同时代的创作者笔下被不断拓展和翻新。本文将对"身体变形"主题进行一定的历史溯源,梳理其在日本动漫中的表现形态,并结合具体的动漫作品,对其背后所隐含的目的和意义进行探究。

---

① 〔法〕安德烈·巴赞著,崔君衍译:《电影是什么?》,江苏教育出版社 2005 年,第 12 页。
② 参见陈奇佳《日本动漫艺术概论》,上海交通大学出版社 2006 年,第 9 页。
③ 罗竹风主编:《汉语大词典》,汉语大词典出版社 2001 年,第 8071 页。

一、"身体变形"的历史溯源

1928 年，华特·迪士尼制作出了世界上第一部有声动画《威利号汽船》，此片也标志着米老鼠形象的诞生。在这部动画短片中，老鼠有了拟人的形态，拥有了双脚双手，和人一样直立行走，尽管还保留有一些老鼠的特征，比如大而圆的耳朵、尖鼻子、身后的细长尾巴，但总体而言，已经在向"人"的方向靠拢。后来出现的米妮、唐老鸭、高飞狗等形象，都是类似的处理方式，可见"身体变形"在动画中出现的时间之早。

作为具有一定故事情节的影像作品，早期动画的情节灵感，主要来源于那些流传已久的神话、童话和历史传说，比如迪士尼动画《白雪公主》《爱丽丝梦游仙境》《睡美人》，米老鼠系列中的《杰克与豆茎》《勇敢的小裁缝》，希腊神话也被改编成了动画（韩国动画《奥林匹斯星传》），中国的早期动画更是如此（《大闹天空》《宝莲灯》《哪吒闹海》等）。即便是在动漫产业日趋成熟、人类想象力空前繁盛的今天，神话和传说依然作为灵感来源或叙事背景，大量留存和体现在动漫作品中。可以说，如果没有历史早期的神话传说和文学作品作为丰富养料，动漫行业的起步和发展将举步维艰。

在这些原本通过口头和文字进行叙述的文本中，出现有诸多"身体变形"相关的情节，动漫所要做的，就是以具象化的画面来复现和展示这种变形。以希腊神话为例，"如果神话世界有什么典型特点和突出特征的话，如果它有什么支配它的法则的话，那就是这种变形的法则"[①]。天神宙斯化身天鹅与丽达交合，变成公牛诱惑欧罗巴，化作金雨使那达厄受孕，将伊俄变成一头母牛；皮厄里得斯九姐妹和缪斯女神比赛唱歌，落败后被变成九只喜鹊；达芙涅不堪忍受日神阿波罗的追逐，化身为一株月桂树；纳西索斯顾影自怜，变成了一株水仙。还有一些静态的身体变形，比如人头牛身的米诺陶和蛇发女妖美杜莎。宗教中也存在有诸多变形形象，天使、恶魔本就是对人类形象的变形和改装。进入 19 世纪，借浪漫主义的东风，"变形文学"再次复兴，比如《格林童话》和

---

① ［德］恩斯特·卡西尔著，甘阳译：《人论》，上海译文出版社 1985 年，第 104 页。

《安徒生童话》中的大部分故事,以及吸血鬼文学中的吸血鬼和狼人形象。20世纪的"身体变形"则更具有荒诞和魔幻色彩,比如卡夫卡《变形记》中的格里高尔变甲虫,马尔克斯《百年孤独》中的猪尾巴,尤涅斯库的《犀牛》和玛丽·达里厄塞克的《母猪女郎》。在中国,则有女娲蛇身、精卫填海、夸父死后化为山川湖海的神话传说,志怪小说中的人与物互变更是数不胜数。这些文学中的变形想象为动漫创作者提供了丰富的灵感来源,动漫也凭借其在视觉效果上的天然优势,将文字中的变形描写进一步夸张化和具象化。

受美国动漫和法国动漫的影响,1917年,日本诞生了自己最早的动画。在导演北山清太郎的提议下,日活公司(日本最早的电影制片公司之一)成立了动画电影制作部,先后制作完成了《浦岛太郎》《桃太郎》《一寸法师》等动画,这些动画均取材于日本传统神话传说,其中已然包含有"身体变形"的要素:浦岛太郎打开龙女所赠的盒子后变成老翁,桃太郎从河上漂流而来的桃中诞生,一寸法师打从出生起就只有拇指大小。中国的神话传说和文学作品也深刻影响了日本动漫的发展,如大藤信郎制作的动画短片《孙悟空物语》、日本第一部彩色长篇动画电影《白蛇传》、藤崎龙《封神演义》、鸟山明《龙珠》等。在这些动漫作品中,"身体变形"无疑是非常重要的一种画面表现方式,它们或是角色身体自带的个性化特征,或是叙事发展所必需的推动条件,以一种异于常规现实的形态吸引着观众的眼球。

可以说,"身体变形"主题从希腊神话发源,经由童话、历史传说以及其他虚构类文学的继承和发展,在影像媒体时代获得了更多被具体展示和阐述的机会。当然,文字是抽象的,不论文学作品中关于变形的描写有多充分、多细致,被转化为画面时,都不可避免地会带有绘画者的主观想象。随着人类社会、科技和想象力的发展,动漫作品所涉及和表现的领域被大大拓宽,"身体变形"也开始摆脱传统的神话传说和文学遗产,被动漫创作者们天马行空的主观想象所哺育,衍生出更为新异和丰富的种类。

二、"身体变形"的几种分类

"变形"一词在《辞海》中的释义为:"1.物体受载时其形状和尺寸的改变。

2.指艺术中对表现对象的性质、形式、色彩和行为方式等方面的畸变。"①这是一个非常宽泛的概念,应用到"身体变形"上,可以笼统表述为角色的身体(形状、尺寸、性质等等)发生改变。从简单的生物学角度出发,我们可以将"身体变形"按照其发生变形的部位进行划分,进而得出以下三种分类:比例变形、局部变形和整体变形。

(一)比例变形

前文提到,动漫不像摄影,可以完全真实地复现现实。倒不如说,动漫是创作者充分发挥主观能动性的产物,变形正是动漫作品最为基本的创作手法之一。创作者也清楚地认识到,作为一种虚拟色彩极强的艺术形式,动漫不必过多拘泥于现实的束缚,因此非常规的变形现象在动漫作品中随处可见。以人类形象的塑造为例,很多动漫人物在情绪激动时所做出的表情和动作,在现实生活中是完全无法成立的。在绘制人物时,大多数创作者基本还是遵循人物比例,力求避免一种视觉上的"违和感",让观众感到不适;但也有人"剑走偏锋",刻意改变动漫人物的身体比例,以追求令观者耳目一新的视觉效果。

在日本动漫中,比较成系统的身体比例变形模式有两种,第一种是"Q 版人物",人物头身比一般是 1∶2 甚至 1∶1,身体越小头越大,四肢也会被简化成短小的圆柱体。五官方面,眼睛占比达到面部一半或更多,鼻子和嘴相应缩小甚至消失,脸型是没有尖锐线条的圆形。此类风格的人物形象非常受动漫爱好者欢迎,不少动漫作品在发行以后会由官方出面,再制作一版"Q 版"的番外②,剧情也相对简单轻松,以平凡搞笑的日常为主。第二种变形模式被爱好者称之为"美型",代表作品有日本漫画团体 CLAMP 创作的《魔卡少女樱》《X 战纪》《四月一日灵异事件簿》、谷口悟朗执导的《Code Geass 反叛的鲁路修》(由 CLAMP 担任角色设计)及细川智荣子和芙美子《王家的纹章》。这类作品将普通人对"俊男靓女"身体特征的想象表现到了极致,其中的人物形象,不论男女,都是瘦削的脸型、长睫毛、大眼睛、高挑个子、大长腿,男性拥有宽阔笔直的肩膀,女性拥有盈盈一握的腰肢。"Q 版"和"美型"两种作画方式深刻影响

①　夏征农主编:《辞海》,上海辞书出版社 1999 年,第 147 页。
②　源自日语"番外编",指原作以外的衍生作品。

到了中国动漫中的角色塑造，在国内各大动漫连载平台上，走"Q版"或"美型"路线的作品比比皆是。

另外还有一些并未形成固定模式的比例变形，通常出自一些极有个性的动漫创作者之手。汤浅政明（《春宵苦短，少女前进吧！》《四畳半神话大系》）在业界以画风独特、场景奇幻、分镜卓越而著称，其笔下的人物造型没有过多的细节描绘，线条简单，甚至称得上简陋，设计运动镜头时也不过多考虑物理上的严谨，人物肢体舒张或蜷缩的程度极为夸张。荒木飞吕彦（《JOJO的奇妙冒险》）则更具代表性，其笔下的人物面孔粗粝、肌肉膨胀、动作造型夸张，直接冲击了已经习惯了"美型"画风的众多读者和观众。尾田荣一郎的漫画《海贼王》也是自成一派的画风，高的奇高，矮的奇矮，壮的奇壮，瘦的奇瘦，其变形程度已经超出了"美型"的范畴，更多是带有一种滑稽感、荒诞感和轻微的恐怖感。

（二）局部变形

为避免和第三种分类（整体变形下的局部变形）有所重合，此处所说的局部变形有一个限定条件，即在变形前后，变形者本身并没有发生内在性质上（或者说物种上）的改变。

在"局部变形"的种种具体表现中，历史比较悠久的一种就是"畸形人"形象。早在现代意义上的动漫诞生以前，"畸形人"就已经出现在世界各地的绘画作品中，其中绝大多数作品都是为了取悦和满足读者的猎奇心理，并且风行一时，拥有丰富且精致的"畸形人"绘本在某一时期甚至成为了上流社会的身份特征和专属享受。这种人物形象的出现具有广阔的现实基础，即现实世界中大量畸形人的存在，他们被心怀不轨者诱惑、欺骗或强迫，成为流动马戏团或"畸形秀"节目的一员，在舞台上展示自己的缺陷，供人观赏、惊叹和嘲笑。1992年由绘津久秋执导的动画《地下幻灯剧画——少女椿》就讲述了一个与之相关的故事：小姑娘阿绿在母亲去世以后到名为"赤猫座"的怪诞马戏团打工，并被马戏团中的畸形人虐待凌辱。阿绿白天要表演生吞活鸡活蛇来取悦观众，夜间要忍受各种各样的欺侮和虐待。一位擅长东方幻术的侏儒魔术师来到马戏团，爱上了阿绿并且想要带她远走高飞，然而临走前魔术师被抢劫犯在街角捅死，不明真相的阿绿以为魔术师背叛了她，陷入了无尽的疯狂之中。动画从始至终充斥着各种猎奇的变形元素，人的身体被以各种各样夸张的方式拆解和扭曲，令人极为不适。

另外一类出现局部变形情节的作品则不存在如此强烈的伦理问题，或者说正好相反，这些作品所要表现的主题与正向的道德追求相合，即对正义力量的呼唤。这种变形通常发生在"超能力者"的身上，比如由动画公司 BONES 制作的 TV 动画《我的英雄学院》，其中的部分超能力者（动画中称其为"个性"）就具有改变身体局部形态的能力，如欧尔麦特，个性发动时肌肉可以瞬间膨胀，体型增大数倍；饭田天哉，个性"引擎"，小腿可以变形为引擎加速器；耳郎响香，个性"耳机插孔"，耳朵是一副耳机的形态，便于窃听。《海贼王》中也有类似的设定，主角们食用了不同种类的恶魔果实，从而拥有了不同的超能力，其中也包括变形类的能力。创作者们在超能力者身上寄托了人类自诞生以来最为隐秘和强烈的愿望，即摆脱和突破肉体的种种限制，通过改变身体形态来拥有更为自由和强大的力量。

此外还有一种"特征变形"的表现形式，也可以纳入局部变形的范畴，比如宫崎骏笔下大鼻子的汤婆婆和钱婆婆、脸部赘肉层叠的荒野女巫，《春宵苦短，少女前进吧！》中下巴突出且圆润的樋口师傅，《海贼王》中小眼睛、宽嘴巴的亚尔丽塔等。

（三）整体变形

整体变形也是动漫作品中常见的人物表现手段，宫崎骏的作品中就有很多例子，如《千与千寻》中千寻的父母因为贪吃而变成猪、小白龙在人龙之间转变，《悬崖上的金鱼姬》中波妞由金鱼变成人，《哈尔的移动城堡》中哈尔变成身披深蓝色羽毛的大鸟等。1972 年，漫画家永井豪创作出了其代表作《恶魔人》，漫画讲述了得到恶魔力量的少年不动明为保护人类，与恶魔一族拼死战斗的故事，汤浅政明将其改编为动画《恶魔人 crybaby》，详细再现了"恶魔人"在肉体和精神上的变形过程。《恶魔人》开创了人与"非人"相斗题材的先河，其后的《寄生兽》《进击的巨人》《东京喰种》都是沿袭这个路子，在动漫中创造出一种未知的全新物种。新物种通常是由人类变异产生，与人类为敌，也不被人类社会所认可和接受，动漫主角的任务就是担当"桥梁"的角色，在人与"非人"之间进行一切可以终止争斗的尝试。

此外还有一种比较特殊的整体变形方式——"拟人化"，就是将"物"转化成"人"的形状。日丸屋秀和的作品《黑塔利亚》以二战前后的世界历史为背景,将有关国家的形象拟人化,并且赋予了这些形象极具代表性的"国民长相"和"国民性格",如美国的形象是开朗有活力的金发青年,绝对的自我英雄主义者,喜欢汉堡、可乐和薯条;法国的拟人化形象喜欢一切奢侈品,手上总有酒杯或一朵玫瑰;中国则是一个实际年龄4000岁的马尾辫少年,背上有一条被日本砍出来的刀疤。《工作细胞》也是比较有名的拟人化作品,作者清水茜为人体中的各种细胞、细菌和病毒创作了生动贴切的人物形象,如白细胞是浑身白色、斩杀细菌和病毒时干脆利落的杀手,红细胞在身体各个部位间来回奔走、运输氧气,血小板则是成群结队出现的小孩子形象。此外还有动物拟人化的《兽娘动物园》、宝石拟人化的《宝石之国》、战舰拟人化的《舰队collection》、武器拟人化的《刀剑乱舞》等作品。

三、"身体变形"的意义解读

身体变形的表现形式如此多样,其意义也绝不仅仅止于引人开怀大笑或让读者感到不适和恐惧。正如最早的漫画是伴随着讽刺这一社会功能出现的,现代动漫在经历过试验和草创期、克服了基本的技术难关后,逐渐稳定下来,开始在主题和思想内涵上下功夫。"身体变形"在大多数作品中都成为一种隐喻,折射出创作者与众不同的人生观和价值观,具有深刻的内在含义。

（一）对美好外形的追求

没有人乐意主动观看丑恶的形象,因此"审美"才是各类文艺作品在其发展史中的常态,"审丑"则是特殊个人或社会条件所催生出的变种,对于主要受众是青少年的动漫而言更是如此。不论是出于伦理道德层面的考虑(保护青少年不要过多受到"假恶丑"形象的刺激),还是出于商业层面的考虑(少女漫在学生团体中占有很大市场,大多数女生都喜欢看俊男靓女的甜蜜恋爱故事),人物形象的设计总要首先确保外形上的接受度,在此基础上发生的身体变形是一种"正向"的变形,如长腿、细腰、尖脸、大眼睛等等。其中也少不了创作者主观精神的参与,如前文提到的动漫团队CLAMP,团队成立之初的成员均为高中女生,她们的审美观必然会影响其对人物形象的设计考量。然而随着动漫行业的商业化发展,原本主要基于女性审美的外形考量逐渐朝面向男性转变(女性的遐想阵地则向三次元的偶像转移),并且形成了系统化的形象类型,比如御姐①、萝莉②等,除单纯的审美想象以外,更增添了性幻想的成分,动漫中因此出现了名为"表里番"③的动画类型,备受观众诟病,很多人指责其为制作方为博人眼球而发行的淫秽作品。

(二)对力量和正义的呼唤

国产动漫《狐妖小红娘》中有一句反复出现的经典台词:"人以智胜,妖以力胜。"在众多涉及不同物种间冲突的动漫作品中,人类总是力量孱弱的一方,需要借助科技、机械或"超人"的力量来达成胜利。对于力量,最为直观的表现方法就是突出肌肉,所以在战斗类动漫(《北斗神拳》《JOJO的奇妙冒险》《七龙珠》等)中,主角身上的肌肉通常膨胀到了夸张的境地,在现实世界中几乎无人可以锻炼出近似的体型。超出现实范围的肌肉形状,代表的就是超出肉体局限的强大力量。

当然,力量有"正义"和"邪恶"之分,如前文提到的《我的英雄学院》,主角们通过身体变形拥有超能力,成为官方盖章的"职业英雄",与邪恶势力作斗争。用一句话概括作品主旨,就是超能力没有善恶之分,关键在于使用超能力的人,如果超能力是为伸张正义服务,那么它就是好的。《我的英雄学院》中的核心人物欧尔麦特就是一个典型代表,他的名字和"正义"几乎是同义词,当他和高大的身材、健美的肌肉一起出现在犯罪现场时,所有人都会爆发出欢呼和掌声。相应地,当欧尔麦特的变形结束,还原成一个瘦削到病态的颓丧男人时,他所拥有的强大力量也就烟消云散了。而在那些表现人与"非人"相斗的作品中,"非人"之所以使人类感到恐慌,根本原因并不在于"非人"对人类不利,而在于"非人"通过变异拥有了强于普通人类数倍的力量,轻易就能置人类于死地。那些作为"桥梁"而存在的主角们,同样需要足够强大的肉体力量和足够坚韧的精神力量,才能够担负起创作者赋予他们的重任,调和矛盾双方因为巨大的力量差异所导致的互相怨恨和仇视。不过,几乎所有此类动漫都会

---

① 源自日语"御姊",指在外表、身材、个性和气质上成熟的年轻女性。

② 出自小说《洛丽塔》,泛指身材娇小、长相可爱的女性。

③ 源自日语,指名为全年龄向、实则充斥有大量情色暗示的作品。

出现情节上的俗套:主角通过各种方式,不断强化自身的能力,身体上的变形一次比一次夸张、一次比一次丰富,但总是处在"胜利—战败—再胜利"的简单循环中,战胜了地球上的对手,还有来自外太空的对手;对"正义战胜邪恶"主题的表现变成了雷同情节的重复,缺乏内在层次上的递进,不能发人深省,观众也在一次次的重复战斗中产生了审美疲劳,对主角们口口声声强调的"正义"也失去了兴趣。

（三）对外部世界的主观认知

视觉艺术不同于文学作品的地方在于,想象力的发生可以更为直观和自由地通过画面来展现,省略了文字在头脑中转化为画面的一道工序(这种转化建立在读者个人经验的基础之上,"转化率"无法得到保证),更具有表现性和冲击力。动漫的创作者们将自己对外部世界的抽象感觉大胆具象化,通过夸张的变形(正向、"健康"的变形或负向、畸形的变形)来表现自己对世界的态度,世界是美或是丑,都在动漫中以数倍于现实的程度呈现。于是我们看到了由动漫作品所呈现出的无数个奇幻世界,如宫崎骏笔下变幻丰富的童话世界、绿川幸笔下人妖共生的温馨世界(《夏目友人帐》)、汤浅政明笔下荒诞绮丽的幻想世界(《春宵苦短,少女前进吧!》)等。前文提到的《少女椿》则是一个典型的"反面教材",从头到尾都在表现世界最黑暗的一面,尽管有希望存在过,但这希望是畸形的、变态的、威逼利诱下的希望,最终也像泡沫一样彻底破灭了。

在以想象力著称的诸多漫画家中,今敏无疑是最为出色的一位,他的动画作品侧重于对梦境和精神世界的描绘,成为许多电影(《盗梦空间》《黑天鹅》《宝贝计划》等)的灵感来源。其代表作《红辣椒》的故事背景如下:美女医师千叶敦子(即梦境侦探"红辣椒")研发出了一款医疗器械"DC MINI",该器械能够监测并改变患者的梦境,从而起到精神治疗的作用。不料三台机器遭窃,与之相关的研究人员接二连三在梦境中遇害,为了追查恐怖分子,"红辣椒"潜入受害人的梦境中进行调查。动画的主体剧情都在他人的梦境中展开,而梦境是最不受现实世界束缚的地方,今敏在作品中发挥了强大的想象力,铸造了一支浩浩荡荡的游行队伍,他们穿过沙漠、森林和城市,一路引诱和吞噬着形形色色的人类。队伍成员有被压缩进玩具汽车的小丑、急速膨胀直至爆炸的受害者、面容可怖的玩具娃娃,以及变形成为乐器、雕塑、电视、手机、购物袋却依

然保留有上半身或下半身的都市人类，他们在怪异的音乐中欢快地行进，所有
人和物的表情都是兴奋、愉快、满足的。毫无疑问，这是一支狂欢式的、"娱乐
至死"式的队伍，都市人的压力和欲望都在梦境中得以解放，变成了花花绿绿、
奇形怪状的实体，背后所隐喻的正是当代人类谵妄、病态的都市生活。

　　1995 年在日本首播的《新世纪福音战士》（以下简称《EVA》）被公认为日
本最伟大的动画作品之一，其诞生和日本社会的现实状况息息相关。故事背
景设定在公元 2015 年，地球上出现了强大的机械入侵者，名为"NERV"的神
秘组织耗巨资研发出了名为"EVA"的"泛用人形决战兵器"，由 3 名经过训练
的少男少女（碇真嗣、绫波丽、惣流明日香）驾驶，对抗入侵者、拯救全人类。20
世纪 90 年代的日本接连遭遇了一系列严重的天灾人祸（经济危机①、宫崎勤事
件②、东京地铁毒气事件③、关西大地震），加上种种宗教"末世论"的复活和传
播，整个日本社会都笼罩在一种惨淡、绝望的氛围之中。导演庵野秀明对
《EVA》中的人物性格进行了详尽的渲染和描绘，全面展示了 20 世纪 90 年代
日本社会的颓丧面貌。动画的三名主人公都有严重的精神缺陷：碇真嗣胆小、
懦弱、自闭；绫波丽是没有感情的人造人；明日香自高自傲、不服输，内心却极
度脆弱，受不得任何打击。他们就是日本年轻一代的缩影，迷茫、无助、缺乏存
在感，不知道出路何在。

　　"身体变形"的情节在《EVA》中随处可见：奇形怪状的外来机械入侵者；全
身覆盖有装甲的异形生物；明日香和碇真嗣噩梦中扭曲、变形、破碎的自
己……碇真嗣的父亲碇源堂，深感人类彼此之间心灵隔绝的严重性，试图以人
造少女绫波丽作为介质来引发"冲击"（毁灭旧世界，创造新世界），让所有人都
摆脱躯体的束缚，进化到肉体和精神完全统一的最高阶段（动漫中称其为"人
类补完计划"）。动画结尾处出现了日本动漫史上规模最大的"身体变形"场
景——绫波丽引发了世界毁灭，所有人都消解融合成了一片橙色的海洋，回归
到生命最原初的整一形态（动漫中称其为"LCL 之海"），不分彼此，精神相通，
世界上只剩下了碇真嗣和明日香两个人，作为新世界的亚当和夏娃而存活。

---

① 指日本 20 世纪 90 年代因房地产泡沫破灭而产生的经济衰退。
② 指 1988 年至 1989 年间，日本崎玉县发生的 4 宗幼女失踪死亡案件。
③ 指 1995 年 3 月 20 日日本东京地下铁发生的沙林毒气恐袭事件。

庵野秀明在作品中传达了这样的主题:每个人都是孤立无援的个体,无法沟通交流,也无法互相理解,每个人都是不完全的,没有任何存活在世上的意义。然而庵野并未彻底否认拯救的可能性:旧世界毁灭以后,还有新世界的诞生,而让新世界得以出现的,就是人类自身的力量,是人类出于对被他人所理解的渴望而做出的种种努力。

(四)对未来世界的想象

回顾历史、表现当下、展望未来,这种从宏观时间出发的主题归纳法基本适用于所有文艺作品,动漫也不例外。对未来世界的想象,可以是单纯的梦幻式的臆想,也可以是对当下现实世界的折射。主题还是传统的主题:爱情、友情、亲情、善恶之争,创作者给它们披上了幻想的外衣,在更为广阔的舞台上加以呈现。

前文提到,人类有通过改造自身以拥有强大力量的古老愿望,这一点在科幻类的动漫中也得到了充分的展现,如手冢治虫于 1952 年开始连载的漫画《铁臂阿童木》:天马博士为纪念在交通意外中身亡的儿子,创造出了阿童木,作为未来科技的产物,阿童木拥有七项特殊能力,如脚底装有喷气引擎、眼睛可变化为强力探射灯、手臂可变为原子炮等。另一部年代比较久远的作品是松本零士的《银河铁道 999》(1977 年),主人公星野铁郎是生活在未来地球上的人类之一,梦想着搭乘 999 号列车前往终点站安达罗星云,在那里将自己免费改造成机械身体。动画电影《夏日大作战》则着眼于网络世界,主人公化身为网络中的虚拟形象,和黑客斗智斗勇,拯救了现实世界中瘫痪的城市。

不过,随着现代科技的飞速发展,科技社会的种种弊端也开始显现。如果说早期的科幻动漫只是以科技世界做为叙事背景,那么 80 年代及其以后的科幻动漫则多在质疑科技本身,科技甚至成了未来崩坏的罪魁祸首。荒川弘的漫画《钢之炼金术师》即是如此:爱德华和阿尔冯斯兄弟俩为了见到亡故已久的母亲,进行了名为"人体炼成"的禁忌炼金术,结果被试验反噬,哥哥失去了右臂和左腿(后用机械替代),弟弟则失去了肉身,灵魂被固定在一副铠甲上。"科技反噬人类"的主题在这里得到了非常形象的展现。

日本动漫中还有相当一部分作品是在描画未来的末日场景,这类动漫通常被统称为"末世动漫",核心剧情就是人类遭受了巨大灾难,正处在毁灭的边缘,需要通过种种方式自救。比如《甲铁城的卡巴内瑞》中,近现代工业的过度发展导致了"钢铁僵尸"的出现,人类无法与之抗衡;《恶魔人 crybaby》中,恶魔一族入侵地球,附身在人类身上,肆意屠杀人类;前文提到的《EVA》也是"末世动漫"的代表作。僵尸也好,恶魔也好,实际上都是在人类形体基础上发生的一种变形,是对"末日"这一抽象概念的具象化,也是人类恐惧情绪的形象外化。

（五）对人类自身所作所为的思考

从古希腊"人是万物的尺度"的哲学主张,到文艺复兴以来的人文主义思潮,"人"一直都被放置在世界的核心地位,一度成为文艺作品至高无上的赞颂对象。然而随着现代物质社会的发展,"以人为本"逐渐成了人类张扬自私本性的借口:对自然资源不加节制地掠夺;打着"人道主义"的幌子发动战争;以万物灵长的姿态俯瞰其他一切物种……部分漫画家率先在作品中反思人类的所作所为,宫崎骏的作品即是如此。《风之谷》中的世界充满巨型昆虫和腐毒瘴气,是人类文明发展到极致后自我毁灭的产物;《红猪》的主角波鲁克原是一战时期意大利的王牌飞行员,失去战友的痛苦让他对生活和人类感到绝望,因而自我诅咒,变成了一头猪;《幽灵公主》中,人类的火枪让守护森林的野猪神因仇恨而变成邪魔;《千与千寻》中的河神因人类肆意向河水中倾倒垃圾而变得腐臭不堪。"人与自然"是宫崎骏作品中的重要主题之一,不论是通过"正向"的身体变形来表现自然界的温馨和美好(如《龙猫》《悬崖上的金鱼姬》等),还是通过"负向"的变形来质疑人类掠夺行为的合理合法性(如上述作品),其着力点都是对"和谐"的呼唤。人与自然应该友好共生,和他人也应该和谐相处。

2014 年在日本放送的 TV 动画《寄生兽》,其叙事也是在"环保"的大背景下展开:人类严重破坏了地球上的生态环境,从而导致了新物种"寄生兽"的诞生。寄生兽的目的只有一个,就是寄生在人类的大脑中,夺取人的肉体和精神意识,其诞生可以视作地球为自我保护所采取的一种手段。和"生态平衡"的理念相适应,寄生兽的目的并非消灭人类,而是控制人类数量,他们拥有属于自己的组织,一边有序、谨慎地猎杀人类,一边在努力适应人类的食物和生活方式。对他们而言,人和其他物种一样,不过是食物链上的普通一环,并不拥有什么特权。而人类惧怕寄生兽的强大力量,召集特种部队对寄生兽展开了一场大规模屠杀,造成了许多无辜民众的死亡。动漫中有段台词耐人寻味,出自一个赞同寄生兽做法的人类之口:

> 但凡"杀戮",世上没有生物能够与人类匹敌,但你们手中紧握的武器,必须被用于其他更为重要的目的,就是守护生态平衡……"排污"的罪,远比杀人要重得多。与其最后变卦,起初就不要冠冕堂皇,"环境保护"不过是人类为自身目的制定的扭曲概念,为什么不承认这一点?别只顾自身繁荣,多为整个生物圈想想!人类才是啃噬地球的寄生兽啊![1]

这种变换立场的多元化视角,拓展了人类认知和观察世界及其自身的角度,以更为直截了当的方式敲响了环境保护的警钟。

四、"身体变形"的现实接受

综上,"身体变形"在动漫作品中承担有如此多的内在含义,创作者通过种种变形方式来反映自己对客观世界的理解和认知,传递自己的人生态度和情感立场。然而这些内在意义能否被读者和观众接收到,则需要打上一个大大的问号。

动漫产业和其他影视产业一样,归根结底要受商业市场的左右,作品质量固然重要,但能够进行批量生产也是动漫行业盈利的重要条件。一部成功受到欢迎的动漫很快就会被类型化,从人设到剧情都被肢解成可拆卸的"脚本零件"。随着叙事主题的不断发掘和饱和,近年来的很多动漫不过是多种既定元素的排列组合,成熟的产业链输送出了一批又一批中规中矩的"合格"动漫,却少有立意深刻的优秀作品。动画《东京喰种》常被拿来和《寄生兽》作比较,前者评价远不如后者的原因就在于思想力度上的欠缺:主角金木研因为移植了

---

[1]　参见 TV 动画《寄生兽:生命的准则》第21话。

喰种①的器官,成为了介于人类和喰种之间的"半喰种"。动画前半部分关注的是主角的身份确认问题,金木研一直在人类和喰种之间犹豫,不知哪一方是自己的归宿。而当他被灌输了"不能保护自己心爱之人,是因为你不够强"的观念,踏上成为喰种之路以后,故事情节急转直下,只剩下"打怪升级"的不断重复。一个别出心裁的好点子往往意味着要投入大把的时间、精力和金钱,在"商业为王"的时代里,很少有动漫制作者还愿意在主题立意上花时间下大功夫。对"身体变形"技巧的使用也退回到了仅限于感官刺激的层面上,如动画《学园 handsome》中男主角们长及胸口的尖下巴、《人马少女的烦恼》中人头马身的高中女生,这些变形设计更多是出于恶搞的目的,背后并没有什么深刻含义可言。战斗类动漫则用身体变形的复杂程度来象征变形者能力的强弱,人物的变形越丰富、越花哨,就意味着人物的能力越强大,制作者试图利用这种简单的能指和所指关系来激发观众的观看欲望:力量的强弱对比已然被直观地表示出来,弱方是否能够反杀强方,就成了观众最为关心的问题。

此外,从受众角度考虑,大多数动漫爱好者在现实世界中的生活并不算如意,这一点从和戏谑性的"死宅"称呼相对应的"现充"②一词中就可以看出。观赏动漫对于"御宅族"而言,是一种自我放松甚至逃避现实的方式,他们在观看动漫时所追求的并不是道德式的说教,而是一种强烈的自我代入感:主角谈恋爱一波三折,他们也跟着鼓掌掉泪;主角打怪升级,他们也跟着兴奋不已。他们中的大多数人需要的是简单、直接的视觉冲击和容易引发共情的通俗情节,而非晦涩难懂的象征和隐喻。更通俗一点说,观众要寻找的是一种简单低级的"爽感",在追求"爽感"的同时还要动脑子,要打断流畅的观看体验来考虑制作者的隐晦意图,这显然不是观众们所乐意做的。很多观众对优秀动漫作品的判定标准就是画面精美、配乐震撼、节奏摄人心魄、想象天马行空,这和大部分人的观影经验非常相像,很多人看电影只是为了感官享受,思想、主题、技巧、叙事手法统统不在其考虑范围之内,因此文艺电影很难在商业市场中分一杯羹,动漫产业也是一样。"御宅族"对动漫作品的宽容程度似乎要比电影更

---

① 动漫《东京喰种》中的变异物种,以捕食人类为生。

② 源自日语"リア充",意思是"现实生活很充实",无需依靠 ACGN 来抚慰自己。

甚,情节优劣的重要性退居于人物形象之后,如于 2019 年 3 月 15 日在中国大陆上映的剧场版动画《我的英雄学院:两位英雄》,剧情极为简单和老套,不过是"遇敌—失败—挣扎—反杀"的套路再现,英雄救美、挚友背叛、伙伴携手作战等剧情片常见的老旧元素一个都没落下,但许多人依然选择去影院贡献票房,吸引他们的只是动漫角色,而非剧情本身。创作者赋予动漫作品种种内涵,而它在"传递—接受"的过程中是会产生落差的,这种落差产生的根本原因是商业社会下的快节奏生活对人的改造和驯化,无论是绘画、影视、音乐还是文学作品,接受者对它们的认知始终都停留在感官刺激层面,很难再进一步。当《EVA》中全人类都变成了橙色海洋时,观众脑海中浮现的都是"壮观""精彩""震撼"一类的感性形容词,至于这种变形到底意味着什么,很少有人会去深入思考。

所以,对于多数动漫爱好者而言,"身体变形"的特别之处并不在于它隐喻了什么东西,而在于它是新奇的、非常规的,用文学术语来说就是"陌生化"的,实际上还是一种对猎奇心理的满足,也弥补了观众自己无法突破自身肉体禁锢的遗憾。作为商业化的影视作品的一种,动漫首先要满足的是人们精神放松的娱乐需求,在此基础上,深刻思想的传递是无法得到保证的。最为根本和重要的一点是,动漫是虚拟的,动漫作品中的种种夸张变形在现实生活中并不存在。观看者也许会把它们记在脑海中,并在某时某刻被现实中的场景触发相关记忆,但也仅此而已,画面突然闪现,随即又被忙碌的现实情景挤出思考范围。那些在观看过程中所体会到的或震惊或感动的强烈情绪,也会随之迅速消退。诚然,会有资深的动漫爱好者甚至制作者本人对动漫中的种种场景进行解读,也不排除会有人在观看过程中试图弄清创作者的创作意图(观众在宫崎骏和"环保"之间建立起了密不可分的联想关系就是很好的例子),但在强大的现实生活和商业逻辑面前,大多数动漫作品中的深层含义和隐喻都只能被追求感官享受的观众们拒之门外。

(罗建森,北京师范大学文学院 2018 级硕士研究生)

The Theme of "Body Metamorphosis" in Japanese Anime

Luo Jiansen

Abstract: The theme of "body metamorphosis" began in ancient Greek mythology, inherited and innovated by countless literary and artistic works, and now occupies an important position in animation, a kind of artistic works which is highly virtual; and the Japanese anime with extremely high industry maturity is the most typical one. "Body metamorphosis" is not only a common visual technique, but also a variety of implied meanings related to society and life that given by the creators. This article traces the historical origin of the theme of "body metamorphosis", specifically studies the manifestations and inner meanings of the theme of "body metamorphosis" in anime by using analyzing method and summarizing method, and discusses the dilemma of "body metamorphosis" and its metaphorical meaning in the process of being spread and accepted from the perspective of animation market and audiences.

Keywords: anime; metamorphosis; otaku; metaphor; commercialized

混杂式粉丝经济：网络IP、明星与粉丝社群①

朱丽丽

摘要：作者从粉丝经济的角度，通过《盗墓笔记》等多个个案研究，观察当下网络IP与粉丝经济之间的多重样态。作者认为：IP粉丝经济是一种混杂式的粉丝经济，以头部IP为创意来源，以明星为粉丝经济核心，以平台的偏向和资本的形塑为隐性的推手。源于IP的粉丝经济如果期望持续性的繁荣，至少需要在IP分层、粉丝社群分层有更精准的分析和定位，才能应对当下无限延伸的粉丝经济产业链上呈现出的新问题。此外，粉丝经济的成功，并不能过高估计粉丝的力量。在可见的当下文化产业链，无论是IP运营，还是粉丝经济，背后都是资本与平台的运作与操控。IP粉丝经济是粉丝、资本、平台、明星共同形塑的机制。

关键词：IP；粉丝经济；明星；粉丝社群；混杂

---

① 本文系国家社科基金项目"基于社交网络的青年群体日常社会－文化实践研究"(项目编号：14BXW043)的阶段性成果。

一、问题的缘起与文献综述

近两年来网络 IP 成为引人注目的一种新现象。由网络文学 IP 改编的影视剧、游戏占据了流行文化市场的热点，一时之间 IP 剧、IP 文学、IP 出版成为业界的热点话题。那么，何为 IP？IP(intellectual property)，即"知识产权"，有学者认为，虽然 IP 是一个法律范畴内的概念，但其意义更体现在文化经济层面。凡是具备内在的核心价值，且拥有广泛受众群的媒介内容，都可以成为在文化市场上流通的 IP 资源。[①]

从 2012 年开始，IP 的含义逐渐活跃起来。到 2014 年，IP 的概念被正式提出。目前网络 IP 中以网络文学 IP 最为突出，随着《盗墓笔记》《花千骨》《琅琊榜》等由网络文学 IP 改编而来的影视剧热播，IP 浪潮逐渐漫延到整个影视、娱乐产业，网络文学由此进入 IP 元年。目前对网络文学 IP 的研究相对较多，主要集中在对网文 IP 热的原因现象、IP 产业模式、IP 运营以及 IP 出版几个方面的研究。在相关研究中粉丝经济研究的路径最为普遍。

作为最积极的受众，粉丝一向试图对媒介娱乐工业施加影响，迷群可以说是消费者行动主义的大本营。传统组织在感受到粉丝的表达欲望的同时，也直接面临了话语权转移的压力。过去，只有粉丝通过互动特质独立于传统受众之外。在大众传播史上，人们不加批判地加入到传播活动中，被动地接受文本传给的各种信息和意识形态，粉丝强烈的参与互动意识改变了这种情况，也使受众由边缘地带走到前台。[②] 粉丝对于偶像制造过程的积极参与，打破、超越了传统、单向的传播过程，开创了传受双方高度互动、相互融合的新传播格局。与此同时，通讯技术的巨变加剧了权力的扩散，粉丝的力量可以通过点击率、流量、收视率、票房等多种方式显性呈现。近两年来兴起的 IP 运营正是试图抓住粉丝经济的力量，实现更多资本的回报。

张嫱在《粉丝力量大》中将粉丝经济定义为："粉丝经济以情绪资本为核

---

① 蔡骐：《社会化网络时代的粉丝经济模式》，《中国青年研究》2015 年第 11 期。
② 杨寄荣、宋玉静：《粉丝文化语境下的话语权研究》，《辽宁教育行政学院学报》2012 年第 2 期。

心,以粉丝社区为营销手段增值情绪资本。粉丝经济以消费者为主角,由消费者主导营销手段,从消费者的情感出发,企业借力使力,达到为品牌与偶像增值情绪资本的目的。"①大量的粉丝群体在贴吧、微博等平台进行普遍的共享与松散的合作的同时,粉丝站则承担着更有力量的集体行动。IP 的风行从本质上来说是粉丝经济的力量。已经有若干学者就网络 IP 与粉丝经济的关系进行了论述。许新云从四个方面分析了 IP 的价值,一是提高用户的留存率,保留已拥有的粉丝的同时,不断开发新的粉丝群;二是延长了文娱产品的经济价值链条,又创造出不同形式下的经济和文化价值;三是有利于加强不同文化的相互交流;四是有利于激发文娱产业的创造潜力。② 就其爆火的现象,闫伟华认为 IP 热除了读者数量大、流行作品自宣功能等显而易见的原因,粉丝经济的力量、移动互联网的崛起、产业资本的深度介入、周边媒体生态的发展成熟及版权保护不利,也是助推网络文学 IP 热的深层因素。③ 王晓丹认为网络文学 IP 本身自带粉丝、转化成影视剧时高人气演员随带的粉丝、IP 剧新颖、贴近生活的题材都是其快速兴起的原因。④ 陈守湖对这个问题分析得比较深入,他认为影视行业的 IP 热对于图书出版产生了巨大影响,一方面,网络文学作品成为影视改编追逐的热点,另一方面,在网络文学作品成为影视改编 IP 基地的同时,影视节目同样也反哺了图书出版。因此,他认为 IP 出版是流行文化与粉丝经济合谋的产物,IP 图书表面看起来是知识产权的延伸,本质上却是一种流行文化体验的衍化;对于 IP 出版来说,粉丝是最重要的考量指标。⑤

　　以上研究都关注到粉丝经济与网络 IP 的密切关联。研究大多乐观预言只要抓住粉丝社群,IP 出版、IP 影视剧生产及 IP 运营的前途是乐观的。但是却对 IP 内部的分层、粉丝社群的分化以及粉丝情感的流动性估计不足,本文

---

① 张嬙:《粉丝力量大》,中国人民大学出版社 2010 年。
② 许新云:《我国网络文学 IP 的现状与价值》,《新闻传播》2016 年第 22 期。
③ 闫伟华:《网络文学 IP 热的成因、本质及影响——一种"注意力经济"的解释视角》,《中国出版》2016 年第 24 期,第 37—41 页。
④ 王晓丹:《网络文学 IP 的转化探析——以〈琅琊榜〉和〈欢乐颂〉为例》,《东南传播》2016 年第 10 期,第 79—81 页。
⑤ 陈守湖:《IP 出版的考察——流行文化、粉丝经济与媒介融合》,《出版发行研究》2016 年第 4 期,第 19—22 页。

从粉丝经济的角度出发，试图以《盗墓笔记》等当下热门 IP 为例来阐释 IP 运营与粉丝经济的多重动态。之所以选择《盗墓笔记》，首先是因为网络文学 IP 是目前最主要的 IP 来源，其次在于《盗墓笔记》在网络 IP 中的代表性。

二、头部 IP：创意核心与情感资本

网络文学作品是以网络为载体发表的小说、散文、连载漫画等文学作品，它包括但不限于通过互联网首次发表的网络原创文学作品。[①] 根据艾瑞 15 年的数据显示，从 1991 年起，网络小说逐渐流行，少量精品被改编成游戏和影视剧。2011 年，网络小说掀起改编影视剧热潮。2013 年起，手游进入高速发展期，次年游戏进入 IP 元年。至现在 2015 年，互动娱乐进入 IP 元年。[②] 截至 2015 年，起点中文网原创作品数量超过了 143 万，2014 年国产电视剧数量只有 429 部。出版文学、影视和游戏的数量远不及网络文学，精品 IP 资源则更少，网络文学已成为最大的 IP 源头。[③] 截至 2016 年 6 月，网络文学用户规模达到 3.08 亿，较 2015 年年底增加 1085 万，占网民总体的 43.3%，其中手机网络文学用户规模为 2.81 亿，较 2015 年年底增加 2209 万，占手机网民的 42.8%。[④]为什么网文 IP 的授权价格可以水涨船高呢？原因就在于大多数的网文读者都会为自己喜欢的 IP 捧场，数据显示，64.1% 的玩家玩过网络小说改编的游戏，这其中的网文读者数量之大几乎是显而易见的。[⑤]

根据 2015 年中国网络文学行业研究报告显示，从 2015 年 PC 端覆盖人数可以看出，创世中文网、起点中文网和晋江原创网月度覆盖人数都超过 1300 万，位列三甲，成为第一梯队；17K 小说、小说阅读网的月度覆盖人数达到 500 万以上，成为第二梯队；潇湘书院、起点女生网、腾讯读书、纵横中文网和红袖

---

① 张琴：《"IP 热"创造网络文学全产业链模式的探索》，《新闻研究导刊》2016 第 7 期，第 1—3 页。
② 《艾瑞咨询：2015 年中国网络文学价值研究报告》http://www.sohu.com/a/39037886_119583
③ 《艾瑞咨询：2015 年中国网络文学价值研究报告》http://www.sohu.com/a/39037886_119583
④ 中商情报网《2016 年 6 月中国网络文学用户规模达 3.08 亿》http://www.askci.com/news/chanye/20160805/08490550518.shtml
⑤ 《艾瑞咨询：2015 年中国网络文学价值研究报告》http://www.sohu.com/a/39037886_119583

添香的月度覆盖人数超过 400 万,成为第三梯队。① 2015 年 Q1 中国网络文学市场发展研究报告显示,入驻最受欢迎的网络小说 TOP 10 榜单的作品依次是:《完美世界》《大主宰》《择天记》《盗墓笔记》《我欲封天》《戮仙》《绝世唐门》《莽荒纪》《凡人修仙传》《谁与争锋》。② 2016 年第十届中国作家富豪榜公布了"网络作家榜"入选名单,榜单前十名的作者版税收入均已过千万,唐家三少更是以超亿元的版税收入再次蝉联网络作家排行榜榜首。③ 根据艾瑞 15 年的数据显示,从网文用户的性别与年龄分布来看,男女比例几乎持平,男性以 53. 5% 的微弱优势领先。按照年龄分布,网文用户最集中的年龄段是 19—40 岁,这部分读者占总人数的 78.9%,细分来看,31—40 岁用户最多,占比达到 29. 9%,其次是 19—24 岁用户占比 27.6%。从渠道分布来看,绝大多数的网文用户通过移动设备进行阅读,其中手机/平板网站阅读人数占比近 60%,从社交渠道来看,微信、微博、贴吧是最大的三个来源。从内容来看,玄幻仙侠是男性的最爱,古代言情是女性的最爱。④

如此庞大的网文用户社群,已经远远超越了传统的出版与受众的概念。今天理解这样一种新现象,必须从粉丝社群的路径入手。粉丝文化学者詹金斯在《融合文化》一书中将情感经济定义为"营销理论的一种新构型","它试图将消费者决策的情感基础理解为观看和购买决定的推动力"⑤。詹金斯这里提到的营销理论主要指"品牌社群"和"爱标"。2001 年,小穆尼兹和奥吉恩首次明确提出"品牌社群代表品牌发挥着重要的功能,如分享信息、延续品牌的历史和文化、向其他用户提供帮助。他们为营销者和消费者之间的关系提供了社会结构。社群向成员施加压力以使他们对集体和品牌保持忠诚"⑥。2004 年,罗伯茨又提出"爱标"理论,即"爱的标记"。爱标不仅像品牌一样受人尊

① 《2015 中国网络文学行业研究报告》,https://www.jiemian.com/article/687465.html

② 《2015 年 Q1 中国网络文学市场发展研究报告》http://www.sohu.com/a/19918709_114814

③ 《2015 中国网络文学行业研究报告》,https://www.jiemian.com/article/687465.html

④ 《艾瑞咨询:2015 年中国网络文学价值研究报告》http://www.sohu.com/a/39037886_119583

⑤ H. Jenkins. *Convergence Culture: Where Old and New Media Collide*. New York University Press,2006,pp.61—62

⑥ H. Jenkins. *Convergence Culture: Where Old and New Media Collide*. New York University Press,2006,p.79.

敬，它同时还赢得了消费者的挚爱，与消费者建立起了至关重要的情感联系。而品牌的未来就取决于是否能在尊敬的基础上进一步获得消费者持久的热爱，激发出超越理智的忠诚①。无论是品牌社群还是爱标，都赋予了消费者更多的自主权和能动性，并强调了忠实消费者对于品牌的重大意义。而消费者的品牌忠诚度正是情感经济的"圣杯"或终极目标②。网络IP对于粉丝的意义就类似于品牌社群或爱标，粉丝对其倾注了深厚的情感资本。网络文学一般是在网站上连载发布，其受众是一种长期共生、养成式的人群，在这期间，受众本身也作为参与者进行生产。比如《明朝那些事儿》，作者当年明月最初选择在天涯社区——煮酒论史论坛发帖，无疑是《明朝那些事儿》日后粉丝不断聚集的重要基础。煮酒论史是一个专门讨论历史的论坛，聚集了大量的历史爱好者。这个同人论坛确立了《明朝那些事儿》粉丝的网缘关系。当时大量的论坛追贴者即自称明矾。当年的明矾们不仅仅是追贴，还以自己的史学知识参与了创作，对《明朝那些事儿》的写作走向产生了影响。③

　　网络IP近年来成为热点产业链，主要原因在于借助粉丝经济的力量。就文化领域而言，粉丝经济崛起的根本意义在于打破中心化的权力结构，重新分配生产、流通和消费环节中的权力和责任，为消费者赋权。以往粉丝的权力主要体现在消费环节，粉丝通过消费终端产品（如购买唱片、观看影视剧）来支持他们所喜爱的明星和文本，表达自己的文化选择。但粉丝很少能介入这些产品的生产和流通过程。随着新媒介技术的发展，粉丝不仅能够自己DIY文化产品，还可以通过众筹网站决定文化产品的立项和生产，通过社交媒体参与产品的宣传和销售，在文化产业链的各个环节都开始享有更多的话语权。④ 近年来粉丝的积极参与已经深入到流行文化的生产环节。比如根据网络小说改编的2011年度《步步惊心》电视剧，主角的选定在很大程度上参考了"步步惊心"

---

① Future Beyond Brands［EB/OL］. http://www.saatchikevin.com/lovemarks/future-beyond-brands/.

② H. Jenkins. *Convergence Culture：Where Old and New Media Collide*. New York University Press, 2006, p.72.

③ 陈守湖：《IP出版的考察——流行文化、粉丝经济与媒介融合》，《出版发行研究》2016第4期，第19—22页。

④ 杨玲：《粉丝经济的三重面相》，《中国青年研究》2015年第11期。

的粉丝群体的意见。2015 年度正剧《琅琊榜》,因为粉丝群体狂热迷恋男主角们,发展出一种基于受众消费的同性"CP 文化",促使剧方的官方宣传及推广活动也有意无意迎合粉丝的口味与想象。粉丝的情感偏向与认同,不仅仅是粉丝自身的身份资本,也在相当大地程度形成了一种社群生产资本,最终形塑了流行文化空间的诸多走向。

然而并不是所有的 IP 都有商业价值,只有那些头部 IP 才有与粉丝经济合流的价值。所谓头部 IP,是指现象级 IP,也是指平台 BAT 三家(优酷、爱奇艺与腾讯)最看好的 IP,最能引发资本的热情。一般来说,头部 IP 又分为两种,一种是经典 IP,有时代印记的 IP,比如从西游记中孵化的各类影视剧及游戏,在任何年代都有价值。再比如郭敬明、冯唐等人的作品,被市场检验及沉淀过,应该在 IP 市场冷却之后,依然具备很强的吸引投资和群众购买力的特质;但是更多的一类是点击量 IP,也就是那些能够上微博热搜、豆瓣热门、有百度指数以及在晋江和起点网上有过亿积分的一些作品,现在的资本更多往这个方向去。更多的所谓腰部 IP、臀部 IP 没有庞大的固定的粉丝效应,则更依赖于故事导向、框架创意、情节内容人物设定等等是否能击中目标公司。[①]

《盗墓笔记》是一个典型的头部 IP,从下列数据我们可以看到其影响力。首先,《盗墓笔记》原著粉自称"稻米",他们主要通过微博、贴吧等社交平台聚集成社群,并通过评论、传播、互动、创造衍生文本等等表达其对小说的热爱,"盗墓笔记吧"——标榜为"喜爱盗墓笔记的有爱稻米聚集地"的贴吧已有 3604732 个关注者,贴子 100392277 个;贴吧中有网友要为《盗墓笔记》盖一亿层楼[②];其次,粉丝关于衍生文本的创造力极强,如针对原著小说感情情节的缺失进行再创作,营造出了《盗墓笔记》世界中的代表性 CP"瓶邪 CP",随后众多以他们(闷油瓶和吴邪)二人的感情发展为线索的同人小说相继出现。围绕"以我十年,换你一生天真无邪"主题的创作达到高潮。不得不注意到的一点是,稻米们对原著进行再创作也影响到了原著小说走向。盗墓笔记原著作者南派三叔对这对由受众营造出来的代表性 CP 的态度可以从一次签售会上窥

---

① 引自对磨铁集团 IP 运营负责人 Z 女士的访谈,2017 年 8 月 11 号。
② 盗墓笔记吧,https://tieba.baidu.com/p/1138972019? pid=13154681708&cid=10772946828 1♯107729468281

探一二,当一个粉丝向南派三叔要求签名时,他欣然写下了"瓶邪王道"这几个字,还反复强调两人关系的不可逆性。这个细节说明,网络文学 IP 是作者与粉丝共同创建共同拥有话语权的 IP;再次,粉丝对原著的认同度极高,甚至影响了真实认知。线上虚拟世界与线下真实生活呈现出"连接性"(connectivity)特质。因为《盗墓笔记》中提及,小说主人公张起灵是 2005 年 8 月 17 日进入青铜门的。不少"稻米"认为 2015 年 8 月 17 日,就是"张起灵回归的日子"。于是,这些粉丝开始在网上邀约,共赴"长白山十年之约",见证"张起灵回归"。有稻米们表示,"都知道小哥和吴邪和我们不在一个次元,但去长白山是我们的执念,即使我们知道事实上没有那么一个小哥在长白山","接的是一种情怀"。[①] 第四,粉丝群体对衍生产品的购买意愿比较高。众多粉丝围绕《盗墓笔记》创作了大量的周边纪念产品,如笔记本、书包、T 恤等日常生活用品。这些基本不是官方生产,大多为《盗墓笔记》的热爱者制作后放在网络上贩卖。

IP 影视剧是 IP 产业链中最重要的一环,原著粉关心的更多是演员们的造型、人设、诠释,跟自己追过的小说是否吻合、他们能不能演出那个在追书过程中陪伴了自己多年的人物角色。如果荧屏角色跟书中角色相差太大,就无法产生代入和共鸣的感觉。从 IP 剧的成功例子看,《甄嬛传》《琅琊榜》的改编获得的认可度较高。这些作品基本没有改掉原著的大框架,也没有让主角人设跟小说完全脱离,基本上很忠实地反应原著的意思,而且让原著中的人物更为立体化。这样的改编,在原著粉眼里是不可多得的"良心作品"。还有剧方尝试新的听取原著粉意见的方式,试图让内容粉丝更有效转为作品的品牌客户。[②] 企鹅智酷《2016 网络文学 IP 价值判断》报告显示,43.3% 的 95 后通过社交网络接触 IP 改编作品的相关信息。对于优质的改编作品,超过半数的 95 后会关注其续集,并推荐给周围的人。对于满意的改编作品,95 后女性比男性更乐意向周围熟人推荐和重读原著,而男性在期待续集和购买衍生品上比女性更积极。

但必须指出的是,在 IP 运营中,虽然头部 IP 是粉丝经济的创意来源,但

---

① 百度知道,https://zhidao.baidu.com/question/2010413168205119908.html

② 中国青年网,《考虑原著粉的感受真的这么难?》http://news.youth.cn/jsxw/201705/t2017051 5_9763036.htm

真正能够调动庞大粉丝经济的核心是明星,能够带有巨大流量的当红明星。

三、作为核心的明星粉丝经济

　　尽管头部 IP 拥有数目庞大的粉丝群体,但在其最终发酵为成功的粉丝经济的过程中,原著 IP 在粉丝经济中所占的分量并不是很重。因为真正有市场价值的头部 IP 并不多,网文中有过亿积分的作品,以及安妮宝贝、郭敬明、冯唐这样的流行文化大咖级 IP 已经被购买转换得差不多了。我们经常阐释的IP 粉丝经济更多是明星粉丝经济,也就是那些作为流量小生和流量小花的明星偶像,如杨幂、Angelbaby、赵丽颖、杨洋、鹿晗、吴亦凡等,他们担当主演的影视剧或游戏吸引了大批粉丝捧场,因而造成粉丝经济的某种繁荣。有学者认为,这是两种模式,以偶像为核心的明星经济模式和以内容为核心的 IP 运营模式[1],但从 IP 运营的现状来看,两者之间是互为整合的,互为依托的。前文所述除了经典 IP 之外,点击量 IP 更多都是玄幻、修仙、宫斗、穿越等青少年偏好的题材,非常适合与小鲜肉小花类型的明星绑定衍生生产。比如《甄嬛传》《花千骨》《三生三世十里桃花》《后宫如懿传》等近年来大红的 IP 的影视改编权都是从磨铁集团售出授权的,作者在访谈中得知,其实类似的 IP 创意产品磨铁拥有很多,比如三生概念的网文有一系列,三生神仙债、三生还魂曲等。《三生三世十里桃花》只是其中的一本,但因为找到了好的公司操盘,好的明星主演,好的平台播出,一跃成为大热的 IP。[2] 明星在一个 IP 影视剧项目中往往拿最重的份额,一线明星的片酬动辄几千万上亿,也充分说明明星依然是粉丝经济中的核心。

　　在中国,95 后是 IP 粉丝经济的主要参与人群。2017 年 8 月 11 日开幕的"中国'网络文学＋'大会"上,预测网络文学 IP 改编市场在 2020 年将达到8361 亿元。[3] 虽然 95 后对 IP 改编的态度更为宽容,认同改编作品对剧情角色结局作适当修改,但是他们对目前行业整体的改编水平并不认可,只有

---

①　蔡骐:《社会化网络时代的粉丝经济模式》,《中国青年研究》2015 年第 11 期,第 5—17 页。

②　引自对磨铁集团 IP 运营负责人 Z 女士的访谈,2017 年 8 月 11 号。

③　引自对磨铁集团 IP 运营负责人 Z 女士的访谈,2017 年 8 月 12 号。

19.1％的95后对目前改编水平满意。95后最不能接受删减剧情删减主角。对于不同改编,95后和非95后对电视剧的改编认可最高,接下来依次为电影、漫画、游戏、有声书。对于改编中的胡编乱造、严重炒作、劣质的服装化妆道具、不精良的制作、不尊重原著、选的演员不好、演技差、5毛特效都完全不接受。① 据《中国电视剧2016产业调查报告》显示,面向电视剧相关企业进行的问卷调查表明,对于2016年播出的电视剧,超过一半受访者认为和2015年相比并无提升,甚至有所下滑。而且进入网络播放量"百亿俱乐部"的几部电视剧虽然吸睛导流能力依旧强劲,但在口碑上难以和2015年相比,这足以说明市场狂欢的背后,已经埋下了IP影视剧的隐患,它极有可能消耗观众对IP改编的热情,成为阻碍这一趋势持久发展的重要因素。②

　　以《盗墓笔记》为例,同样经历了粉丝的反转,出现了著名的原著粉与明星粉、剧粉乃至作者的严重冲突。在《盗墓笔记》要开拍的消息放出之时,原著粉丝的态度非常积极。粉丝们认为,他们头脑中关于《盗墓笔记》的想象要开始出现于三次元世界了,原本存在于想象的场景要在现实世界中出现了,对于《盗墓笔记》的影视剧改编非常期待。而且,作者南派三叔也多次表示,对于《盗墓笔记》的影视改编将考虑到原著粉的需求,也曾针对《盗墓笔记》的选角多次征求粉丝意见,这种参与感给了粉丝一种主人公意识。粉丝觉得,此时的文化产业的主导话语与他们的话语方向一致。换言之,粉丝同样掌握话语权,改编作品将与他们的文化期待相吻合。影版《盗墓笔记》播出后,原著粉丝们无比失落,他们发现,影版《盗墓笔记》与他们想象中非常不同。人物个性、剧情发现、人物形象等等都与原著及粉丝的想象有落差,作者三叔所说的还原原著、听取读者意见都没有做到,原本的情感期待大范围落空。当IP产生多轮衍生产业分层的时候,粉丝无疑也分层了,原著粉、剧粉、明星粉等等各自都有诉求,文化产业的主导话语不再仅仅偏向原著粉丝的意愿。这让原著粉们醒悟到粉丝的权力尽管有很大的提升,但对于整个文化产业链而言,更重要的是有巨大流量的明星粉丝,而不是原著粉丝。"原著粉都在悲伤。我在哀悼《盗

---

① 腾讯,2016网络文学IP价值判断报告,http://www.docin.com/p－1536790122.html

② 虎嗅,《大IP成于粉丝经济,可能也毁于粉丝经济》https://www.huxiu.com/article/185012.html

墓笔记》时,看见隔壁的人在哭《两生花》,想想正被毁的《花千骨》……"这两年,根据热门小说改编的影视剧开播后,总有原著粉在网上哭成一片。在被各种改编伤了心之后,原著粉开始纠结:是果断弃剧,还是继续追剧看看后续剧情是否好转?在坚持不了之后,不少原著粉都决心"弃剧看书",回头把自己心目中的经典小说回看一次,"洗掉电视剧的那种不知所谓,还自己一片清净"①。一位顾漫资深原著粉说,以个人经历来说,很多时候原著党怀有的并不是"优越感",也不是整天故意吹毛求疵,而是看到"本该这样的人物故事却被翻拍的人打着小说名的旗号硬生生掰成了那样",无法自控会愤怒。不管是小说也好绘画雕塑作品也好甚至漫画也好,接触原著是最大程度领悟作者思想甚至是作者初心的途径,后期翻拍成电影或其他作品,哪怕编剧导演都是原作者,那滋味也是绝对不一样的,而那些毁原著的改编还不如不拍,会破坏一部作品的美感和价值。② 这个著名事件正是蔡骐认为的,在内容IP运营模式中,作为消费者的粉丝显得更加分散和流动。一方面,由于内容元素的多元化,粉丝的来源和分布更加多元泛化,另一方面,在IP衍生开发及迭代创新的过程中,基于内容沿袭与创新的矛盾,粉丝与文本的情感联结充满了不确定性,因而,如何有效促进粉丝的顺流以及从粉丝到消费者的转换显然是需要考量的关键问题。对此,通过社会化媒体来调动粉丝的参与性已成为首选路径。③

　　知名IP的孵化早已不是理性事件,无论是《盗墓笔记》还是《鬼吹灯》无不从最初IP创意的一片叫好沦落为粉丝大战。稻米们一直觉得,他们与那些因明星而收看影版《盗墓》的观众不同,他们有自己的话语体系,有独特的对作品、人物的解读方式。正是因为如此,他们将自己与文化工业的普通消费者相区隔,认为自己是正统的、有话语权的群体。《盗墓笔记》的原著粉、剧粉、明星粉之间的斗争,是不同社群的粉丝抢夺文化工业话语权产生的冲突。以网络文学IP为主要创意来源的粉丝经济呈现出二重性,一方面是原著粉丝及普通

---

① 搜狐,《热门IP咋拍都招骂,原著粉究竟在不满什么》http://yule.sohu.com/20160824/n465650334.shtml

② 搜狐,《热门IP咋拍都招骂,原著粉究竟在不满什么》http://yule.sohu.com/20160824/n465650334.shtml

③ 蔡骐:《社会化网络时代的粉丝经济模式》,《中国青年研究》2015年第11期。

受众恶评如潮,另一方面是票房、收视率或点击率居高不下。影版《盗墓笔记》票房超过 10 亿,同名网剧仅在爱奇艺播放就接近 40 亿次。粉丝经济在今天已经能够创造出天文数字的经济价值,主要在于以明星为核心的机制起到了主导作用。

在互联网时代,偶像与粉丝之间的关系也随着更多交流互动,变得更加密切和复杂。在粉丝文化研究领域中,更多的研究者倾向于使用"准社会交往"的理论来描述他们之间的关系,认为互联网的新型信息流动结构形塑了一种新型的准社会交往方式。"每个在社交媒体上拥有众多粉丝的明星形成了一个拥有众多黏性用户的个人'场域',基于准社会交往心理而诞生、发展和壮大,一旦让'场域'的磁场吸引用户聚集,并与用户展开便捷、多元的互动,这个'场域'就会释放出巨大能量,拥有强大的传播效果和社会影响力。"①而粉丝的目的"不是寻求现实中社会交往的补偿,而是纯粹自愿基于对媒介人物的'爱'而相互吸引、集聚和交流,其核心情感诉求点在于对准社会交往对象的喜爱与支持。"②而这种源于人类依恋他人的本能,与距离远近无关。

正如 J. 汤普森(J. Thompson)所称的"远程亲密感",这表明粉丝能够亲切地感受到他们所喜爱的明星。"然而这种亲近并不被固定在任何物质层面上,尽管影迷从来没有遇到过明星,但是熟悉性依然存在,而且经历了一个由知识、理解、味道和方式所组成的情感接近的过程。"③而对于明星来说,在互联网上的自我表露,"一方面能增加自己的曝光度,另一方面粉丝的情感消费越多,也使其商品消费的过程显得更加人性化,而这正是广告主所期待的"④。粉丝通过消费及生产、传播构建出的与明星之间想象的亲密关系,是明星粉丝经济的基本支撑。

另外,在有关网文 IP 和粉丝经济的论述中,平台的力量在以往的研究中是相形而言被忽视的一部分。许多研究者注意到了平台抓取有价值的 IP 进

---

① 隋岩、周琼:《互联网群体传播时代的网络语言与准社会交往》,《社会科学战线》2016 年第 11 期,第 144 页。

② 隋岩、周琼:《互联网群体传播时代的网络语言与准社会交往》,《社会科学战线》2016 年第 11 期,第 147 页。

③ 李丹:《众生狂欢:明星与粉丝的微博互动关系研究》,《东南传播》2012 第 7 期,第 110 页。

④ 李丹:《众生狂欢:明星与粉丝的微博互动关系研究》,《东南传播》2012 第 7 期,第 117 页。

行投资、包装、转化、营销的能力,但是平台自身的偏好和力量似乎一直隐而不显。平台反过来也对网文 IP 的风格的形塑起到了重要作用。所谓平台审美,是指平台有自己的偏好,更倾向于对现有会员的考量。作者采访业内人士得知:优酷男会员多,比较直男审美,所以他们会有《军师联盟》;爱奇艺口味比较平均,娱乐导向重一些,有时候愿意尝新;腾讯视频就是二次元,风格更年轻一些。[①] 关于平台作为生产方和投资方对 IP 价值的挖掘与导向是另外一个研究话题了,但作者以为,对这个层面的重视可以使得相关研究不至于过高估计粉丝群体的力量。

四、结语:混杂的粉丝经济

所谓"粉丝"或"粉丝群体",刘易斯认为是"那些对媒介明星、演员、节目和文本极端投入的迷狂者"。[②] 詹金斯针对 20 世纪受众和媒介内容互动的最新情况提出了"参与性文化"一词,并指出:当今不断发展的媒介技术使普通公民也能参与到媒介内容的存档、评论、挪用、转换和再传播中来,媒介消费者通过对媒介内容的积极参与而一跃成为了媒介生产者。与此同时,詹金斯也指出:粉丝是所有新媒介技术的最早使用者和推广者之一。[③] 移动互联网和智能手机的叠加,再加上社交平台的发展,一改此前追星群体的信息沟通生态。与传统的追星族不同,当今的粉丝们更加强调表达和行动,也更有力量表达自己的意愿。他们能够大胆地抒发自己对偶像的喜爱,能够积极参与与偶像相关的所有活动。他们对话语权的掌控极度渴求,在追星行动中,所展现出的巨大组织力量令人惊愕,他们用集体行动给固有的组织化机构带来了前所未有的挑战。与既往研究中一味强调粉丝力量的正面性不同,粉丝社群及其参与制造的粉丝经济,源于粉丝们的情感偏向,也呈现出诸多隐忧。比如 2017 年夏季电影版《三生三世十里桃花》的口碑不尽如人意,但是高流量小生杨洋的粉丝

---

① 引自对磨铁集团 IP 运营负责人 Z 女士的访谈,2017 年 8 月 12 号。

② L. A. Lewis. (Ed.) (1992). *The Adoring Audience: Fan Culture and Popular Media*.

③ [美]亨利·詹金斯:《昆汀·塔伦蒂诺的星球大战—数码电影、媒介融合和参与性文化》,见向东风主编《粉丝文化读本》,北京大学出版社 2009 年,第 101—113、386 页。

纷纷通过"锁场"的策略来帮偶像推高票房。我们可以窥见，粉丝经济在相当的程度上是盲目及流动的。市场所能追逐及掌控的是粉丝的情绪资本与情感资本。

　　粉丝力量的再发掘首先表现在消费及商业领域。近年来网络 IP 大热，本质上是因为粉丝的力量被资本、媒介等等平台征用，裹挟着互联网时代令人眼花缭乱的新概念、文化创意成为流行文化的主要形式。美国学者塔克（Tisha Turk）曾提出过礼物经济的概念。她指出：即便是没有从事文本生产的粉丝，也通过其他形式的粉丝劳动参与了社群的礼物经济，比如读者对粉丝小说的阅读、给作者的点赞和留言，就是在回馈作者。还有一些粉丝劳动生产的不是艺术文本，而是信息、资源、数据、讨论和活动，这些劳动对于社群的正常运作也是必不可少的。[①] 比利时学者诺普（Nele Noppe）认为，由于粉丝已经能够利用新媒介技术生产出专业质量的文化产品，分享经济（或曰礼物经济）和商业经济之间的界限正在消融，粉丝社群正在朝着混杂经济（hybrid economy）的方向发展。[②] 在西方游戏社群，这种混杂经济也早已出现。[③]

　　作者借用混杂经济的概念，认为当下 IP 运营与粉丝经济的真正关系是一种混杂式的粉丝经济，以头部 IP 为创意来源，以明星为粉丝经济核心，以平台的偏向和资本的形塑为隐性的推手。粉丝社群内部的分层多元且互相冲突，依然是高度分散性的，网络 IP 的风行固然是粉丝经济的成功。但从根本上不是 IP 粉丝经济的成功，而依然是明星粉丝经济的成功。粉丝社群内部情感的流动性与分散性对于粉丝经济仍然会带来不确定的风险。平台与资本尽管意识到粉丝经济的巨大生产力，但也只能在投资上挖掘和追逐已经呈现价值的粉丝创意经济点，而无法进行精确预测，在很大程度上也具备盲目性。作者以为，源于 IP 的粉丝经济如果期望持续性的繁荣，至少需要在 IP 分层、粉丝社群分层有更精准的分析和定位，才能应对当下无限延伸的粉丝经济产业链上

---

　　① 　T. Turk. *Fan work: Labor, worth, and participation in fandom's gift Economy*. Transformative Works and Cultures, 2014, 15.

　　② 　N. Noppe. *Why we should talk about commodifying fan work*. Transformative Works and Cultures, 2011, 8.

　　③ 　杨玲：《粉丝、情感经济与新媒介》，《社会科学战线》2009 年第 7 期。

呈现出的新问题。此外,粉丝经济的成功,只能让我重视当下粉丝社群的文化影响力,但也无法过高估计粉丝的力量。在可见的当下文化产业链,无论是 IP 运营,还是粉丝经济,背后都是资本与平台的运作与操控。IP 粉丝经济是粉丝、资本、平台、明星共同形塑的机制,各方互相倚重,互为牵制。

（朱丽丽,南京大学新闻传播学院教授,博士。南京大学新闻传播学院硕士研究生凌高峰对本文亦有资料贡献,一并致谢）

Hybrid Fan Economy: Network IP, Star and Fandom
Zhu Lili

Abstract: from the angle of fan economy, the author has studied many cases to observe the multipattern state between Internet IP and fan economy. The author thinks: IP fan economy is a kind of hybrid type, to head the IP sources, based on star fan economic core, Media platform and the shape of capital as the recessive power. If we expect the sustainability of IP economic boom, the stratification of the fandom and IP types need to have a more accurate analysis and positioning, to deal with the new problems of infinite extension of fans economy chain. Moreover, the success of the fan economy cannot overestimate the power of fandom. In the visible current cultural industry chain, whether it is IP operation or fan economy, it is the operation and manipulation of capital and media platform.

Keywords: IP fan; economic; star; fandom; hybrid

赛博人与虚拟偶像的交互：后人类时代的跨媒介艺术、技术与身体

——以虚拟偶像"初音未来"的传播实践为例

袁梦倩

摘要：本文以"赛博人"的理论视角，观照虚拟偶像"初音未来"的传播实践，探讨后人类时代人和技术媒介的交互与融合。虚拟偶像的跨媒介艺术实践基于互联网时代粉丝们参与式文化的逻辑得以建构，提供了一种新的文化生产和偶像塑造的方式。在穿越次元壁的不同交互场景中，赛博人与虚拟偶像的身体和主体性相互建构。一方面，虚拟偶像的身体和主体性是由传播网络中的赛博人共同生产和建构的，虚拟偶像的虚拟身体是赛博人的化身，是存放和激活赛博人主体性和主体间性的容器。另一方面，虚拟偶像也在重塑赛博人的身体和主体性，技术媒介转化和延伸人的感官经验，并形塑一种新的审美感性、情感机制和交互关系。

关键词：赛博人；虚拟偶像；跨媒介艺术；技术身体

"初音未来"是全球第一个真正意义的虚拟偶像，她是第一个拥有自己独特声音的虚拟偶像(不是二维的动漫形象和真人配音的组合)，也是第一个在

实体的演出场所举办个人演唱会并借助全息影像技术登台的虚拟偶像。在"初音未来"的演唱会上,一个有着绿色超长双马尾的萌妹子 3D 影像出现在舞台上。这位年仅 16 岁并永远 16 岁的虚拟偶像,在舞台上随意移动、劲歌热舞、与乐队和观众互动、快速换装,展示了不逊于任何真人歌手的舞台魅力。虚拟偶像在二次元世界中生成,却突破次元壁,嵌入三次元的现实生活中,给人们带来了全新的视听体验和强烈的心灵震撼。

虚拟偶像"初音未来"是日本最大音声制作和音乐软件公司——克里普顿未来媒体公司(Crypton Future Media)推出的以雅马哈(YAMAHA)的语音合成引擎 VOCALOID 软件为基础开发的虚拟歌手软件,于 2007 年 8 月 31 日发售。这是一款制作电子音乐的语音合成软件,VOCALOID 一词由 vocal(声音的、声乐的)和 android(机器人)组合而成,所以 VOCALOID 可被解释为人工声音或人造歌声。"初音未来"背后的核心技术是将配音演员的声音摘录进系统中做成"音源库",然后用户可以通过输入歌词和旋律的方式直接"创作"歌曲。"初音未来"的角色定位为"未来的偶像",她的名字的日语涵义是"来自未来的最初的声音"。迄今,"初音未来"在世界上已取得巨大的成功,造成广泛的社会影响。

新技术引发的媒介融合,不仅止于媒介形态之融合,也不仅仅是社会形态的融合,而是技术与人的融合。[①] 在后人类时代到来之际,当人的身体和技术之间开始融合,人与虚拟偶像的交互在诸多层面不同于传统的人与偶像明星的交互,而变化的前提首先来自技术具身的人的身体和主体性的变化。1985 年,哈娜维(Donna Haraway)提出著名的"赛博格宣言",她将赛博格(Cyborg)定义为无机物机器与生物体的结合体,例如安装了假牙、假肢、心脏起搏器等的身体,这些身体模糊了人类与动物、有机体与机器、物质与非物质的界限。[②]海勒(Katherine Hayles)的信息后人类主义也强调身体就是我们用来操控的最初的假肢,我们可以用其他东西来替代它;人类是可配置的,从而能够与智

---

① 孙玮:《赛博人:后人类时代的媒介融合》,《新闻记者》2018 年第 6 期,第 4 页。

② [美]唐娜·哈拉维著,陈静等译:《类人猿、赛博格和女人》,河南大学出版社 2012 年。

能机器无缝链接。① 孙玮将后人类时代出现的这些"为技术所穿透、数据所浸润的身体"命名为赛博人,一方面意欲体现和赛博格思想的承接性,另一方面将其视为当前技术与人的融合所塑造出的新型传播主体。② 新媒介技术已深深嵌入人的身体经验和主体性,人成为赛博人。

本文将以"赛博人"的理论视角,观照虚拟偶像"初音未来"的传播实践,探讨后人类时代人和技术媒介的交互与融合。具体而言,在虚拟偶像的生产和消费过程中,跨媒介艺术实践以怎样的文化逻辑得以建构?赛博人与虚拟偶像的身体和主体性如何在跨越次元壁的交互场景中相互建构,如何形塑一种新的审美感性、情感机制和交互关系?

一、虚拟偶像的生产与消费:跨媒介艺术实践与参与式文化的逻辑

虚拟偶像"初音未来"的走红是互联网时代粉丝们参与式文化的胜利,它提供了一种大众文化生产和偶像塑造的新的可能性。一方面,虚拟偶像的实践是基于粉丝的能动性而生成的跨媒介艺术实践,横跨音乐、动画、漫画、舞蹈、表演艺术、游戏、Cosplay 等艺术媒介。粉丝们既是生产者,又是消费者;他们积极参与创造自己的偶像,从中获得大众文化的快感。虚拟偶像的跨媒介艺术实践依赖于粉丝群体贡献其"集体智慧"③,以同人创作参与到虚拟偶像的文化生产和消费中。虚拟偶像"初音未来"没有生活中的真人偶像原型,Crypton 公司仅仅提供其基本形象与人设(年龄 16 岁的少女,身高 158cm,体重 42kg),其内容生产主要依赖于粉丝群体,为他们留下了巨大的创作空间,并非常鼓励他们的创作。"初音未来"的动漫形象———一个绿色头发、梳着双马尾辫的活泼可爱的女孩形象由日本漫画家 KEI 设计。声音则来源于"声优"(配音演员)藤田咲,但藤田咲的个人形象与"初音未来"的角色设定之间并没

---

① [美]凯瑟琳·海勒著,刘宇清译:《我们何以成为后人类:文学、信息科学和控制论中的虚拟身体》,北京大学出版社,2017 年。

② 孙玮:《赛博人:后人类时代的媒介融合》,《新闻记者》2018 年第 6 期,第 5 页。

③ [美]亨利.詹金斯著,杜永明译:《融合文化:新媒体和旧媒体的冲突地带》,商务印书馆 2015 年,第 63 页。

有任何关联,她只是被要求以"清楚而可爱"的印象来进行录音,配合播放的音乐唱出一些无意义的片假名来作为"初音未来"的声音库。① 这款软件在2007年发行后大受欢迎,随即出现了大量粉丝制作的原创歌曲。不久,一款名为"MikuMiku Dance"的软件被开发出来,它可以为"初音未来"设计各种各样的舞蹈动作,使其表演跳舞。借助这一技术媒介,越来越多的粉丝投入到虚拟偶像MV视频的创作中。Crypton公司还将著作权法所限制的使用范围拓宽,允许创作者在非营利使用的情况下不用征询公司就可以公开二次创作作品,这一措施极大地激发了粉丝们的创作热情和活力。总之,基于参与式文化逻辑的粉丝同人创作成为虚拟偶像的内容生产生生不息的源泉,赋予虚拟偶像以旺盛的生命力。

另一方面,"初音未来"的成功在很大程度上得益于互联网时代社交媒体的发展,如YouTube、Niconico动画网站以及Piapro、KARENT等UGC(User Generated Content,用户生成内容)媒体。没有发达的网络,没有社交媒体的助推,"初音未来"想在短时间内在世界上迅速走红是不可能的。媒介融合的时代,互联网整合了各种各样的新旧媒介形式,并且以跨媒介的形态重新建构文化。Crypton公司还建立了专门的二次创作投稿网站Piapro,进一步鼓励"初音未来"的用户进行音乐、动漫、舞蹈、视频、服装设计、同人小说等跨媒介艺术的创作,鼓励粉丝们广泛而深入的参与。"Piapro"是"Peer Production"的简称,意思是"拥有各式各样知识与特长的朋友们共同分享和创造信息"。② Crypton公司还建立了专门的电子歌手音乐发行网站KARENT,用来发行用户创作的"初音未来"歌曲,目前这已成为世界上最大规模的电子歌手音乐网络发布平台。③ 可以说,虚拟偶像的跨媒介艺术实践体现了互联网时代一种新的参与式的文化生产和消费方式,开放的网络空间使得同人作品迅速传播,粉丝们志愿贡献其创造力。

---

① 裴燕:《虚拟偶像来了》,《IT经理世界》2012年第22期,第117页。

② 参见https://piapro.net/intl/zh-cn.html,检索日期:2019年3月1日。

③ 参见https://karent.jp/aboutus/,检索日期:2019年3月1日。

二、突破次元壁的交互主体：赛博人与虚拟偶像身体的相互建构

移动网络及虚拟技术带来了身体"在场"、"缺席"的颠覆性变化，媒介构成了多样化的在场与多重现实，"将在场、远程在场、虚拟远程在场加以融合"。[①]当人的身体与技术互嵌，身体的边界突破次元壁，当赛博人成为新的传播主体，肉身已不再是判断身体在场和缺席的标准。技术哲学家唐·伊德（Don Ihde）认为存在着"三个身体"：一是以胡塞尔、梅洛·庞蒂为代表的现象学派提出的作为肉身建构的身体，即物质身体；二是以批判现象学为主的福柯等提出的作为文化建构的身体，即文化身体；三是考虑到技术的因素而作为技术建构的身体，即技术身体。[②] 新的虚拟现实技术带来了身体的变革，以肉身为中心的身体观念需要修正，穿梭于多元交互场景中的技术身体——形形色色的"化身"成为日常生活实践中赛博人身体多样化的在场状态。人们可以通过化身在赛博空间中与虚拟偶像互动，虚拟偶像也可以借助全息影像、人工智能等技术迈向物质空间。在穿越次元壁的不同交互场景中，赛博人与虚拟偶像身体相互建构。

一方面，虚拟偶像的虚拟身体是由因虚拟偶像聚合而成的传播网络中的赛博人共同生产和建构的。从某种程度来说，虚拟偶像的身体是可写的文本，赛博人参与到对其身体文本的写作和编辑中。虚拟偶像既是在前台呈现的可见听闻甚至可触摸的身体－主体，也是在后台被赛博人编码的信息主体（如程序、符号、参数等）。也就是说，虚拟偶像的身体和主体性是处于传播网络中不同节点的赛博人在不同时空中协同性的、动态的塑造。在赛博空间与虚拟偶像的互动中，赛博人的身体并未缺席，而是以另一种形式在场。正如美国学者莫尔斯（Margaret Morse）所说："在虚拟现实中，'肉体'不是被'停放'而是被

---

① 孙玮：《交流者的身体：传播与在场——意识主体、身体－主体、智能主体的演变》，《国际新闻界》2018 年第 12 期，第 100 页。

② Don Ihde. *Bodies in Technology*. Minneapolis：University of Minnesota Press，2002.

'映射'于一个或更多的虚拟身体上。"①从这个意义上说，虚拟偶像的身体也是赛博人的化身（Avatar）。美国学者布罗利奥（Ron Broglio）和吉纳（Stephen Guynup）将"化身"定义为用户在三维环境里呈现的、为用户充当视觉标识符的人形呈现，"化身"充当用户接受信息与操纵环境的节点，也是数据交换的四维点（3D & time）。②作为技术的身体，化身是肉身与信息之间的中介，肉身控制化身，并将对世界的知觉加工成信息在场景中行动；化身实现了在场和不在场的统一，肉身不在虚拟空间，但却可以借助化身悬浮于数字的情感世界；化身的出现使传统意义上人的身体和其相对应的社会身份得以分离，身份成为一个非线性的、不确定的存在。③可以说，虚拟偶像的身体就像是存放和激活赛博人主体性和主体间性的容器，人们不断地在虚拟偶像的身体中填充和装配自己的情感、欲望、想象。虚拟偶像的身体也像一个输入、输出信息和意义的界面，连接赛博人主体之间的互动，穿梭于二次元和三次元的世界，编织虚拟偶像文化实践的传播网络。

另一方面，在跨界的交互实践中，虚拟偶像也在重塑赛博人的身体和主体性，即经由虚拟偶像的虚拟身体的中介，人的身体经验和主体性得以重塑。技术正在不断地侵入人的身体世界，动态地建构赛博人的新型身体，其主体的内在性持续"发生拓展和产生新的裙褶，形成新的生命力量"④。在虚拟偶像的传播实践中，人的身体也已经成为这一人机交互系统的一部分。这种交互方式在潜移默化中重塑人们的视觉、听觉、触觉等具身经验，重塑我们对一系列跨媒介艺术的理解。在人与虚拟偶像的语音合成技术的共同构造中，技术媒介转化和延伸人的感官经验。媒介学者麦克卢汉曾敏锐地指出，一切媒介均是感官的延伸，感官同样是我们身体能量上"固持的电荷"（fixed charges），人的

①　Morse Margaret. *Virtualities：Television，Media Art，and Cyberculture*. Bloomington and Indianapolis：Indiana University Press，1998，p.141.

②　Ron Broglio & Stephen Guynup. "Beyond Human，Avatar as Multimedia Expression"，*Lecture Notes in Computer Science*，Vol. 2897（2003），pp.120－123.

③　谭雪芳：《从圣像到虚拟现实：图像媒介学视角下虚拟现实技术智力美学》，《福建论坛（人文社会科学版）》2017 年第 6 期，第 174 页。

④　何川：《虚拟偶像的德勒兹式解读》，《传播力研究》2017 年第 7 期，第 242 页。

感觉也形成了每个人的知觉和经验。^① 按照 Crypton 公司的设定,"初音未来"擅长演唱日本流行歌曲和舞曲,擅长的音域是 A3～E5,节奏是 70～150BPM。虚拟偶像作为一种技术媒介,其音域很宽,突破了人的声音音域的限制,也能适应不同的音乐风格和节奏。从某种意义上,虚拟偶像的语音合成技术作为一种技术媒介,是人的发声器官和声音知觉的延伸。"初音未来"演唱的很多歌曲常常语速特别快,高低音之间的转换也非常多,真人歌手可能需要较长时间的练习才可能完成或者几乎不可能完成。例如,《初音未来的消失》这首歌曲的速度高达每分钟 245 拍,远远超过人类发音速度极限的 208 拍,是一首人类发声系统根本无法演绎的超高速歌曲;部分段落一秒中有高达十二个音节,几乎没有换气的可能,这是新的技术所创造的新的音乐类型。信息技术嵌入人的身体经验中,具有转化的作用;一些人的身体经验不能知觉到的现象,我们能够以技术作为中介经验到,这是一种知觉的转化。^②

虚拟偶像媒介有效地消解了草根、业余创作音乐的技术壁垒,让人们较为便捷地创作音乐。用户可以通过购买官方提供的音源库软件,输入音调、歌词则可发出声音,同时可以调整震音、音速等"感情参数",这被称为用户"调教"虚拟偶像的过程,极大地增加了普通音乐爱好者投入音乐创作的可能性。Crypton 公司的 CEO 伊藤博之认为"初音未来"之所以有如此大的反响,最主要的一点是"我们孕育了土壤,为创作者构建能够轻松创作的环境并制定调整规则";"人们使用初音未来创作各种各样的作品,不仅有音乐,绘图乃至舞蹈动作等各种创作也都陆续产生。创作者有专业人士,新生代,在校学生或小孩子,也有超过四五十岁的中年人,有交际正常的人,也有不善表述的人,还有耳朵听不见身体有残疾的人。可以说就算是至今为止与创作活动完全不沾边的人,或是因为身体的原因不能在人前表现自己的人,不论是谁,都可以使用初音未来创作并发表作品。创作是人类的本能,也是让人生充满活力的维他命。"^③也就是说,无论用户是否会演奏乐器、是否会唱歌,有着怎样的身体条件

---

① ［加］马歇尔·麦克卢汉著,何道宽译:《理解媒介:论人的延伸》,译林出版社 2011 年,第 33 页。
② ［美］唐·伊德著,韩连庆译:《让事物"说话":后现象学与技术科学》,北京大学出版社 2008 年,第 80、91 页。
③ 裴燕:《虚拟偶像来了》,《IT 经理世界》2012 年第 22 期,第 118—119 页。

和音乐基础，虚拟偶像的技术媒介都可以为人们的创作赋能。

　　更进一步地说，技术的每一次革新都带来了新的审美体验，虚拟偶像以身体为交互界面，深化了艺术与科技的融合，不仅形塑了赛博人关于未来感、科技感的审美新感性，激发了艺术与文化新的想象力，也形塑了新的情感机制和交互关系。唐·伊德所描绘的技术具身关系是"技术在这种关系中具有了最大程度的'透明性'。技术就好像融入我自身的知觉—身体经验中"。① 也就是说，当技术与人融为一体，当我们已经适应这种技术后，技术似乎变得透明，我们似乎感觉不到它的存在，它已经内化为我们的感觉经验。2010 年 3 月 9 日，"初音未来"的个人演唱会"初音未来之日感谢祭"在东京举行，该演唱会使得"初音未来"成为人类历史上第一个使用半全息（2.5D）投影技术举办演唱会的虚拟偶像；此后，类似的演唱会又陆续在日本、美国、新加坡等地举行；随着全息投影技术的发展，2011 年 11 月在新加坡举行的"初音未来"演唱会中开始使用真正意义的 3D 技术；2012 年 8 月在日本横滨的演唱会中还使用了水和光影效果，舞台效果更加炫目。② "初音未来"演唱会的舞台上灯光闪烁，全息影像技术赋予了虚拟偶像一个在物理空间中仿真立体的、萌且甜美的技术身体，"她"与一支现场伴奏乐队一同"登台表演"，观众们欢呼雀跃地向她挥舞着绿色的荧光棒，聆听她的美妙歌声，发出阵阵尖叫声。显然，人们已经忘记其为之欢呼的只是一个电子偶像，并没有人类的肉身，而这也并不妨碍人们深度卷入了其真实的情感，与虚拟偶像建立真实的关系。全息影像技术使人和虚拟偶像能够面对面的交流，人机交互的情感机制也随着身体的在场方式的改变而改变。虚拟偶像可以突破次元壁，消解人与机器（软件）的边界，形成真实的情感依恋，建构"粉丝-偶像"的关系。赛博人和虚拟偶像的关系契合了保罗·莱文森（Paul Levinson）所说的媒介技术演进的"现实化和人性化两大基本趋势"③，我们开始像对待人类一样对待技术媒介。

----

① ［美］唐·伊德著，韩连庆译：《技术与生活世界》，北京大学出版社 2012 年，第 78 页。
② 裴燕：《虚拟偶像来了》，《IT 经理世界》2012 年第 22 期，第 118 页。
③ ［美］保罗·莱文森著，何道宽译：《莱文森精粹》，中国人民大学出版社 2007 年，第 40 页。

三、结语

2011 年 12 月，谷歌日本推出了以"初音未来"为主题的 Chrome 浏览器广告，其歌曲采用了"初音未来"的成名曲《Tell your world》，画面中无数的年轻人都在围绕"初音未来"进行创作，然后通过网络分享；其广告语——"everyone，creator（每个人都是创造者）"打动人心。[①] 这也正是虚拟偶像的魅力所在，虚拟偶像是由粉丝们共同创造出来的偶像，粉丝们正是在这样的参与式文化中获得了快感和满足。每个时代的大众文化都会生产它的偶像，而虚拟偶像正是后人类时代大众文化的产物，它开创了一种新的文化生产和偶像塑造的方式。

虚拟偶像的跨媒介艺术实践是亿万粉丝集体智慧的结晶，是技术嵌入赛博人的日常生活实践中，被技术赋能的赛博人的创意劳动。技术媒介帮助人们降低了制作音乐的参与门槛，也提供了音乐制作的资源和平台，为人们的创作赋能。这样的文化生产和传播形式是革命性的，人们无需寻找真人乐队和真人歌手即可实现音乐制作，同时抛开了传统音乐制作环节中各种把关人的筛选，使得草根、业余音乐人的创作受到更少的束缚，能有更多机会得以生产和传播。同时，赛博人在虚拟偶像的生产和消费中投射他们的情感、想象和欲望。粉丝社群内部的互动，不仅使人们建构意义，塑造身份认同，也增强其社会交往，激发更多的情感共鸣与支持。

虚拟偶像的传播实践，融合了现实世界与虚拟世界，使我们重新反思技术具身的身体和主体性的意涵，反思不同的交互场景中身体不同形式的、中介层次更为复杂的在场。虚拟偶像如今已经变成了后人类时代文化创意产业中的重要部分，越来越多的公司不断开发新的技术和运营模式，不断地向"初音未来"发起挑战。近年来，由于实时渲染、动作捕捉、面部捕捉等 VR 新技术的快速发展，虚拟偶像世界又出现了新的媒介形态——虚拟主播（Vtuber），即由真

---

① 参见 https://tv.sohu.com/v/dXMvNjMzNTE4MTcvMzMwMDE5OTMuc2h0bWWw=.html?fromvsogou=1，检索日期：2019 年 3 月 1 日。

人扮演一个虚拟形象，并在直播平台上直播。虚拟偶像的传播实践逐渐拓展到多样化的领域，日益深度嵌入我们的日常生活，也为当前的媒介文化研究提供了新的研究议题和深刻的理论转向的挑战。

（袁梦倩，南京大学艺术学院副研究员）

The Interaction of the Cyborgs and the Virtual Idol: The Trans-media Art, Technology and Body——A Case Study on the Communication Practice of the Virtual Idol Hatsune Miku

Yuan Mengqian

Abstract: Based on the theoretical perspective of the Cyborg, this paper observes the communication practice of the virtual idol Hatsune Miku and explores the interaction and convergence of human and technical media in the post-human era. The trans-media art practice of the virtual idol is based on the logic of the participatory culture of fans in the Internet age, providing a new way of cultural production and idol shaping. In the different interaction scenes across the dimension wall, the bodies and subjectivities of the cyborgs and the virtual idol construct each other. On the one hand, the bodies and subjectivities of the virtual idol are jointly produced and constructed by the cyborgs in the communication network. The virtual bodies of the virtual idol are the embodiment of the cyborgs, which stores and activates the subjectivities and intersubjectivities of the cyborgs. On the other hand, the virtual idol also reshapes the bodies and subjectivities of the cyborgs. The technical media transforms and extends the sensory experience of human beings and shapes a new aesthetic sensibility, emotional mechanism and interactive relationships.

Keywords: the cyborgs; the virtual idol; trans-media art; technical body

偶像本虚拟:偶像工业的技术革新、粉丝赋权与生产机制

高寒凝

摘要:初音未来举办首场个人演唱会,是虚拟偶像发展史上最具里程碑意义的事件。论文分别从技术革新、粉丝赋权与生产机制等视角出发,对这个充满象征意味的场景展开了分析。发掘出深埋于偶像工业的技术细节、内部各方势力博弈、整体运营逻辑和偶像明星本质属性等脉络之中的虚拟化转向。受这一转向驱动,偶像工业与充满非现实要素的二次元文化合流,缔造了如今虚拟偶像产业的繁荣。因此,虚拟偶像也就不宜被解读为某种颠覆性的行业变革,而是在偶像工业的发展脉络之中自然生长的产物。

关键词:虚拟偶像;粉丝赋权;偶像工业

2010年3月9日,作为人类历史上首位举办个人演唱会的虚拟偶像,初音未来(日文原名初音ミク,hatsune miku,以下简称"初音")登上了日本东京Zepp Tokyo音乐厅的舞台。回顾官方发布的影像资料,我们追随摄影镜头掠过人潮涌动的观众席,穿越数千支荧光棒汇成的绿色丛林,最终,聚焦于一个

被投影在透明幕布上的二次元①美少女。

亲身参与一场演唱会,需要观众支付高额的经济成本与时间成本,以此交换作为表演者的偶像明星在一个相对封闭的空间中的肉身在场。初音的粉丝们当然也清楚地知道,舞台上那个活力四射的少女只是由光影构成的虚像,无论台下的观众怎样尖叫欢呼、疯狂打 call②,换来的也只可能是事先录制好的电子语音。在这个颇具象征意味的场景之中,演唱会的现场感与互动性早已名存实亡,而虚拟与真实、影像与肉身之间的界限,及其可能存在的阶序差异,也几乎被消解殆尽。

偶像明星从真人向虚拟形象的转变,本该是一场颠覆性的行业变革。然而种种迹象却显示,在此过程中,偶像工业的生产机制与运营逻辑非但未曾受到冲击,反而经由这一突破边界的探索而得以重新确证,又隐隐与粉丝群体话语权的提升和文化产业的技术革新等脉络相辅相成。

本文将主要以初音为例,尝试在偶像工业的技术革新、粉丝赋权和生产机制这三重脉络的交汇处,讨论虚拟偶像的诞生与发展,也讨论它和真人偶像之间的断裂与关联。

一

虽然虚拟偶像常被视为近几年刚刚发明的新生事物,但只要稍稍追溯历史便不难发现,早在 1982 年,日本的唱片公司就曾以动画片《超时空要塞》的女主角林明美的名义,发行过个人专辑。自此之后,套用偶像工业的运营模式,将 ACG③ 作品中的人物或某个二次元风格的人物包装成偶像明星,为其发

---

①　二次元是一个日语词语,意为二维世界。由于日本的动画、漫画、游戏大多以二维平面的美术风格呈现,因此常用于指代与其相关亚文化生态及其文化社群与文化产品。邵燕君、王玉玊编:《破壁书:网络文化关键词》,生活·读书·新知三联书店 2018 年,第 12 页。

②　打 call,一般特指粉丝在演唱会现场,根据歌声的节奏使用手中的道具(如荧光棒等)打拍子,是一种重要的粉丝应援形式。邵燕君、王玉玊编:《破壁书:网络文化关键词》,生活·读书·新知三联书店 2018 年,第 137 页。

③　ACG 是 Anime、Comic、Game,也即动画、漫画和游戏的首字母缩写,在此处特指与日本的御宅族、二次元文化相关的一系列文化消费品。邵燕君、王玉玊编:《破壁书:网络文化关键词》,生活·读书·新知三联书店 2018 年,第 7 页。

行专辑或出版写真集，就逐渐成为了日本 ACG 业界的常态。

有趣的是，如今风靡整个东亚地区的偶像文化和偶像工业体系，最早诞生于 1970 年代经济高速增长时期的日本①，1980—1990 年代才开始逐渐扩散到中国台湾、中国大陆等地，以至韩国等。也就是说，虚拟偶像绝非人们想象中的新生事物，相反，它几乎是和真人偶像同步出现的。

然而，尽管珠玉在前，初音未来仍被视为虚拟偶像界的代表性人物，这显然要归功于技术进步带来的革命性突破。

如今被大众所熟知的初音未来，是一个扎着绿色双马尾的二次元美少女形象，而她的本体，则是由日本软件公司 CRYPTON FUTURE MEDIA（以下简称 CFM 公司）以 YAMAHA 集团开发的语音合成引擎 VOCALOID 为基础制作的音源库软件，最初的版本发售于 2007 年 8 月 13 日。利用这款软件，用户只需输入音调和歌词，就能够提取相应音源，合成与人类声音相似的歌声。而初音未来的形象，则是出于"提供歌手的肉身为声音增加现实感"的商业考量而创造出的虚拟角色②。

最开始，初音的画像只是作为促销手段被印刷在软件的外包装上，短短数年时间过去，演唱会上登台表演的初音，早已拥有了生动的 3D 建模，并利用日本公司 KIMOTO 开发的 Dilad Screen 2.5D 半全息透明屏幕播放出来，仿佛精灵一般穿越了次元壁③，来到人间。

不难看出，在初音由诞生到走红的过程中，存在着两个至关重要的技术节点，即语音合成引擎 VOCALOID 的研发成功与全息投影技术的成熟。二者都并非专为虚拟偶像而设，且早已在偶像市场的各种演艺活动与创作实践中得到过广泛应用。但对于虚拟偶像初音未来而言，语音合成引擎赋予了她歌

① 西条昇、木内英太、植田康孝：《アイドルが生息する「現実空間」と「仮想空間」の二重構造：「キャラクター」と「偶像」の合致と乖離》，《江戸川大学紀要》2016 年第 3 期，第 199—258 页。

② 参见日语维基初音ミク页面，网址为 http://jp.wikipedia.org/wiki/初音ミク。至于为什么一个虚拟角色能够提供现实感，也是颇值得琢磨的问题。

③ 次元壁指的是存在于二次元（二维的虚拟世界）和三次元（三维的现实世界）之间的壁障。邵燕君、王玉玊编：《破壁书：网络文化关键词》，生活·读书·新知三联书店 2018 年，第 12 页。

唱的能力，全息投影则赋予她肉身在场的虚像。相比于林明美、藤崎诗织①等前辈，初音未来既无需真人配音演员替唱，也有能力开展个人演唱会，因此毫无悬念地成为了有史以来"业务能力"最为完备的虚拟偶像。

二

此外，值得注意的是，在如今已举办近 50 场的初音未来全球巡演中，初音及其伙伴们②所演唱的歌曲，大多来自粉丝投稿。这是典型的 UGC（User Generated Content）生态，即 Web 2.0 时代的核心理念，"用户生产内容"。

初音未来本就是一款语音合成软件，用户借助它制作电子语音演唱的歌曲正是题中之义。由于省去了租借录音棚和雇佣专业歌手的费用，初音迅速在独立音乐制作人和音乐爱好者中间流行开来。又由于当时弹幕视频网站 Niconico③ 的崛起和 CFM 公司对初音角色形象的开放授权，短短几年时间内，就有成千上万的原创音乐作品搭配着以初音为主角的原创视频被投放在了 Niconico 平台上，成为当时该网站最热门的题材类别，涌现出一大批点击量超过百万、千万的、质量上乘的名曲。这些曲目中的一部分，后来也陆续唱响在演唱会的现场。

在一篇题为《粉丝为名，"股东"为实：日本偶像结婚禁令从何而来？》④的文章中，作者安帛为了探讨日本偶像业界"恋爱禁止"规定的由来，梳理了日本偶像产业的发展史，并将其描述为资本（经纪公司）、偶像及粉丝三方相互博弈，不断争夺对于偶像的行为、形象的控制权与解释权的动态过程。

安帛认为，由于唱片业界的衰落和互联网的兴起，偶像经纪公司为了维持

---

①　藤崎诗织是游戏《心跳回忆》的女主人公，1996 年，日本唱片公司 King Records 就曾为其发行过单曲 CD，各种宣传包装的规格，与少女偶像一般无二。藤崎诗织也是虚拟偶像发展史上的一个重要角色。

②　虽然初音是演唱会的主力歌手，但 CFM 公司推出的其他虚拟偶像例如镜音铃和巡音流歌等，也参与了演唱会。

③　世界上最早的弹幕视频网站，哔哩哔哩动画最初的模仿对象。

④　文章发表在界面文化微信公众号，网址为 https://mp.weixin.qq.com/s/eHnljoDKchSKGg3zws1mRQ。

盈利，只能更多地依赖于粉丝经济。而最能展现这一变化的，莫过于日本偶像组合 AKB 48 缔造的"AKB 商法"。该女子偶像团体成立于 2005 年，早期通行的促销方案，是在 CD 唱片中附赠"握手券"，粉丝可凭券在线下见面会时与心仪的偶像近距离接触并握手致意。到 2009 年，该组合举办了第一届"AKB48 单曲选拔总选举"，号召粉丝以投票的方式确定组合成员的人气排名，以此决定哪些成员能够进入下一张单曲的录制。而活动的选票则以实体 CD 唱片附赠的形式发放，粉丝为了帮助偶像获得更高的名次进而享受更优越的待遇和资源，往往不惜重金，成百上千地购买 CD。

这种利用队内竞争机制，鼓励粉丝过度消费的商业策略，固然为经纪公司带来了极高的收益，却也将偶像的个人前途与粉丝群体对她的好恶深深捆绑在了一起。这就促使粉丝群体从相对弱势的消费者转变成了拥有更强话语权的众筹资本，从而能够以"股东"的身份，对偶像的行为甚至亲密关系状况予以干预。

在这个意义上，初音的粉丝们走得更远。某种程度上说，是他们塑造、成就了初音本身，她唱什么，怎么唱，以什么样的形象唱，甚至初音作为虚拟偶像的性格、生平与社交关系，都由粉丝完成设定。[①] 他们无需像真人偶像的粉丝那样，担忧这些行为可能对偶像本人造成的冒犯与压抑，而 CFM 公司对这一切也基本上持乐见其成的态度，无意加以干涉。

三

在初音首场个人演唱会的歌单中，有一首题为《你唯一的歌姬》（あなたの歌姬，作词、作曲、编曲：azuma）的原创曲目，歌词的最后几句是这样写的：

> 我啊还没有满足呀
> 直到你的歌全部唱完为止

---

① 这是 CFM 公司一贯的经营策略，即只提供最低限度的人物资料，不以官方设定框限粉丝的想象，将对于虚拟偶像的解释权让渡给粉丝。

再让我多唱几首吧

因为我是世界上唯一属於你的歌姬呢

显然,词作者特意将抒情主人公设置成了作为虚拟偶像的初音未来本人。模仿她的口吻,叙述了词作者与初音的相遇与日常相处,更不吝于借初音之口,表达了初音对词作者本人的依恋之情。

美国精神分析学家唐纳德·霍顿(Donald Horton)和理查德·沃尔(R. Richard Wohl)早在 1956 年即提出过所谓"准社会交往/准社会关系"(para-social interaction /para-social relationship)的理论[1],用以描述媒介接受者与他们所消费的媒介人物(明星、公众人物或电视剧中的角色)之间发展出的单方面的、想象性的人际交往关系。

在笔者撰写的论文《虚拟化的亲密关系:网络时代的偶像工业与偶像粉丝文化》[2]中,曾详细分析过偶像工业内部的一整套繁复精密的"粉丝福利"(fan service)系统。作为某种基本职业素养,偶像明星通常会被要求学习各种话术与动作,以便在与粉丝直接接触的场合中,得体地回应他们有关亲密关系的想象与表达。例如当粉丝高呼"我喜欢你"的时候,可以主动回答"我更喜欢你"或者用手指比出爱心形状等。

也就是说,偶像工业的基本运行逻辑,实际上是对粉丝的"准社会关系"想象的去病理化,而偶像明星的整体形象,则是一个开放性的、有待二次阐释与补充的、提供亲密关系想象素材的数据库。从这个意义上说,偶像明星就不仅仅是借助光影与媒体稿件而被塑造出来的虚构人物,他更是一个数据库化了的虚拟实在(virtue being)。

让我们回到《你唯一的歌姬》的歌词,很明显,初音的粉丝们再一次遥遥领先。他们早已不再满足于真人偶像们的逢场作戏,反而自给自足,借初音之口,完成了一次有关"准社会关系"想象与"粉丝福利"的终极闭环。

---

[1]　Donald Horton, R. Richard Wohl. *Mass Communication and Para-Social Interaction*, Psychiatry,1956,19(3),pp.215－229.

[2]　高寒凝:《虚拟化的亲密关系——网络时代的偶像工业与偶像粉丝文化》,《文化研究》2018 年第 3 期,第 108—122 页。

什么是偶像？是能唱歌跳舞开演唱会的明星？是对待粉丝温柔又热情的完美情人？还是早已虚拟化的亲密关系数据库？

如果上述问题的答案都是肯定的，那么初音未来当然毫无疑问就是最合格的偶像，甚至不需要以"虚拟"二字限定。更何况，她还不老不死、容颜永驻，并且，永远不会谈恋爱。

四

或许正因如此，自 2010 年以来，虚拟偶像产业便进入了快速增长期，其中最具代表性的企划，则无疑是《LoveLive! School idol project》。该企划由角川书店旗下杂志《电击 G's magazine》、日本动画公司 SUNRISE 和唱片公司 Lantis 共同策划。以九名少女为挽救濒临废校的"音乃木坂学院（音ノ木坂学院）"而成为偶像招徕生源为故事背景，在杂志上连载这些少女们的日常生活与人物设定，再经由读者的交流反馈，确定少女们的性格特点、组合名称（最终确定为 μ's）、代表曲风等。该企划几乎完全沿袭了"AKB 商法"，自 2010 年 8 月开始，即定期举行队内选举，并号召粉丝为心仪的偶像投票。

从林明美到藤崎诗织再到 μ's，日本的二次元文化似乎向来是虚拟偶像产业的先行者。但相比于前辈们更进一步的是，《LoveLive!》一边征用着二次元文化的相关素材，另一边，却将这些素材深度整合进了偶像工业以粉丝为导向的新型运营模式之中。而这一整合过程，不仅意味着大批二次元爱好者的身份正微妙地向着粉丝——并且是经历了亲密关系转向的粉丝形态——转型，也似乎暗示着，由萌要素所构成的二次元人物和由亲密关系素材库所构成的真人偶像之间的某种同构性与可置换性。

所谓"萌要素"的概念，出自日本学者东浩纪对当代御宅族/二次元爱好者群体阅读 ACG 作品的路径的判断[①]。在他看来，由于身处后现代的语境之中，1990 年代中期以后的日本御宅族，已经不再热衷于作品背后的宏大叙事，而更关心具体角色身上的所谓"萌要素"。此类萌要素包括特定的着装风格（水手

---

① 東浩紀：《動物化するポストモダン：オタクから見た日本社会》，講談社 2001 年。

服、女仆装等）、发型（双马尾、黑色长直发等）和性格特征（傲娇、天然呆等）等等。因此这些 ACG 作品中的角色，也就不能被简单地视为一个虚构人物，而是多种萌要素的拼贴、集合与再循环。这些萌要素经过归类整理，就形成了所谓的"萌要素数据库"，而御宅族对 ACG 作品的消费，本质上其实是对这个数据库的消费，也就是说，是以萌要素的"宏大非叙事"取代了"宏大叙事"。

在一篇题为《我永远喜欢她：纸片人好在哪？》[①]的网媒文章中，作者一边抒发自己对虚拟偶像高垣枫[②]的爱意，一边进行着自我剖析，并声称：纸片人[③]拥有美丽的外貌，且在风格和细节上与真实存在的女性截然不同，因此具有特殊的魅力。这句话揭示了另一重令人惊诧的事实，即二次元人物与现实生活中的女性在外貌上的背离，反而是这个角色令人着迷的关键所在。

人称"日本漫画之父"的手冢治虫，是日本漫画创作手法与符号体系的重要奠基人，而他所绘制的女性形象，却常常被讥讽为"无血无肉、没有娇媚、像人体模型"。手冢为此辩解道，他所描绘的女性身体从来都不是对现实世界中的肉体的"写实"，而是在将女性身体作为符号加以展示。在手冢看来，他的绘画"切断了现实生活中的身体及由这个身体所引起的冲动之间的关系"。[④] 也就是说，日系漫画，尤其是色情漫画的诞生，其实恰恰源于符号化的女性身体对现实中的女性身体的取代。

由此追溯到日系漫画诞生的那一刻，便不难发现，就在手冢治虫完成女性身体的符号化展示的瞬间，现实存在的女性身体与漫画读者的性冲动之间的关联就已经被斩断了。换句话说，我们不该问，为什么一个人会爱上虚拟角色与虚拟偶像，因为事情的真实逻辑是，恰恰因为这个角色是虚拟的，它才有可能被爱。

---

① 作者柯教兴国，地址为 http://weibo.com/ttarticle/p/show? id＝2309404157686387218682。

② 高垣枫，游戏《偶像大师：灰姑娘女孩》中登场的一名虚拟角色，由于职业是偶像，因此也完全可以被视为虚拟偶像，曾发行过个人专辑。

③ 纸片人是二次元角色的一种戏称，取其平面二维之形。

④ ［日］大塚英治著，周以量译：《"御宅族"的精神史：1980 年代论》，北京大学出版社 2015 年，第 33—34 页。

结 语

通过本文的讨论,我们不难看出,无论从技术革新、粉丝赋权还是生产机制中的任意一个视角出发,偶像工业的诸多技术细节、内部各方势力的博弈、整体运营逻辑以及偶像明星的本质,无不暗示着某种自偶像工业诞生伊始便孕育其中的虚拟化转向。而二次元文化自身隐含着的虚拟与真实之间的置换,也已早早与之合流一处。

或许,偶像本虚拟,虚拟偶像原本就不宜被解读为一场颠覆性的行业变革,相反,它恰恰是沿着偶像工业的发展脉络自然生长出来的,并且往往领先一步,预示着偶像工业未来可能的发展方向。

(高寒凝,中国社会科学院文学研究所)

Idol as a Virtualization Being: The Technological Innovation, Fan Empowerment and Production Mechanism of Idol Industry

Gao Hanning

Abstract: The first concert of Hatsune Miku is the milestone in the history of virtual idol development. This paper analyzes there presentative event from the perspectives of technological innovation, Fan empowerment and production mechanism, in order to explore the idol virtualization from technological details of idol industry, competition of various internalforces, overall operational logic and essential attributes of idols. Driven by the virtualization, idol industry and Otaku culture, which is full of non-realistic elements, have been merged together, creating the boom of nowadays virtual idol industry. Therefore, virtual idol should not be considered as subversion of idol industry. But one of the derivative products due to the development of idol industry.

Keywords: virture idol, fan empowerment, idol industry

竞赛、表征与狂欢：网络粉丝社群的偶像制造

张建敏　臧雪文

摘要：媒介技术的发展，使粉丝对偶像的消费从传统的"追星"模式转变为"造星"模式。在偶像选秀竞赛中粉丝集结成群，深度卷入，通过多种符号形式的文本生产，为偶像拉票助选，以寻求情感的满足与身份的认同，在网络虚拟空间构建一个狂欢式的文化景观。

关键词：粉丝社群；竞赛；狂欢；文化表征

在传统的电视选秀的语境下，粉丝对于偶像的崇拜行为被统称为"追星"，而如今媒介技术的发展，赋予粉丝受众更大的信息选择权和文化生产权，粉丝开始由被动走向主动，"造星"是对粉丝消费偶像行为的新的修辞。"在网络的世界里，每个粉丝都能找到参与创造媒介内容的方式，并由此获得一份归属感以及作为造物主的快感。"[①]粉丝不仅可以单独进行文本创作，也可以通过集体智慧打造社群文化。

---

① 蔡骐：《网络与粉丝文化的发展》，《国际新闻界》2009 第 7 期，第 86—90 页。

2018 年网络选秀节目《创造 101》中有位叫王菊的选手,其在节目中的表现充满争议性和戏剧性。节目前 4 期,王菊都处于被淘汰的边缘,被指责为"土肥圆",不符合中国女团的标准,后来她却凭借独特、自信、勇敢与坚定,赢得众多粉丝的支持,票数一度上升为榜首。王菊粉丝在社交平台聚集,生产传播大量号召其他网友给王菊投票的修辞性宣传与劝服性文本,被戏称为"菊话宝典"。王菊现象也引发很多争议性话题,如女团的审美标准,小人物的逆袭,漂流瓶的拉票等,成为一个很有研究意义的粉丝文化现象。本文力图揭示粉丝集结成群拉票助选的过程,探究粉丝社群在整个事件发展过程中的作用,以及粉丝造星现象背后的文化意义。

一、竞赛:胜负逻辑下网络粉丝社群的互动和参与

选秀节目无疑是一种竞赛,对于选手来说是在台上努力表现为自己圈粉,对于粉丝来说是台下聚群结集,为偶像拉票助选。竞赛所遵循的是胜负的逻辑,卷入其中的无论是选手还是粉丝,体验的都是一种紧张与愉悦,以及为共同目标努力的集体感与荣誉感。网络粉丝社群既是一个社区,也是一个情感共同体。粉丝社群的存在为粉丝提供了创造与分享所创造产品的空间,社群内发布的内容也会成为粉丝再生产的文本,粉丝个体间的交流沟通也会对粉丝的再生产起到激励作用。

竞赛的平台空间:社交媒介的拉票行动

斯蒂文森提出,社会网络革命、因特网革命与移动革命的迅猛发展会促使以受众为核心的参与式文化更加活跃自由。[①] 微博微信等社交平台赋予了个体操控社会传播资源的能力,作为传播主体的粉丝可以增强个体的表达权利和内容生产能力。粉丝不需要经过媒体的二次传播,可以直接通过社交媒介观察、接触偶像,甚至比媒体更迅速地获取到关于偶像的第一手信息。而且社交媒介也为粉丝提供了集结成群的平台,使粉丝可以聚集其中交流对偶像文本的解读与生产,交流更加便捷顺畅,同时也增强了粉丝社群的文化生产力与

---

① [英]尼克·斯蒂文森:《认识媒介文化:社会理论与大众传播》,商务印书馆 2013 年。

影响力。比如王菊粉丝自发创建了多个线上微信社群,粉丝个体在群内进行信息共享,自由平等地交流讨论。为了最大程度地对偶像的信息进行传播,号召大众为王菊投票,王菊粉丝社群充分利用了社交平台的"陌生人互动"功能,利用在线上可以接触到陌生人的机会扩大拉票范围。

"漂流瓶"是微信推出的一款以陌生人交友为目的的插件。"漂流瓶"分为"扔瓶子"和"捡瓶子"两类,"扔瓶子"即在页面上写下话语,然后将其"扔出去",随机等待某位网友捡到;点击"捡瓶子",则可以捡到陌生网友发布的"漂流瓶"。这种陌生人社交方式被王菊的粉丝社群创新性地利用,粉丝们在"漂流瓶"上发布关于王菊的信息,尽可能广地传播王菊;"捡"到陌生人的漂流瓶后,不管瓶子里的文字是什么,王菊粉丝们的回复都和王菊相关,号召对方为王菊投票。

如一个来自长沙的漂流瓶写着"太委屈,连分手都是最后得到消息",王菊粉丝对此的回复是"委屈吗? 化委屈为力量,为菊投票",随后向对方发去各大投票渠道的链接。

一个来自安地卡及巴布达的漂流瓶写着"能漂到有缘人吗?",王菊粉丝回答"能,王菊就是你的有缘人,求你给王菊投票投票",紧随其后的依然是各大点赞渠道的链接。

微信的漂流瓶功能拥有众多的用户资源,无需加好友,即可与对方聊天,同时亦不会暴露过多的私人信息。对于急需大批用户为偶像投票的王菊粉丝而言,这种陌生人社交渠道十分便捷。

粉丝们利用社交媒介进行拉票助选,充分利用社交媒介的平台空间,把舞台上的竞技拓展到网络空间,把选手间的比拼转化为粉丝们的竞赛。这种转变使得粉丝社群的身份再次发生转变,粉丝从生产型的消费者又转变为被大众消费的对象。网络粉丝社群的生产活动不再局限于偶像与粉丝两者之间,也不再是"生产—消费"模式的终端。

竞赛的实质:身份的归属与价值的认同

杰姬·斯泰西认为,粉丝和偶像之间存在很多对相似性的亲和性认同点。这些认同的形成基于粉丝已存在的身份中的某些和偶像类似的东西,粉丝把这些相似处挑选出来,以此建立自己和偶像之间的关系。

　　王菊在节目中的言论，如"精神独立最重要"、"女团的标准和包袱已经被我吃掉了"等，都被视为自由独立、坦荡自信的新时代女性的标志。王菊在节目中传递的这些价值观，不仅体现了当今主流媒体倡导的"独立女性精神"，也吸引了和她具有同样价值观的粉丝。当她被粉丝符号化为独立、自主、敢于追求梦想的"新时代女性"之后，愈来愈多的粉丝因为在这个符号中获取了自我认同，而加入她的粉丝社群。拥有五十多万粉丝的微博博主"老鸡灯儿"前期并不喜欢王菊，甚至时常嘲笑王菊的"土肥圆"。他把王菊某次表演的丑照做成表情包，并配上嘲笑的文字"地狱空荡荡，王菊在土创"。然而，这位博主之后竟转而支持王菊，成为了王菊的粉丝，在微博号召大家为王菊投票。他曾经发布了一篇微博讲述自己为什么转变态度，为王菊拉票，"帮菊改命某种意义上说，有点像实现我自己的想法一样，我就是想要我自己的样子。有点你支持的那个人，隐隐约约就代表了你自己的意思"。

　　王菊的出现似乎动摇了一直以来传统媒体塑造的"正统"审美准则。从开始被嘲笑，到后来被看到，王菊的反转表明，受众的审美标准经历了一次重塑的过程。粉丝拒绝的是在流程化的造星模式下诞生的标准化的偶像，他们需要的是与众不同的、能传达自己特定理念的偶像。他们欣赏王菊传达的价值观，但是由于各种各样的原因，现实生活中的他们无法实践这种价值观，他们只能通过支持王菊，表达着对此类价值观的认可。名为"文化人儿Carollllll"的微博粉丝表示："生活中我自己是个嘴笨又胆小自卑的人，所以就瞬间爱上菊姐这种勇敢自信的女孩了。在她身上能学到很多我特别缺乏的品质。"

　　由于对偶像共同的喜爱与支持，王菊的粉丝对于自身所属的社群有基本的认同，形成了粉丝社群的群体认同。心理学家米勒认为，认同具有群体性的特征，是一种社会心理的稳定感，认同的本质不仅是心理层面的，同样包含着群体的层面，它是把自我看成群体一部分的一种视角。[①] 王菊的粉丝对于自己的粉丝身份与群体的认同非常强烈。他们将自己称为"菊内人"，而称呼非王菊粉丝的人为"菊外人"。微信社群中，每个人的昵称都改为和"菊"有关的名字。在称呼王菊时，也称其为"菊姐"，通过称呼上的亲昵，强化自己与偶像的

---

　　① 　梁丽萍：《中国人的宗教心理》，社会科学文献出版社2004年。

联系,并营造出粉丝同为"一家人"的氛围。涂尔干提出,认同是一种被称为"集体意识"的东西,是将一个共同体中不同的个人团结起来的内在凝聚力。[①]粉丝社群通过投入大量的时间与精力进行文化生产,是为了获得投射于偶像身上的情感性满足,通过投入热情,粉丝们实现了自我认同。同时,粉丝个体由于加入了"粉丝社群"这一情感共同体,在群体的规范和鼓励中,他们获得了群体认同。与此相辅相成的是,粉丝个体参与社群活动的热情和投入度愈高,获得的认同感也愈强烈。因此,身份认同与粉丝社群的生产创作是双向反馈的过程。

二、表征：粉丝文本的群体性生产与实践

粉丝对偶像的欣赏是偶像消费过程的起始点,粉丝在消费偶像的同时,也在生产并维护偶像的既定形象。随着媒介技术的发展,粉丝从消费者转型为内容生产者,显示出强烈的主动性和创造性。他们为了帮助偶像赢得比赛,以社群为根基进行最广泛的投票动员,为此创作了大量的劝服性文本与号召性文本,吸引越来越多的受众加入粉丝社群,沟通交流对偶像的认同与理解,构建起一个独属于粉丝社群的的文化空间。詹金斯就认为粉丝不是孤立的个体,粉丝对文本的理解也并非独立的,而是一个社会过程。"在整个过程中,个人的阐释经过和其他读者的不断讨论而被塑造和巩固。"[②]王菊的粉丝社群提炼并将她塑造成"新时代女性"这一偶像符号,粉丝通过各种文化表征不断对这个偶像文本进行阐释,这一符号所蕴含的意义被反复强化,使得王菊的偶像地位得以确立。

文案的拼贴与戏仿

对于粉丝而言,文案是对偶像的宣传语或短文,需要粉丝充分发挥写作能力和创造力。粉丝通过阐释、重读、"盗猎"、挪用等策略,将媒介的叙事或表演转化为与自己社会情境相关的意义和快感,从而构建出属于粉丝自己的独特

---

① ［法］埃米尔·涂尔干著,渠东译：《社会分工论》,生活·读书·新知三联书店 2000 年。
② 陶东风：《粉丝文化研究：阅读——接受理论的新拓展》,《社会科学战线》2009 年第 7 期,第164—172 页。

艺术世界。①　王菊粉丝社群生产出了一批富有新意又具有娱乐精神的文案。"菊文会馆"是王菊粉丝团文案组的微博账号，文案组充分利用了每位粉丝的创意，将一批热爱文字、同时又渴望帮助偶像王菊的粉丝聚集起来，利用群体的力量增强文本生产力。如：

"你搞好我搞好，菊姐就能追风跑；你努力我努力，菊姐就能出奇迹；你偷懒我偷懒，菊姐就得丢饭碗；你拉票我拉票，菊姐安心睡大觉。"

"你拍一我拍一，我心菊姐是第一；你拍二我拍二，不投菊姐不得劲儿；你拍三我拍三，菊姐 C 位稳如山……你拍十我拍十，菊姐一把冲前十。"

这两种文案都是王菊粉丝对原有文本的挪用，在文字表述上含有机械复制的成分，但是粉丝在文字中也凝聚了自身对王菊的情感，赋予了全新的意义，体现了粉丝社群为王菊拉票的热情。粉丝从文本中选取文本碎片，剥离文本制作者原本的结构与风格，根据粉丝自己的趣味或追求将各类不同的文本拼贴在一起，生产出符合粉丝自己的文本与意义。②

微博博主"百万美工"在微博制作并发布了好几张"菊话宝典"，即改变大众耳熟能详的词语中的几个字，使其与"菊"有关，再配之以字典的形式加以注释和解读，既新颖又富有趣味。如"菊安思危"，图片上注释的文字是：动词，指菊姐现在微信群虽然七个以上，但是菊家姐妹们还是不能掉以轻心，要继续给菊姐打 Call。"菊风行动"，注释的文字是：动词，听说可以给菊姐投票了，大家像风一般拿出了手机，行动了起来。

在新的媒介环境中，参与性文化的含义得以扩展，被认为是"一种在新媒介技术环境中产生的新的消费主义形式，能够实现消费者参与媒介叙事的创作和流通，并成为生产者的期待。"③粉丝在参与性文化中构建了一个文化表达的自由空间，将自身参与的活动看作一种值得积极加入的社群共同事业。

---

①　曾文莉：《从文本消费到文本生产——浅析〈阿凡达〉中国粉丝的文本生产类型》，《北京电影学院学报》2010 年第 3 期，第 40—43 页。

②　[美]亨利·詹金斯著：《文本盗猎者：电视粉丝与参与式文化》，北京大学出版社 2017 年。

③　石义彬、岳改玲：《数字时代的参与式文化——以互联网上围绕〈星球大战〉的受众创作为例》，《新闻与传播评论》2009 年第 1 期，第 129—134 页。

粉丝话语的生产与流传

随着粉丝群体的发展壮大,粉丝群体内部产生一系列流行词语,这些流行词语有的只在粉丝社群内部流传使用,有的拓展到粉丝群体内部,被大众广泛使用,正如巴赫金所说:随着时间的发展,"群体会产生跟群体相关的意义,最终会出现该社群独有的新的语言形式或类别……以计算机为媒介的社群在互动的过程中会创造出新的交际表达方式"。①

粉丝社群使用的内部语言大概可以分为两类:谐音类和典故类。② 谐音类的名词经常被粉丝社群使用,它们大多比较简单,也更容易被大众记住。王菊的粉丝社群利用谐音类的名词为粉丝群体命名,他们将"王菊"名字的最后一个字"菊"谐音化,将自己称为"菊内人"。王菊粉丝自发创建多个微信群,这些微信群的名称也采用和"菊"有关的典故或者和"菊"谐音,群名如"全国菊部阵雨""国不可二日无菊"。进群后,所有的人都要将名字改为与"菊"有关的词语,如"安菊拉""电菊惊魂""稳定菊势"等。

典故类的内部语言则是将某类典故与粉丝社群联系起来,这类语言不容易被外界理解,需要粉丝加以解释。王菊粉丝自称"陶渊明",这是因为诗人陶渊明写过多首咏菊的诗作,粉丝们也欣赏喜欢"菊",因此以调侃的语气自比为这位诗人。

表情包的制作与传播

图像是认知世界的媒介,也是意义表达的重要方式。意义和信息不是简单被"传递",而是被生产出来的。③ 作为意义载体,表情包体现了文本生产的"拼贴"与"同构"。表情包将"拼贴"与"同构"相结合,既产生了画面感,也能体现文字的力量,两者结合后,更能引发新的意义与解读。④

表情包图像基本可以分为三种形式:纯图像、纯文字和图文结合形式。王菊粉丝社群大多采用图文结合形式的表情包,在表情包中,文字是图像的注

---

① 江清湲:《新媒体语境下中国女性"韩流"粉丝消费文化研究》,华中师范大学硕士学位论文,2016 年。

② 于淼:《电视娱乐真人秀节目的"粉丝"研究》,辽宁大学硕士学位论文,2011 年。

③ 王虎:《网络恶搞:伪民主外衣下的集体狂欢》,《创作与评论》2006 年第 6 期,第 59—61 页。

④ 张宁:《消解作为抵抗:"表情包大战"的青年亚文化解析》,《现代传播－中国传媒大学学报》2016 年第 9 期,第 126—131 页。

解。相比于纯文字形式,图文结合形式的表情包更具有冲击力和感染力;相比于纯图像形式,这种形式又更具有针对性,能够更加直接地表达图像生产者的意图、观点和情绪。

王菊还未获得众多粉丝时,关于她的大量表情包就在网络上传播。这时,这些表情包主要是进行恶搞,目的大多是嘲笑、讽刺。表情包的制作者将王菊在节目中的动作或者表情剪切下来,再配以夸张的文字。由于表情包的内容浮夸,文字风格符合互联网文化的游戏精神,因而在网络上得以大范围传播。

当"菊"文化席卷而来时,王菊的表情包依然是这场活动的主力军。王菊的粉丝社群没有停止制作与传播王菊的表情包,反而将这些表情包当做有力的传播和宣传工具。通过表情包的生产与消费,使用和制作表情包的粉丝组成了"身体消费共同体"或"图像狂欢共同体"。在这种共同体中,粉丝们置身于网络虚拟空间,剥离现实中的身份,通过表情包的传播,参与到情绪表达、观点阐发与立场诠释中,从而在网络中获得新的身份定位。

虽然是同一张表情包,但是随着时间流逝,表情包的意义也会发生变化。粉丝参与解读文本,最终目的是宣扬自己想要表达的意义。同一张王菊的表情包的作用与传达的意义会截然不同。在《创造101》前期,也许会成为大众表示嘲讽的工具,传达的是不屑、厌恶的态度;可是在节目中后期,也会被粉丝当做推广营销王菊的工具,表达的是不被主流束缚、独立自主的价值观。

周边产品的购买与流通

制作或购买偶像周边产品不仅可以使粉丝在内心强化并认可自己的粉丝身份,同时也是对外宣称并彰显自己的身份,是一种"无声的言说"。王菊的线上粉丝社群"Naomi王菊打投组"生产了一系列偶像周边商品,包括印有中文"菊"字和王菊英文名字的包,印有"菊话宝典"的手机壳、雨伞和帽子、衣服等。这条粉丝经济产业链与官方无关,是粉丝自行参与建构的,不仅体现了粉丝强大的创新力量,也凸显了粉丝社群的组织力与联结力。

为了表示对粉丝负责,同时彰显粉丝社群的组织力度,"Naomi王菊打投组"还在微博上发布了这样的话语:"为了回馈大家热烈的购买意愿、防止周边盗版的猖獗盗卖现象,本组发布全新企划周边2.0,设计升级+质感升级",这是维护粉丝社群声誉的体现,也能保证下一期偶像周边商品的顺利生产与传播。

风格的形成强化了粉丝社群的情感联系和价值认同,承载了另类文化群体关于世界、社会、文化的集体想象。[①] 粉丝社群再次通过集体形式表现出了强大到足以影响商业资本与大众的文化生产力。

三、狂欢:脱冕加冕的仪式展演

粉丝社群文本生产的热情与游戏精神就如同巴赫金的"狂欢理论"所揭示的大众非理性表达。巴赫金意义上的"狂欢是一种反抗霸权力量、是建立自由民主的理想世界的文化策略。狂欢建构了一个'颠倒的世界',通过对人们日常生活的戏仿,使生活由严肃的现实状态转入暂时的游戏境界,人们忘却了阶级、等级和身份,在诙谐的笑声中获得自我的释放"。[②] 粉丝聚集的网络社区就是巴赫金所谓的"颠倒世界",网络的匿名性与互动性,使得粉丝能够暂时隐去现实主体身份的羁绊,在网络虚拟空间畅所欲言、聚集狂欢、获得表达的自由与颠覆的快感。粉丝在消费偶像的同时,也在积极进行生产,以各种充满创意与游戏精神的文本形态,对偶像进行脱冕与加冕,并在网络公共空间展演,以此构成另类网络话语空间。

突破空间与等级界限的全民性

正像狂欢节中没有表演者和观赏者的区分一样,粉丝在偶像制造过程中,也突破了空间界限,抛却现实世界的身份阶层壁垒,实现社群内部与外部的打通,全民动员,全部参与。"人们之间的等级关系的这种理想上和现实上的暂时取消,在狂欢节广场上形成一种在日常生活中不可能有的特殊类型的交往。在此也形成了广场言语和广场姿态的特殊形式,一种坦率和自由;不承认交往者之间的任何距离,摆脱了日常(非狂欢节)的礼仪规范的形式。"[③]

---

　　① 郝思佳:《抵抗的"假面":粉丝的另类文化实践与虚拟社群互动》,南京师范大学硕士学位论文2018年。

　　② 王虎:《网络恶搞:伪民主外衣下的集体狂欢》,《创作与评论》2006年第6期,第59—61页。

　　③ [苏]巴赫金:《巴赫金全集(第六卷)》,河北教育出版社2009年,第12页。

在粉丝社群造星前期,发挥更大作用的是以粉丝为主力的文化生产。然而,当前期粉丝的文化生产成果进行了大范围传播后,其他网络受众不可避免地被卷入其中,如后来加入王菊粉丝群的人数呈几何倍增长,在一场投票活动中,王菊的得票数突破百万。不同于粉丝学历较低、盲目狂热的刻板印象,王菊粉丝社群内部不乏高学历知识分子,王菊美工组有多位美院学生和设计师,早期后援会内部还有硕士毕业生加入,已经出名的歌手汪苏泷也在微博上发问:怎么给王菊投票? 在这场活动中,阶级、年龄、学历等界限都被打破,只要为王菊投票,就是"菊内人"(王菊粉丝的自称)。

提供鲜明对比的仪式性

巴赫金提到了狂欢节中最主要的加冕与脱冕仪式。通过给小丑进行加冕,使其成为国王,接受众人的敬仰,人们暂时性、象征性地实现自己试图改变命运的梦想。随后的脱冕仪式则将国王的身份从小丑身上剥离,让其还原到最初的形象。整个仪式过程中的转变体现了变化本身的快乐相对性。

巴赫金认为,狂欢节并非实体,而是一种仪式性的功用,任何事物在狂欢中都失去了绝对性,而是具有令人发笑的相对性。原本被赋予高位的权威人物又被逐下神坛,成为平凡人。这种鲜明的对比也使得普通大众获得了一份满足感。

王菊粉丝社群的文化生产也体现了狂欢节式的仪式化实践过程。王菊粉丝一方面将王菊看做独立自主、勇于追求梦想的女性,渴望自己拥有王菊的勇气和态度,可是另一方面,却又制作出具有猎奇性和夸张动作的表情包、宣传文案等,借此吸引大众注意。将偶像"神化"之后,又将其颠覆,这一鲜明的对比中暗含着一种荒诞性,也体现了自由、平等的精神内涵。

体现自由平等的颠覆性

在狂欢节中,人们打破了身份与地位的界限,放纵自我、尽情欢快,意味着对权威的反抗与颠覆,是对社会秩序与规范的挑战。人们之间充斥着自由、平等的气氛,过着颠覆日常生活的日子。

在越过边界的粉丝文化中,也体现了对传统追星方式的颠覆。以往的粉丝被动接受官方打造的偶像,按照官方制定的话语,塑造对偶像的认识。现今的粉丝则倾向于打造为自己发声、代表自己审美的偶像。这种造星的认知与行为动机，使得粉丝以极大的主动性与文本生产热情，通过多种方式为偶像拉票。粉丝从偶像文本的接受者变为偶像文本的参与者和打造者。

粉丝社群对成员的吸纳与劝服也体现了这种颠覆性。粉丝社群内部没有上下等级，成员之间是平等的。个体在粉丝社群中尽情发表对偶像的热爱和支持，分享自身的生产创造。在粉丝社群组织的各种活动中，粉丝也会积极参与并沉浸在忘记日常生活与自我满足的世界中。

粉丝是极具创造力、辨识力与集体智慧的群体，随着互联网新技术的发展，粉丝不再是原子式的分散个体，而是集结为粉丝社群，通过集体形式发声，粉丝社群参与建构偶像文本的力量也愈加强大。他们不再满意传统的偶像文本建构方式，想要打造出专属于自己、能反映自身调性的偶像。在这一目标的激励下，粉丝从被动的受众变为积极的生产者。

粉丝社群不仅是粉丝个体的集合与兴趣共同体，更是激励粉丝生产的有力组织。粉丝社群对于竞赛的积极关注与参与，通过投入大量的时间与精力进行文化生产，对偶像义务的包装与宣传，获得投射于偶像身上的情感性满足，实现自我认同。互联网和社交媒体技术的进步，使得粉丝在消费偶像生产偶像过程中获得一种媒介赋权，这也为粉丝文化的发展注入了核心动力，粉丝社群的文化表达带有更多的技术含量，粉丝文本也拥有更多元的呈现形式，粉丝文化朝着更民主更多元的方向健康发展。

（张建敏，暨南大学新闻与传播学院副教授；臧雪文，暨南大学新闻与传播学院新闻与传播专业 2017 级研究生）

Competition，Representation and Carnival：

Idol Making of Online Fan Community

Zhang Jianmin；Zang Xuewen

Abstract：With the development of media technology，the relationship between the fans and idols has changed from the traditional "star-chasing" mode to the "star-making" mode. In the competition of Idol talent show，fans gather in groups and get deeply involved. Through a variety of symbolic text production，fans canvass for idols in order to seek emotional satisfaction and identity identification，constructing a carnival-like cultural landscape in the network virtual space.

Keywords：Fan community；competition；carnival；cultural representation

都市景观札记

曾一果

内容提要：城市地标、摩天大楼、天际线、稀奇古怪的建筑、智慧城市，这些都是当代城市高速发展的产物，本文试图以一种文化批评的视角和眼光，结合中国当代城市发展的现实，批判性地思考和理解这些城市现象。

关键词：当代城市；文化批评；都市景观；媒体城市

城市·新地标

许多年前在苏州读研究生时，每次从老家回苏州，坐在火车上，只要远远地看到雄浑古朴的虎丘塔，我的心情就会不由自主地激动起来，因为一看到虎丘塔这样的标志性建筑，就意味着我又回到了古城苏州。

凯文·林奇在《城市意象》中谈到如何阅读和认识一座城市时，特别强调标志性建筑对于人们认识城市的重要性。城墙、古塔、寺庙、园林、摩天大楼、城市广场和纪念碑都有可能成为一个城市的标志，例如北京故宫、上海东方明珠、广州小蛮腰、台北 101 大厦、巴黎埃菲尔铁塔都是所在城市的著名建筑，而它们也自然地成为一个城市的代表，体现了一个城市所具有的某种身份、性格和精神气质。标志性的城市建筑能让一个城市面孔清晰起来，许多时候，人们正是借助于一些标志性建筑认识、阅读和理解城市。

今天人们更是用了"地标"这样一个比较时髦的词语称呼某些标志性的城市建筑物。在城市化快速发展的中国，各种各样的新地标正雨后春笋般地不断涌现，例如我以前在苏州居住的小区旁边就曾经冒出了一个号称苏州人世界级的城市新地标——苏州丽丰中心。一则广告标语曾兴奋地向市民这样描述它："苏州作为历史文化名城，其城市景观特色的核心是城市的发展历史的展示，需要富有生长性的价值，这才是苏州独一无二、不可复制的个性城市景观，这样的城市景观才是苏州未来的财富。"后来城市东边的金鸡湖畔又冒出了一个"苏州中心"。

像"苏州中心"这样的城市新地标，在今日中国，每天都会涌现出一大堆，而每一个自然也都号称自己是代表这个城市独一无二、不可复制的城市景观，但其实这些地标都是在不断变化。历史上也是这样，例如在 1666 年伦敦大火之后，作为曾经的伦敦地标圣保罗大教堂就被新兴的皇家交易所所取代，而这一个地标的变化表示世俗社会已经来临，伦敦市民普遍关心的不是宗教，而是自身的经济利益。因此，通过不同时期的城市地标，人们也可以了解某个时期一个城市政治、经济、文化和社会思想乃至生活方式的变迁。不同时期，每个城市的地标总是不断变化的，《新京报》曾经刊登了 20 世纪 50 年代之后北京地标的变化，50 年代北京的地标是人民大会堂、中国革命历史博物馆、民族文化宫、北京火车站等，80 年代北京地标则变成北京图书馆新馆、中国国际展览中心、首都机场候机楼、北京国际饭店等，到 90 年代则变成中央广播电视塔、新世界中心、首都图书馆，而新世纪则变为鸟巢、国家大剧院、水立方、后海酒吧街等。短短几十年，城市地标变化何其大。

不断有新的城市地标涌现，对于城市而言并不是坏事。新地标体现了一个城市不断发展、探索和创新的勇气，同时不少城市新地标也带给世人以新的体验和感受，苏州金鸡湖两岸原来是一片荒野，但是随着城市发展，那一带已经发展成苏州的繁华地带，东方之门、九龙仓和诚品书店等城市新地标，将金鸡湖区域打造成了一些现代年轻人喜欢的"洋苏州",人们从不断涌现的新地标中感受到城市的日新月异,感受到一个城市的未来梦想。

当然,在快速发展的中国,新地标大量涌现,既让国人兴奋不已,也让不少人感到恐惧。一个城市的地标不仅仅是人们用来熟悉城市空间的地标,是人们游玩和购物场所,而且也体现了这个城市不同阶层的权力关系,围绕着不断冒出来的城市新地标,总是有人喜欢,有人讨厌。《三联生活周刊》《新周刊》和《南方周末》等媒体都曾经报道了不同群体在国家大剧院、鸟巢、中央电视台新大楼等城市新地标上所发生的争议。在一篇题为《大裤衩与小蛮腰——城市地标的民间语文》的文章里,一位作者站在了民间立场,从民众给北京、广州等一些城市地标所起的"大裤衩""小蛮腰"等绰号中发现,"地标在民间语文里,从国际化的大词蜕化成了生活中的寻常事物。公众为地标起的绰号所表达的亲切感、调侃感与嘲讽感,对应的是一个城市予以市民的归属感、荒诞感与疏离感"。文章向普通大众提出了这样的问题:新地标在你的城市层出不穷,你感受到荣耀了么?

这个问题值得深思。因为在今日中国,普通市民们包括我自己都可能没有感到这些地标背后的罪恶,相反,每个人都似乎特别容易被身边涌现的新地标所吸引和陶醉。前面我讲过,我苏州住所的附近就矗立了一座新地标——丽丰中心。刚落成时,小区里许多人特别兴奋,没事时就跑那儿转转,直到今天,小区里许多人还经常兴奋地讨论这个建筑,简直就像自己家盖的。不过,仔细一想,这样的地方属于自己吗?

《新周刊》上的这篇文章却毫不留情地指出,面对种种城市新地标,今天一般社会大众却没有意识这些地标所隐含的权力关系。大部分公众丧失了判断力,将不断涌现出来的地标当作是自己的"地标"。

"你的地标"其实不属于你。而且,今天每个城市都怕民众和游客不认识自己的面孔,拼命建造各种各样所谓的"新地标"。就拿苏州来说,"秋裤"(东方之门)、苏州中心、海关大楼都宣称自己是这个城市的新地标,代表着这个城市现在和未来的梦想,但是在一个地标越来越多的城市里,或许,人们反而不知道真正属于这个城市的地标是什么。

因而,现在许多城市的地标不是太少,而是太多。真正伟大的城市,可能只要有一个真正属于这个城市和这个城市大多数人的城市地标就行了。

城市·天际线

几年前有幸到复旦大学新闻学院参加主题为"传播与城市"的城市传播跨学科对话会,参加会议的有不同学科背景的著名学者,大家围坐在一起,从不同角度探讨"城市话题",很有意思。

让我特别感兴趣的一篇文章是复旦大学新闻学院殷晓蓉教授的《"城市天际线"的传播学意义——兼谈陆家嘴沿江中心"城市天际线"的空间传播内涵》,在这篇文章中,殷教授从著名的"芝加哥大火"谈起,介绍了"城市天际线"如何发展成为一个城市的象征。1871 年芝加哥发生了一场大火,10 月的一个夜晚,据说是一头奶牛踢翻了草堆上的油灯,引发了大火,大火让 10 万芝加哥市民无家可归,伤亡无数,财产损失不计其数。芝加哥城市建筑原来是以木质结构为主,正是这些木质结构房屋,让整座城市在大火中显得极为脆弱。而这场大火也催生了一场城市建筑的新革命,以钢筋混凝土为代表的新建筑材料、新技术得到了芝加哥建筑师们的青睐,虽然那时美国大部分城市并不认同这些新兴材料,古典传统的建筑仍然占据主要位置,但是大火之后的芝加哥却是新建筑的实验场,以钢筋混凝土为主的摩天大楼、百货公司和高层公寓在芝加哥纷纷涌现,芝加哥成为现代摩天大楼的发源地,"城市天际线"的概念也由此渐渐被人们认识。

何为"城市天际线"? 殷老师在讨论中特别引用考斯多夫的文章作了解释,"天际线"指的是天际轮廓线:"天际轮廓线是城市的标志。一个城市的定位和发展潜力,都显见于其中。外形独特的地标逐一从城市中崛起,标志着属于该地人民的信心、力量与成就。渐渐地,它们塑造出城市的外形,同时突显出城市的形象。"我查了一下百度,百度这样解释"城市天际线",所谓的天际线"又称城市轮廓或全景,通俗说,天际线就是你站在城市中一个地方,向四周环顾,天地相交的那一条轮廓线就是天际线。天际线亦被作为城市整体结构的色彩、规模和标志性建筑。譬如自由女神像、东方明珠塔、悉尼歌舞剧院、香港会展中心,都是经典的天际线"。百度的说法更加清晰明了,"城市天际线"主要是通过一些标志性的建筑和建筑群,将天地区别开来,这些地标建筑和建筑群通常都是位于海边、港湾或者江河边,以摩天大楼为主体,摩天大楼集聚地通常就构成了城市天际线。今天人们一想到香港,脑海里立刻呈现的便是维多利亚港湾那无数幢临江的摩天大楼建筑群,一想到上海,便会想到黄浦江边以东方明珠、上海中心、金茂大厦和环球金融中心为代表的建筑群,正是这些城市建筑群组成了一个个令人难忘的、经典的城市天际线,经典的城市天际线往往是一个城市的标志,代表着这个城市的基本面貌。

殷老师认为"城市天际线"其实是一个复杂组合,是实用与象征、理性与非理性、自然空间与人为空间的交织,城市天际线还体现了国家和城市里各种政治、经济和文化的权力关系。并且,任何一个城市天际线的形成有历史的原因,也会随着时代的变化而变化。她以上海陆家嘴沿黄浦江边的"城市天际线"为例,指出以东方明珠为主的"城市天际线"延续了"自传播革命以来电视台、电讯大楼成为城市天际线构成之统一的传统"。颇有意味的是,在浦东开发之前,"上海的标志"是黄浦江西岸的外滩万国建筑群、中国银行大楼、和平饭店、海关大楼和汇丰银行大厦,它们构成了 20 世纪 30 年代之后上海著名的城市天际线,是上海形象的化身,在很长一段历史时期里,人们提到上海首先想到的往往是这里。但是在今天,情况却发生了变化,人们一想到上海,往往是位于陆家嘴的东方明珠、环球金融中心和金茂大厦等建筑群,而不是外滩的万国建筑群。在这次会议上,复旦大学新闻学院的陆晔教授对殷老师的话题做了补充,她指出上海曾专门做过一项城市调查,调查人们心目中的"外滩",结果发现虽然仍有人视黄浦江西岸的外滩万国建筑群是"外滩",更多的人则将上海中心、金茂大厦、东方明珠和环球金融中心座落地的陆家嘴地区当作"外滩",浦东开发后,闻名遐迩的"外滩"概念反而模糊了。

在《"城市天际线"的传播学意义——兼谈陆家嘴沿江中心"城市天际线"的空间传播内涵》一文中,殷老师主要是从传播学角度解读"城市天际线",她注意到了大众媒介在"城市天际线"宣传方面所发挥的重要作用,她说"城市天际线"的现代媒介呈现较早始于明信片。一个城市的面貌是多种多样的,人们要想一下子就了解所要和所想接触的城市,明信片等大众媒介上提供的简洁明了的"城市天际线",往往就成为人们理解城市的一个重要途径。不过,每一座城市其实都可能有一个或若干个城市天际线,这就给媒体选择带来了难题,到底选择哪个城市天际线作为城市代言形象成了至关重要的问题,这里当然有政治、商业和文化权力的竞争,出现在明信片、移动电视和广告牌上的城市天际线往往是多种力量竞争和协商的结果,有时甚至媒体上呈现的"城市天际线"与实际的"城市天际线"并不一回事,例如我们这次会议的论文集封面设计就很有意思,封面也是一条"城市天际线",但是这个"城市天际线"其实是混搭,陆家嘴的东方明珠和金茂大厦等建筑与外滩的海关大楼混搭在一起,共同组成了人们想象中的"上海景观"。在今天,媒体是不同力量推销各种"城市天际线"的重要阵地,特别是一些新兴的城市天际线多是借助媒体才被人们渐渐熟知和接受,譬如过去关于苏州的媒体呈现多是虎丘、寒山寺这样的传统城市天际线,但是今天,苏州中心、东方之门等新的城市天际线在移动电视、广告牌和新闻报纸上的出现频率越来越高。

各种新兴的"城市天际线"大量涌现,凸显了今天的城市对于自身形象的重视,许多城市也投入巨资,竭力打造以摩天大楼为代表的"城市天际线",然后借助媒体宣传造势,让其成为城市形象代言者,似乎每位城市到访者只要认识了这些城市天际线就够了。不过,前面提到,每个城市可能都有多种多样的"城市天际线",一个城市的天际线应该与整个城市的精神、面貌与日常生活保持有机统一,一个城市的天际线也应该成为大地和天空的连接点,一座古塔、一个庙宇和周围建筑组织起来,都可能成为"城市天际线"。"城市天际线"不仅应代表一个城市的外在面貌,更应该代表一个城市的日常生活。但是在今天,不少城市却只注重外在的城市形象,刻意打造以摩天大楼为主体的"城市天际线",它们看起来高端洋气却没有多少内涵,仅仅是城市的"面子工程",是城市管理人和开发商的炫耀品而已,巍峨壮观的"城市天际线"有时不仅没有让城市熠熠生辉,反而让一个城市的面孔显得苍白无力。不仅如此,它们还将大部分城市建筑和普通市民排除在外,占据和挤压城市正常的生活空间,忽略城市的普通生活,这在根本上违背了"城市,让生活更美好"的城市发展理念。

对于以摩天大楼为主的现代城市建设,著名城市学者芒福德早就开展了批判,他认为这是一种功利主义的表现,这种城市建筑一方面显示城市力量的同时,显示了人的渺小和无奈:"大批人口由于高耸建筑物的高密度,被挤压到狭小的地段,原本只能容纳100人的地段,如今挤进了1000人;于是乎建筑系统被用来从这些拥挤地段里,把点点滴滴的租金都压榨出来。结局呢? 随之而来的,是高强度的城市土地投机,是局部地段的高度居住拥挤,以及交通车辆拥塞,新落成的建筑物里,总感觉白昼里也永远需要灯光照明,而且又没有足够的工作空间。同样,还有个经常性的趋势,就是城里用地价格,也像是城里的建筑物一样,形成了金字塔结构;结果是,原始地价由于预测的居住密度拥挤而促使资本重新调整而上升;接着,又变本加厉地以地价的上升为借口,胡说城市还要进一步拥挤。最终形成一种特殊的城市形态:城市建筑物高耸于青天之下,而其中居住生活的男男女女,不得不把基本的生存需要都最终服从于金钱的考虑。"

城市·稀奇古怪的建筑

苏州的相城区有一个叫伦敦桥的地方,据说是按照英国伦敦桥同样的比例仿建而成。桥建起来之后,很快成为不少年轻人拍婚纱照的取景胜地,一些婚纱照拍出来,还真有在伦敦取景的感觉。这样的仿建在国内很多,《文汇报》曾经就专门刊登一组照片,专门登各种仿造的城市建筑,比如浙江某个城市的小区里仿造的"埃菲尔铁塔",某个城市的山顶上又有一个仿天坛建筑。重庆则有一处仿世博会中国馆的雕塑,江苏某市还有一个仿美国国会大厦造型的建筑,安徽某个城市也有仿白宫的建筑。

除了各种各样仿造的建筑之外,奇奇怪怪的建筑也不少,例如北京某个地方建了一个世界上最大的龙型大厦,河北某个城市建了一个号称世界最大的象形建筑"福禄寿酒店",辽宁还有一处形状像古代铜钱的"方圆大厦",安徽合肥有一幢耗资350亿元,外形酷似大鼓的庞大建筑。这些建筑一亮相便引起广泛关注和热议,议论声自然褒贬不一。例如安徽那幢宣称耗资350亿元,外形酷似大鼓的建筑曾打算申请世界"最大的单体鼓形建筑的吉尼斯纪录"。这个建筑在网络上亮相之后,引发了网民的大讨论,有人觉得这个建筑不错,代表了一种民族化的建筑风格,并且认为这是经历鸟巢之后,民族化风格的建筑越来越得到认同,但也有人认为这个建筑奇丑无比,而且耗资巨大。

对于这些仿造的建筑以及各种稀奇古怪的建筑,建筑师郑川从 2011 年就开始拍摄它们,他的镜头记录的不是最美的城市街景或者自然风光,而是各种乖张、离奇和荒诞的城市建筑。他的目的也很直接,即将这些稀奇古怪的建筑看作当前"建筑现象解剖的样本","于是利用双休日,我飞了十几个省市,采用类型学原理,用大画幅相机和胶片进行客观、工整地拍摄,最后用百张素材照片编辑成这组《异化》作品"。他期望能用这些影像带给观者"一些思辨和质疑,即为什么会出现这样的建筑? 它们背后究竟是什么样的价值观在涌动?"

我觉得郑川的想法挺好,他用"异化"一词来概述这些建筑,虽然这个词语似乎未能完全表达出我对他提供的"稀奇古怪的建筑"的看法,但要让我用一个更贴切的词语形容这些建筑,我也还没有想到。不过,他的用意我已经能领会,他站在批判的立场审视近年来在中国出现的各种怪异的建筑,认为这些建筑都已经"从单纯的空间实用功能异化为一种身份的表述和价值观的表现",这些建筑大都是模仿某个实物或者其他建筑,其实说古怪稀奇也谈不上,因为埃菲尔铁塔、伦敦桥和天坛这样的建筑早已出现,浙江某小区这个"埃菲尔铁塔"只不过是模仿了法国的"埃菲尔铁塔"而已。建筑上的模仿在古今中外也不鲜见,日本奈良、京都的不少建筑都是模仿中国唐代的长安,甚至整个城市都是模仿的,可今天我们去看看可能并不觉得不妥。但是为何郑川和大部分人会觉得浙江某小区的"埃菲尔铁塔"、重庆的"仿世博会中国馆的雕塑"等建筑比较乖张、离奇?

我觉得是因为这些建筑都是一种"拙劣的模仿"。它们只是简单地将原来的建筑(实物)移植过来,毫不考虑建筑与周围环境的协调性。这些模仿的建筑往往都显得十分夸张、突兀,它们抽空了原来建筑周边的自然和人文环境,变成了一个"异物"。詹姆逊在谈及后现代主义建筑时,曾用"拼贴"一词批评那些"拙劣的模仿":"拼贴,像戏仿一样,是对一种特殊或独特风格的模仿,戴着文体的面具,说着已死的语言;但是它是一种中性的模拟方式,没有戏仿的隐秘动机,没有讽刺的冲动,没有笑声,甚至没有那种潜在的可与很滑稽的模仿对象相对照的某些'标准'东西存在的感觉。拼贴是空洞的戏仿,是失去了幽默感的戏仿:拼贴就是西方那些古怪的东西……"郑川所拍的这些建筑就是空洞的、拙劣的模仿,连拼贴都算不上,所以它们才显得乖张、离奇。当然,它们的出现很突兀也很霸道，因为它们是今天中国迅速膨胀的欲望、财富和权力的显露，由于没有更好的形式来展现这种欲望、财富和权力，各种"拙劣的模仿"便出现了。这些建筑虽然与原来的建筑一模一样，但它们出现时，却显得很滑稽，实际上，它们就是一个"滑稽"。

其实，我并不反对建筑上的模仿，也不反对逐新趣异、离奇古怪；我也不反对什么现代主义、后现代主义或所谓的民族传统的建筑。无论怎样的离奇古怪、标新立异，无论怎样的复古或超现代都不要紧。要紧的是这些建筑要和周边环境、要和城市的整体风格保持协调一致，而不是像个异物或怪物一样出现在城市里。芒福德在《城市文化》一书中讨论城市文化时，将城市看成是一个人与自然、人与城市和谐相处的有机共同体，他认为"人们聚集到城市里来是为了居住。他们之所以聚居在城市里，是为了美好的生活"。不过他觉得这个目标仅有部分"片段在现代世界中得以实现"，因为在他看来，许多城市还处于混乱无序的状态中，需要更多的人去努力改变这种状况。说实话，苏州相城区的"伦敦桥"与四周景物的搭配还是不错的，所以成为了年轻人拍婚纱照的"取景胜地"。今年春节，苏州市相城区有关部门对"伦敦桥"实施改造，但改造后的伦敦桥却引起了网民们的"集体吐槽"，一些人对改造后的伦敦桥表示失望，原因是改造过程中，原来的塔尖被拆除了。有些网民开始怀旧"伦敦桥"，有些网民批评政府花费了许多钱改造"伦敦桥"却未能让其变得更好。网络舆论和热议的那段时间，我正在苏州过春节。有一次和朋友聚会，朋友告诉我，改造"伦敦桥"实属无奈，这座仿造的"伦敦桥"建筑外立面是仿砂岩等材料，经过数十年风吹雨淋，材料已经严重老化，还发生数次外墙砖块脱落现象，再不改造将会引发更大的危险。

今天的中国许多城市问题更多，虽然各种各样的建筑层出不穷，但是它们缺乏合理的规划和统一的设计，它们突兀地出现在城市里的每个角落，结果让整个城市也变成了"异化的怪物"。有的建筑如果从个体角度来说，建造的也许并不差，豪华气派也很独特，但是和整个城市的环境却是互相冲突的。我现在偶尔会去苏州的古城区的巷子转转，巷子和河道边有不少老房子，很多老房子其实很简单，本来就是人们的日常住宅，根本谈不上有什么精心设计，但是这些房子连成一片，和谐有序，倒让人十分舒服。这让我想起芒福德的话：城市文化通过更高的社会表现所呈现出的是生活文化。

城市·媒体之城

　　在苏州大学传媒学院工作时，我经常在学院举办读书会，有一次读书会活动讨论的话题主要是新媒体。在讨论过程中，顾一周博士谈到在当今时代，一个人可以通过网络等媒体与遥远地方的人互相联系，而且是毫无障碍，空间距离变得可有可无，由此他想到了日益发达的媒体可以取代城市。他认为城市本是因人们聚集和交流而产生的空间，而网络媒体的发展让人们的交流变得更加方便，距离遥远的人们可以随时随地自由交流，城市因而不再重要。他甚至认为在未来社会里，城市很可能会消失。

　　顾一周博士的想法自然很超前，至少现在人们还很难想象地球上没有城市，但是约翰·里德的《城市》一书封面就有这样的几行字——"没有城市，我们能否存在？"可见城市对于人类多么重要。在那天的讨论中，许多同学都不太同意顾一周的"城市消失论"，我也不完全赞同他的想法。但我觉得他的言论其实说明大众传媒对当代城市的影响越来越大，以至在他看来，"未来媒体"可以完全取代城市。我倒认为媒体不会取代城市，但媒体和城市之间的联系确实越来越密切。今天哪一个城市能离开媒体？移动电视、街头广告、无线网络，从家庭、社区到学校、街头和超市，城市的每一个地方都充斥着各种各样的媒介。一些媒介已经镶嵌在我们生活肌理之中，以至我们都意识不到它们的存在。在某种意义上，今天的城市完全可以说是"媒介之城"，而在有些人看来，城市本身也是一种媒介，例如日本学者佐藤卓己在《现代传媒史》中就将城市视为一种"媒介"，他说："如果说媒介具有沟通私人领域和公共领域的功能的话，那么城市就是媒介。而且，所谓城市论，就是'阅读'作为文本的城市空间。建筑物在向人们发出信息，繁华的街道、公园，或者说办公室与工厂是为了交流而创造出来的空间。城里人，指的是可以解读这种城市的人。空间（space）是由于经验而产生关联的场所（place），城市是浓缩了这种关联性的场所。既然城市化是空间的组织化，出版、报纸、广播等大众媒体，自然集中产生于城市。"城市地理学的代表人物麦奎尔还专门写了一本书叫《媒体城市》，在书中他说："如今在世界中行走,一般意味着要与形形色色的媒体进行交涉,并参与其中。无论是在家还是街道抑或是城市,现在都被视为媒体装置的组成部分,这些媒体装置会在其领域内重新分配社交活动的规模和速度。"麦奎尔认为,当代城市其实是个媒体-建筑复合体(media-architecture complex)。

佐藤卓己从"可沟通的"角度去理解城市,他看到了在当代社会中,媒体大多数集中城市,城市和媒体正在互相融合,城市发展与媒体发展息息相关。在我国,复旦大学信息与传播研究中心也提出将城市视为"一种媒介",他们用"可沟通城市"的概念来说明城市这个媒介在当代生活中的重要性,城市本就是人们聚集、交流和沟通的媒介,人们在公园里散步,在咖啡店喝咖啡,在会议室里商谈都是一种沟通和交流。而在此过程中,手机、电话、电视和网络等媒体工具是相当重要,没有这些现代化的媒体工具,交流可能遇到障碍。今日的城市因为有了更多的新兴媒体,交流变得更加通畅。即便城市不是一种媒体,城市的媒体化趋向也是越来越明显。在我国便有不少城市看到了这一趋势,纷纷提出"智能城市""信息城市""数字化城市""网络化城市"乃至"5G城市"等口号,都是在强调自己城市的媒体特征。

信息化、数字化和网络化突破了传统城市的"阈限空间",给城市带来了很大变化,让城市生活变得更加自由方便,在今天人们可以宅在家中,足不出户,在网络上发个信息便可以完成购物、订飞机票等事情。但是数字化、信息化和网络化的城市也有不少问题,其中一个问题便是网络化城市使得真实世界与虚拟世界、现实与想象变得模糊不清。著名后现代城市理论家爱德华·索亚在《后大都市——城市和区域的批判性研究》中特地撰写了"模拟城市:都市想象的重构"一章,思考城市和新媒介的关系。他认为数字化、网络化社会对人类一个重要影响就是改变了虚拟和真实、现实和想象的关系,人们日益生活在超现实的"媒介之城"中,在超现实之城中,人们分不清真实与虚拟,现实与想象,因为现实有时就是根据网络和媒介所建造。他觉得新美国城市越来越像"迪斯尼",这些城市"包含了模拟的文化、城市社区、生活方式和消费者偏好的超现实世界。主题公园化城市的模拟市民选择居住地的标准不再局限于传统,如经济上可以承受、离工作地较近或者能够享用好的公共设施,这些理性选择被都市地理学家们称作居住搜寻行为。如今，只要他们能够负担得起，他们也会选择一个象征性场所，模拟某一个主题或场所－形象集合。寻找一个居住地并参与社区的创建越来越像去迪斯尼乐园，在那里，人们能够选择进入幻想世界、冒险世界、战争前线、未来世界、卡通城；或者去迪尼斯世界……

索亚所提到的这种网络化和主题化的城市在我国也开始迅速发展，如常州的恐龙园便是根据网络游戏建造的形态多样的主题公园，这些依据网络游戏设计的主题公园成为城市新的生活和娱乐空间。而在这样的空间里，真实和虚拟、现实与想象的区别变得模糊，电影、网络和媒介上的景观被搬到现实生活中，甚至整个城市都是按照媒介所提供的样子建造。索亚在书中还提到了赖特的"模拟城市"游戏，在"模拟城市"游戏中，人们可以随心所欲地设计、建造和管理城市，设计自己的梦幻城市："你的城市居住着模拟人——被模拟的市民。像真人一样，他们建造房屋、公寓大楼、教堂、商店和工厂。"在索亚看来，其实洛杉矶这样的城市在某种程度上本身就是"模拟城市"，他指出正是根据杰克逊的小说《拉蒙纳》，人们建造了一个成熟的旅游工业："尤其是到'真实的'虚构地方去的旅游工业，故事中的复制品（篮子、针垫、明信片）都可让乘火车的好奇观光客买到。"在日益媒介化的社会中，每个城市正变得越来越像一个"梦幻世界"。

索亚持一种批判态度看待这样的城市发展方向，他认为超现实城市（指的是美国）其实体现了资本主义社会政治和经济权力的垄断集中。流动的、碎片化的、魔幻的、超现实的、网络化的城市景观是政治家和资本家向普通公众炫耀的东西，他们用超现实的、虚拟化的城市景观掩盖了社会贫困、性别差异等真实的城市问题，可大部分美国人却还相信这些和其他超级模拟都是"真正的现实"。所以，索亚希望能够有更加进步的力量回应超现实性的增强和仿像的进程，"简单地剥去想象，揭示背后隐藏的更加'真实'的物质现实"。

索亚对于虚拟化和超现实化城市的批判，对我们认识今天中国城市的许多乱象很有启迪意义。而麦奎尔则提出了一个更令人深思的问题，即在这样一个网络化、信息化和碎片化的媒体城市中，你的家在哪里，家的意义是什么？

"如今，在家意味着什么？它依旧对应于一个特殊的位置、场所和疆域，还是对应于由形势、处所和文化归属所构成的特殊感觉？ 更重要的是，我们怎样才能绘出目前我们家的坐标或划分它的界线？"

（曾一果，暨南大学新闻与传播学院教授、博士生导师）

Manuscripts of Unban Spectacles

Zeng Yiguo

Abstract：Urban landmarks，skyscrapers，skylines，strange buildings and smart cities are all the products of the rapid development of contemporary cities. This paper tries to critically think and understand these urban phenomena with the perspective of cultural criticism，Considering the reality of contemporary urban development in China.

Keywords：contemporary urban；cultural criticism；urban landscape；media city

"外在弱势感"与"内在强自尊"

——新媒介环境下中国地下嘻哈族的情感结构分析

柳珊　宋佳芸

摘要：本文借助雷蒙·威廉斯提出的情感结构概念作为分析手段,运用质化研究方法,通过对新媒介环境下 21 世纪中国地下嘻哈说唱族群的深入考察,围绕其"地下出身",提炼出他们背后"外在弱势感"与"内在强自尊"两种情感走向。研究发现,中国地下嘻哈说唱族在向上流动的过程中,因新媒介技术带来的环境变化,说唱老炮与新鲜血液经历了新旧更迭以及与主流、商业靠拢的时刻,在地方与全球的碰撞下形成了以"地下出身"为中心的情感结构。这一情感结构是饱含矛盾张力与紧迫困窘的:既有外在被排斥、遭挤兑的阴暗面,也有内在骄傲、热情、自尊自立的阳光面。对中国地下说唱族而言,朝向一种文化公民身份的努力,是他们在社会多元化发展过程中实现自身价值的重要途径之一。

关键词：情感结构;文化公民身份;地下说唱族

近年来,嘻哈文化从代表美国底层黑人青年呼声的边缘文化逐渐演变为一种全球性的青年文化。在中国,嘻哈文化作为青年亚文化也逐渐在国内开始兴起。"keep it real""love and respect"成为不少嘻哈青年挂在口中的标志性话语,再加上网络综艺《中国有嘻哈》《中国新说唱》①的热播,《天干物燥》《老大》等一系列说唱歌曲在线上网易云音乐的风靡,带动了线下如 AYO 青年嘻哈音乐节、江小白 YOLO 嘻哈音乐节、青年说唱歌手大赛等社区型活动,目前国内各大音乐节活动中嘻哈乐团的比例亦愈来愈高,这些现象共同构成了以说唱为核心、互联网为背景的嘻哈文化②的迭起。

一、文献梳理与理论基础

无论从起源还是从核心内容来说,嘻哈说唱都与嘻哈文化密切相关。可以说,没有说唱就不会有今天的嘻哈文化。

1.说唱与嘻哈文化

首先,说唱是嘻哈文化的源头,且与文化多元主义息息相关。嘻哈文化源于美国,从 20 世纪末开始风靡世界各地,是目前最为流行的全球青年亚文化之一。20 世纪 70 年代,美国黑人的社会问题十分严重:黑人青年的失业率是白人青年失业率的 2 倍(Kitwana,2002)。除了社会问题,黑人在政治方面也难以摆脱种族主义的阴影,贫穷、歧视使得黑人贫民窟的生活落后、治安堪忧。出生于纽约布朗克斯区的黑人 Afrika Bambara 为了结束当时布朗克斯区街头的帮派暴力冲突,与 Kool Herk 一起组织了大型的街区派对,通过音乐帮助黑人青年表达内心的抵抗(J. Chang,2005)。70 年代的美国社会经历着民权运动的洗礼,少数族裔的集体失声现象被打破,东南欧的新移民、黑人群体、亚裔群体,也不再甘做单向被熔化的一方。白人熔炉理论无法扼杀移民的母国文化,文化不再从强势文化向弱势文化单向输出。在对外来文化的包容下,美国

---

① 2017 年中国大陆首档嘻哈类音乐选秀节目同时也是爱奇艺自制的网络综艺节目《中国有嘻哈》。该节全季累计 29 亿次播放量,创下中国综艺节目最快单集播放量破亿的记录,改变许多在地下或者半地下嘻哈说唱者的生涯,也制造了不少的话题。《中国新说唱》是该节目的第二季。

② 本文的嘻哈文化主要侧重以"说唱"为核心元素的嘻哈文化,本文用"嘻哈"统一指代起源于美国布鲁克林的"hip-hop"及其引入中国大陆在华语嘻哈文化中出现的"嘻哈""黑怕""黑炮"等词语。

的嘻哈文化成为了文化多元主义的标志之一。

其二，嘻哈文化的核心是"说唱"。嘻哈文化主要由四种风格元素来定义：MC 说唱、DJ、街舞以及涂鸦（Johan Kugelberg，2007）。MC（Master of Ceremonies）的原译为派对的主持，在派对中以人声制造节奏以及模仿机器所发出声音如鼓声或刮擦声来煽动气氛的人，后来演变为说唱者，说唱是嘻哈文化中的核心元素与表征（施英，2008：53）。张珺（2015）指出，嘻哈文化在世界范围内影响最大的形式为说唱。

70 年代末，嘻哈文化开始受到商业包装，从黑人的文化自救运动演变为一种商业流行文化，嘻哈文化开始为美国主流社会所接受。1979 年随着唱片公司的商业介入，为便于媒体宣传，流行音乐产业为嘻哈音乐的艺术形式起名为说唱。1982 年，Grandmaster Flash 和 Furious Five 发表第一首说唱歌曲 *The Massage*，歌词诉说着贫民窟水深火热的生活形态，获得了排行榜与销量上的成功（刘璧嘉、郭佳，2017）。说唱从原先黑人青年表达"抵抗与愤怒"的文化表征过度成为一种符合那个时代潮流的"原真性"精神，这样的原真性精神之所以打动人心是因为满足了主流消费者（也就是白人）对黑人的部分想象，通过说唱歌曲，听众有距离地参观到贫民窟"真实"生活，所谓的社会真实性即一种黑人性。

其三，说唱已日益全球化。研究表明，"嘻哈说唱已经传播到全球的文化走廊，并在世界各地被吸收和重塑"（Nawotka Edward，2010）。在欧洲，移民青年借用嘻哈说唱表现他们所感受到的"疏离感、种族主义和被压抑的政治意识"（P. Mandaville，2010）。在古巴，一年一度的国际嘻哈节更是吸引了各国嘻哈团体，战争、贫富差距、环境保护成为嘻哈说唱的主题。在巴勒斯坦，青年人用说唱讲述自身"在场的缺席者"的尴尬身份，嘻哈说唱成为巴勒斯坦青年联合和动员民族的方式，通过说唱表达对以色列政府的抗议以及教育下一代（Sunaina Maira & Magid Shihade，2012）。在加拿大温哥华，每年都会举行国际反战和反占领嘻哈文化节（the Annual Vancouver International Hip-Hop 4 Peace Festival），来自世界各地的嘻哈艺术家举办活动唤起青年人对战争与和平的关注（陈敏，2015）。由此可见，嘻哈文化的说唱话语在全球化的过程中糅合了各国青年的本土话题。嘻哈文化从代表美国非裔青年呼声的边缘文化逐渐演变为一种全球青年文化,说唱也成为最受青年人欢迎的音乐之一。2017年福布斯报道统计显示"嘻哈说唱已篡夺摇滚乐成为了消费最多的以及美国历史上最受欢迎的音乐流派"(Hugh McIntyre,2017)。

2.地下说唱族的历史考察

"地下"一词最初是第二次世界大战时期抵抗运动的通用名称,亦被用来指代抵抗者的必要保密。早期战时的地下抵抗运动为反文化运动埋下抗争的种子,"地下"随后被应用于各种反文化运动之中,其中包括 20 世纪 60 年代兴起的美国嬉皮士运动。通过文献梳理,"地下"依次运用于文化领域时,主要从传播内容与媒体两种角度进行理解。首先,从内容来看,地下意味着非商业(独立)与非主流,即没有公司赞助的独立艺术。美国音乐人 Frank Zappa(1963)试图通过"主流来到你身边,但你必须去地下"这样一句话来定义"地下"。由此可以看出,"地下"是一种被主流文化排除在外的边缘文化。从媒体来看,在 *Counter punch*(《反击》)杂志的一篇文章中,Twiin(2008)认为"地下音乐是一种免费的媒体",因为通过"独立工作,你可以在你的音乐中说些什么,并且不受公司审查"。进入 21 世纪后,流媒体音频和播客迅速普及,地下音乐变得更容易分发。随着互联网的发展,许多艺术、政治思想、音乐更容易在地下生存,它为活动家提供了一种没有大型集团利益和政治压制下发挥其创意的自由空间。

地下说唱属于地下音乐中的一种,"是在嘻哈说唱乐中被商业说唱排除在外的一个分支"。它通常以"积极的、社交意识的和反商业的歌词"为特征(Cheryl L. Keyes,2004)。从表演场所来看,"地下说唱"也指"说唱族群或粉丝所支持的非商业的独立音乐社区"(Paul Edwards,2009)。地下说唱家会在当地及世界各地进行旅行演出,表演场所的选择可以是任意的,如户外或餐馆。在中国,地下说唱顾名思义就是不被主流媒体曝光的场所,包括了地下酒吧、街头、小型 live house、商场的地下楼层(也有较高楼层)租的表演舞台这一系列媒介场所。综合来看,地下说唱族指独立创作、不被商业征用的说唱创作者,地下酒吧、地下楼层等场所则是他们的主要文化实践空间。

在中国,早期地下说唱主要以"地下比赛""建立厂牌"两种形式存在。千禧年间,中国地下说唱比赛开始萌发;2001 年嘻哈教父 Dana Burton 从美国底特律来到中国与王波合作，创办了中国首届地下嘻哈比赛 Iron Mic（铁麦）。洪宇（2017）指出，"该比赛迄今已创办 16 届，是全球持续时间最长的地下比赛，比赛内容是两人即兴说唱，互相攻击对方，即所谓的 battle（对战）"。随后国内其他地方也逐渐开始举办类似地下比赛，西安的"地下八英里""干一票"等都红极一时。2001 至 2010 年，北京、上海、广州、成都、重庆、长沙、天津等各地城市开始建立富有地域特色的独立厂牌：例如北京的 DMOB，上海的 LSD，广州的精气神，成都的说唱会馆，重庆的 GO＄H，长沙的 C-BLOCK，天津的天津饭（中国嘻哈榜，2017）。这些厂牌将国际说唱和城市方言进行融合创新，开创极具特色的中国地域说唱。此外，独立厂牌为保持活力会不断吸收新兴说唱人以及举行 live house 演出。随着全球化和互联网的发展，21 世纪初的地下说唱族想出名不再只有参加地下比赛或加入地方厂牌这两条路，更多可以通过贴吧、网易云音乐等互联网社区来发布和推广自己的作品。

3.情感结构与社会转型

1954 年，雷蒙·威廉斯在《电影序言》中第一次提出情感结构这个概念，意指复杂社会经验在作品中的渗透，并把它用于文学分析中。在《漫长的革命》（1961）中，这一术语从文学领域拓展到文化和社会领域，强调一种悬而未决的社会经验。后来在《马克思主义与文学》（1977）中，他认为情感结构是一种文化假设，体现着某个特定时期人们的整体生活方式，因此使得情感结构成为一种文化分析的工具。

首先，雷蒙·威廉斯的情感结构是对文化的历史性分析。他认为"情感结构"是"一个时期的文化"，是社会"所有实际群体中的一种非常深刻而广泛的支配力量"（1961：196）。"情感结构"正是"作为一种社会生活方式"的文化的价值感知来源，它"在我们最微妙最不明确的活动部分中运作"。陈敏（2013）指出"许多青年通过说唱对现实生活中的现象进行鞭挞，如《六合风云》讲述了六合彩的危害，《请吃饭》则是对现实生活中复杂人情关系的针砭"。还有学者指出"真正得以让嘻哈说唱扎根中国的是其进入自身的历史资源和民众生活"。（刘璧嘉、郭佳，2017）由此可见，中国嘻哈说唱的在地化过程是一种历史的记录、一种民众生活的还原。这与威廉斯所描述的"一个时期的文化"相吻合。

其次,情感结构是对文化的结构性分析。威廉斯(1961:48)通过文本分析"将情感结构与某个时期的文化相关联,体现具有结构性的文化是如何影响着情感结构的形成和该时期文学对它的运用"。换言之,社会转型时期发生的一些"结构性"变动塑造了公众的"情感结构"。这些结构性变动是非常广泛的,它包含政治、经济、社会结构等一系列领域的变革。21世纪初的中国正经历着结构性变动:在社会领域,市场经济的发展加速了个体在不同空间的流动,传统的关系网络被打破;在文化领域,市场化的电视媒体以及互联网技术的发展融合成转型时期新文化景观,如说唱网络节目的播出使得大量新粉涌入说唱圈,把饭圈文化、粉丝文化带入说唱圈,将嘻哈文化与别的亚文化并置在共同的网络空间。中国市场经济的发展更是让世界瞩目。

其三,威廉斯的情感结构指向表达的张力,其核心是反映社会变迁与转型。威廉斯认为,一个社会的情感结构,在转型时期变得显而易见(杨击、叶柳,2009)。中国地下说唱族群的出现与繁荣是中国社会转型的产物,他们的情感结构不是无源之水,而是社会情感本身的塑造。21世纪中国地下说唱族体验着社会转型期他们产生的弱势感,又在全球一体化和多元文化背景下催生出群体身份的自豪感。这些矛盾张力是中国社会转型的典型表征。

二、主要研究方法

1.文本分析法

本研究涉及的主要文本为嘻哈歌曲的歌词文本。本文通过QQ音乐平台,分别以"嘻哈说唱""华语说唱""hip-hop音乐""地下嘻哈""地下说唱"等作为关键词进行搜索。截至2019年1月,QQ音乐中说唱类的热门歌单共计88个,歌单中的歌曲共计6385首歌曲。在进行二次筛选的过程中,笔者选取了播放量超过200万的前12个说唱歌单,共计912首歌曲。然后将说唱歌单中的重复歌曲、下架歌曲、纯商业的说唱歌曲过滤后,筛选了符合条件的并在热门榜单中排名前十的说唱歌曲共计93首。最后再在这一范围之中根据研究主题的需要选取了21首说唱歌曲的歌词进行文本分析。

2.实地调查法

2018 年 12 月至 2019 年 1 月,笔者实地考察了地下说唱族的部分文化实践活动,先后参加了 4 场地下说唱比赛及说唱会现场。通过现场观察法和面对面访谈相结合的方式,围绕地下说唱族的情感结构对表演内容、现场环境、歌迷反映等情况进行记录,并就说唱的主题在现场与 6 位歌手和粉丝进行了面对面深度访谈(每次访谈在 15 分钟左右)。具体情况如下表所示:

表 1:实地调查法的基本信息

编号	时间	时长	地点	活动名称	方式
1	2018 年 12 月 9 日	3 个小时	上海新国际博览中心浦东新区龙阳路	青年说唱歌手大赛南方赛区	现场观察法
2	2018 年 12 月 26 日	8 个小时	上海虹口区瑞虹路 188 号瑞虹天地月亮湾 3 楼	摩登天空刺猬现场	现场观察法与询问法相结合
3	2019 年 1 月 11 日	8 个小时	上海虹口区瑞虹路 188 号瑞虹天地月亮湾 3 楼	摩登天空 Shut up 说唱现场	现场观察法与询问法相结合
4	2019 年 1 月 19 日	2 个小时	上海襄阳北路巨鹿路 1 号 2 楼	上海皇帝 Freestyle Battle 比赛现场	现场观察法

表 2:面对面访谈对象的基本信息

编号	性别与年龄	职业身份	嘻哈族群特征	所在省份	访谈方式
C	男,26 岁	工地施工管理者	地下说唱人	福建	面对面
G	男,22 岁	驻唱	已签约说唱人	上海	面对面
H	女,25 岁	新媒体公司工作	说唱歌迷	西安	面对面
O	男,22 岁	在读大四学生,潮牌买手店老板	地下说唱人	上海	面对面
X	女,20 岁	在读大二学生	说唱歌迷	上海	面对面
W	男,30 岁	无固定职业	地下说唱人	上海	面对面

此外,笔者从 2018 年 6 月开始至 2019 年 3 月期间加入地下说唱族的 4 个线上社群进行了在线考察。这四个社区分别是规模为 390 人和 188 人的两个说唱 QQ 群(群名嘻哈中国),以及人数为 32 人和 43 人的微信群。

三、"外在弱势感"的情感逻辑

改革开放以来,国内的文化发展日益多元,大众对文化差异性的接受度也随之提高。但"地上与地下"二元文化结构所引发的社会排斥依旧存在。中国说唱族在主流与边缘、商业与独立、地上与地下之间来回穿梭、上下流动,寻求生存机遇,他们所置身的社会阶层与文化情境皆在变动之中。由此形成了"外在弱势感"的情感逻辑。这种情感逻辑主要体现在以下三个层面。

1.片面发展的困顿与资本外力的控制

2017 年爱奇艺自制的中国首档说唱选秀节目《中国有嘻哈》的播出使得地下说唱进入大众的视野,让不少受众爱上嘻哈说唱这一舶来品。2018 年第二季《中国新说唱》凭借单集平均 1.6 亿的播放量,2000 多万讨论量,以及微博话题榜总榜、综艺榜双榜第一,百度风云榜综合第一等各大榜单佳绩,成为 7 月网络综艺网络传播热度第一名。[①] 网络综艺的爆红改变了无数潜伏地下的嘻哈说唱人的生涯。从无籍籍名到一夜爆红,从无人问津到登上脍炙人口的热歌榜单,站在风口的嘻哈说唱被闻风而来的音乐制作人和音乐商业市场纷纷盯上,通过网综而红的 TT、GAI 等人开始接受商业收编、签约唱片公司,从地下说唱人摇身变为偶像艺人。

然而,在过去相当长的一段时间里,大部分地下说唱歌手是靠参加地下比赛的几千块钱奖金以及微薄的演出费为生的。这样的无力感也被说唱歌手 TT 写入《回到未来》的歌中,如"演出的车马费都要倒贴","妈妈担心你前途,她只是怕你过得不好才让你念书",这从侧面反映了过去地下说唱族的生存状态。由于许多地下说唱歌手出自社会底层,经济来源单一且微薄,所以当互联网与商业介入时,他们更容易受到资本外力的控制。

---

① 数据来源于群邑智库,2018 年暑期档综艺节目分析。

中国地下说唱圈的抬头虽然借助了新媒介与新兴说唱产业链，但与此同时，文化商品化的冲击也为圈内人士增添了消费主义的浮躁，"追嘻哈星"的粉丝由此应运而生。譬如有嘻哈歌手明确指出：

> "大量新粉涌入说唱圈，这是现状。"rapper 法老说道，"这种文化宁愿埋在地下也不要被迫开出畸形的花，这些新粉去年听民谣、今年追随嘻哈，他们举灯牌、追流量，他们不了解说唱文化但借助着网络综艺和新媒体平台，乱哄哄的涌了过来，像极了一些霸占篮球场跳广场舞的大妈。"①

2019 年 1 月，笔者前往上海市虹口区瑞红天地月亮湾参加 MDSK 说唱现场，在排队等候入场的时候，观察到说唱歌手 TT 有自发形成的粉丝后援会。现场成员们抱着厚厚的海报手幅在队伍里依次询问有没有喜欢说唱歌手 TT 的，如果有人回答是，他们就将印着 TT 头像的海报手幅赠送给对方。作为 TT 后援会成员之一，在现场的小艾（X）告诉笔者："海报都是我们自发打印的，因为这次说唱现场能看到 TT，所以很多人都是从外地赶来的，不光是 TT，还有好多 rapper 都有后援会粉丝群。"②网络节目的成功播出更是吸引了大量新粉涌入说唱圈，他们并不了解嘻哈文化的历史或者地下说唱的前辈，许多人第一次通过节目接触到嘻哈文化，自称为"萌新"。从 Ad-master Social Solution③ 对新浪微博 2017 年节目播出期间用户的性别比例调查中可以发现，中国说唱节目的女性粉丝比例为 71％，远远超出了男性粉丝。"女性粉丝占主流""女性气息更强"的媒体粉丝圈鲜明区别于传统的男性主导的嘻哈说唱族群。

商业虽然带来了产业繁荣，但文化层面上的弊端渐渐显露，地下说唱族的坚持和信仰被大量涌入的新粉所习惯的追星套路冲击得凌乱粉碎，这也是整个说唱文化都必须面对的矛盾。在新媒介影响下，20 世纪初的地下说唱族既品尝到了消费主义驱动下利益的甘甜，同时也面临着商业催生下文化断层的

---

① 资料收集来自法老专辑《生于未来》。
② 资料收集来自 2019 年 1 月 11 日 MDSK 虹口月亮湾说唱现场，详细见表 1。
③ 数据范围：新浪微博 2017 年 6 月至 8 月，数据来源于 Ad master social solution。

苦涩。

2.文化政策与公众舆论的影响

袁光锋(2015)指出弱势感觉是一种主观意识下、能够跨越阶层的感受,比如一个被定义为中上阶层的个体可能会基于某些文化因素而拥有"弱小"的体验。

地下出身的说唱族无力控制主流媒体描述自身的方式,他们要不就不能出现在主流媒体上,要不就只能出现在含有暴力犯罪的影像中,这是一种在场缺席者的失语状态。

地下说唱者被主流的排斥,除了一部分地下说唱者自身的确存在问题,还因为受到部分网络键盘侠"泛道德化"民粹主义的影响。一些网友留言颇能代表这种情绪和看法。如网友果冻又李说"这种外来文化,不要也罢",网友凤凰则评价"嘻哈说唱就只是外壳而已,再加上说唱者的愤恨和不屑就成了快餐音乐"[1]。当然,舆论不是只有一种声音,在排斥声中也有网友从较为客观角度进行了评论,豆瓣网友 amaranthiner[2] 就表示"去伪存真,是嘻哈精神的内核,这也本该是社会应该倡导的一种正能量。原本可以走上台面的嘻哈精神内核还没有得到宣传和普及,就戛然而止了。又回到那个可能潮湿而阴暗的角落"。

中国地下出身的说唱者想要实现流动、改变刻板印象、从地下抬头仍需很长的建设过程。许多地下说唱家即便成名仍囿于地下。然而,作为当代中国的艺术实践形式,说唱展现出了极高的可塑性。譬如《人民日报》曾推出了《一带一路之歌》《十九大有嘻哈》等歌曲,用说唱进行思想教育和政策普及,这亦是一种主流与地下相互碰撞融合的产物,某程度上显示了说唱的正当性。

3.弱者的情绪表达与边缘性批判

中国的地下说唱族经历着中国社会的高速发展与变化,他们的说唱通过进入自身的历史资源和嫁接民众自身生活的方式而深深扎根中国。可以说,说唱歌手及其创作歌曲的情感表达与当前中国社会的基调性情感有着很强的同质性。地下说唱歌手麦克风里的生活故事有着两个版本,一个是光鲜的,一

---

[1] 留言来自凤凰网。《中国新说唱》选手全程无死角马赛克,网友:"还不如封杀算了。"
[2] 留言来自豆瓣(2018)。被需要的媚俗不被需要的 MC 天佑。检索于 https://www.douban.com/note/657363732/

个是阴沉的,而这两者都是真实的,都在说唱歌手创作的歌词里有鲜明体现。如天涯社区凤楼顽主在《大时代之我的文》中写道:"宜兴是有许多土豪,酒吧门口遍地是超跑……这是一篇屌丝的自嘲,只为博君一笑。"又如 Mc hotdog 在《差不多先生》里写道:"我抽着差不多的烟,又过了差不多的一天,时间差不多的闲。我花着差不多的钱,口味要差不多的咸。""屌丝""差不多先生"这样的社会流行词既反映了作为卑微者的弱势感,同时也能够建构起人们关于自身与他人关系、自我利益的想象,将自我质询为弱者的主体性。"土豪""超跑"与"屌丝""差不多先生",无形之间构建了"强"与"弱"的二元框架体系,以此来进行公共表达,反应弱者的不满与自嘲。

四、"内在强自尊"的情感逻辑

中国地下说唱群体除了存在着上述"外在弱势感",同时也呈现出了鲜明的"内在强自尊",这一情感逻辑主要来源于以下三个层面。

1.借助新媒体数字技术保持内在独立

Eamonn Forde(2017)曾在《科技如何使地下音乐保持独立》一文中指出,在过去的 20 世纪,乐迷听到和购买的绝大多数音乐都是通过唱片公司、广播电台和媒体的其他支配者。艺术家需要借助他们来接触公众,公众的选择为这些音乐看门人提供有利可图的机会。然而,在 21 世纪的今天,网络社会正在为艺术家和观众提供直接互动交流的机会。通过数字技术与开放的网络平台,许多说唱音乐人与他们的歌迷能够实现直接的沟通与互动,歌迷受众愿意为他们想听的歌付费,说唱家也能由此建立足够的原创动力,唱片公司将不再是必需品。艺术家管理公司 ATC 的合伙人 Brian Message 说:"(网络)技术使创造力得到了民主化,工具掌握在每个人的手中,能够在任何层面上创造和推广。"

进入互联网时代以来,中国音乐行业在数字化的道路上不断摸索。在相关政策法规的推动下,音乐正版化正在逐渐走上正轨。音乐版权开始能为音乐人创造可观的收益。据 QuestMobile^① 发布的在线音乐行业研究报告显示，截至 2018 年 7 月份，在线音乐整体人群渗透率超过了 70%，在整个泛娱乐领域仅次于视频，用户整体付费意愿也接近 60%。很显然，在生活水平普遍提高、音乐多角度渗透现代人生活的基础上，经过市场不断的教育，包括说唱在内的音乐用户的付费意愿以及版权意识不断提高。数字音乐是当前音乐传播的主要载体，作为传播方的音乐平台和音乐用户愿意为音乐买单，这是音乐行业一个巨大的良性转机。不同于过去说唱公司一手遮天，许多草根地下说唱家如海尔兄弟，从写歌、录音、制作甚至拍摄 mv、后期制作、网络上传全都是自己原创完成，目的就是为了让作品快速发布，让更多的网络乐迷听到。随着版权法规的完善、受众艺术付费观念的提高，地下说唱家们能够也更愿意借助新媒介让自己能够更加独立自由地进行创作。

2.原真性的自尊内核："讽"，"叛逆"，"自立"

"地下出身"说唱族的强自尊与说唱的地下起源密不可分。首先，在发源地美国，说唱题材与黑人青年"街头出身"的生活经历紧密联系，说唱记录了美国城市黑人青年被隔离和边缘化的真实状况。其次是它通过音乐表达出来的抗争精神。说唱的表现力是突出直率、感性和一种被压抑了的力度，这同下层人民生活中时常经历的矛盾、紧张和反抗的心理相联系。其三，说唱恰恰是通过扎根街头经历与地下生活的歌词内容而成功进入流行音乐市场的。如前述 1982 年 Grandmaster Flash and the Furious Five 发表的第一首说唱歌曲 *The Massage*。可以说，说唱无论是作为黑人的文化自救还是演变为一种商业流行文化，都与地下、街头密不可分。说唱从原先黑人青年表达"抵抗"的文化表征过渡成为一种符合那个时代潮流的"原真性"精神。这样的"原真性"精神包含了贫民窟生活的真实性以及种族压迫下的抗争性。

说唱的根基在地下，中国地下说唱族的强自尊来自与美国嘻哈文化"原真性"的共通。这种原真性精神是一种社会真实性。中国地下说唱之"讽"是受偶像训练、商业包装过的说唱歌手难以呈现的原生态。他们会对现实生活中的种种社会现象进行鞭挞，敢于揭露平静社会背后的不平等现象。不同于通

---

① 数据来源于 QuestMobile 中国移动互联网在线音乐行业报告(2018)。

俗流行音乐中中国风追求的古典与浪漫，说唱的中国风与说唱文化相衔接，在于凸显一种俚俗、质朴且真诚的"社会效应"，是"狠"与"反讽"兼具的社会歌曲。地下说唱歌手通过方言发音的铿锵有力把最市井的社会话题和价值观念直接抛向听众。

地下说唱族的原真性除了反讽还包含了反抗，这就是他们强烈的叛逆精神。霍尔（Stuart Hall，1976/2014:14）等人分析了这种叛逆内部青年话语与阶级话语的复杂混合，即中产阶级反主流文化率先对他们自身所属的统治性"父辈"文化提出了异议，而中国说唱的抗争滤去了黑人性，更多体现了青年人的桀骜不驯与自尊自立。譬如地下说唱纪录片 *Start it Underground* 记录了杠头及豆芽两位地下说唱者的日常：

> 在纪录片中，杠头说 start it underground 告诉别人我们从哪里来，没告诉别人我们要到哪里去，我们用最纯正的一种文化的形式来表达我们心里的一种感情，但是就要看别人是怎么理解的，如果他们不理解不接受的话，我们就一直 underground，如果他们接受的话，我觉得我们的未来就不再 underground。①

纪录片中的大学生杠头会逃课去录歌，酒吧驻唱豆芽即便背井离乡，也要在陌生城市里做不喜欢的工作，为的是坚持自己的说唱梦想，"就是想做点东西出来，给家里人看看"。"地下"是他们的精神归宿，也是他们的自立标志，在青年人叛逆行为背后是渴望证明自己的憧憬。

> 豆芽在纪录片中说 start it underground，就是向下扎根再向上生长，但是向下扎根是看得到的。只要你根基牢，拔不动的。现在没有人知道你长出土地后是什么样子。可能就是一棵烂豆芽，可能是一棵大树。我没能想象自己能长成大树，但我希望自己能带一点东西出来。让别人觉

---

① 原视频来自优酷（2017）。*Start It Underground*。检索于 https://www.bilibili.com/video/av11689421/start it underground

得我做的东西是有意义的,但也不排除有人将你连根拔起,但只要你根基牢,拔不动的。①

"先向下扎根再向上生长"反映了中国地下说唱族在外在弱势的环境压力下,对说唱的热忱、毅力与坚定。在中国,像这样扎根在地下的说唱者人数还有很多,我们能够从他们身上看到致力于推广说唱与嘻哈文化的热情与毅力,先努力沉淀向下扎根再向上生长,地下说唱族带着一份"赚钱养梦"的执着将说唱艺术不断发展。

3.与地方情结相联系的"强自尊感"

由于中国地域辽阔,来自各个地方的地下说唱族自成一派,逐渐将国际说唱与地方文化相结合形成了独具地方特色的方言说唱。这些地域性的说唱族群在说唱的内容、语言、价值观念上都带有极强的城市文化特征与地方情结。

在歌词内容上,地下说唱族不同于偶像,他们所受商业影响较小,更追求独立原创的精神,可以说"地下"激发了嘻哈文化内在的艺术价值,这样不受约束的创作体验让地下说唱族更容易与城市文化相融合,形成地域性说唱,可以说是"地下"与"地方"相辅相成。虽然地域性说唱的切入口很小,但往往能通过辞藻风格的勾勒嫁接进入市民生活,贴近现实,并将带有地方特色的地标建筑、饮食文化、风土人情融入其中。比如寿超军《上海爱情故事》里的"自家长大额小弄堂""露天电影院里排排坐";隐藏《在北京》里的"王府井最干净,东方新天地;美术馆最安静";长沙 C-BLOCK《离骚》里的"驻地在南蛮,兵来了将挡;背后是湘江,神清也气爽";重庆 GO＄H 里 GAI 在《火锅底料》中唱的"老子吃火锅";等等,都透露着强烈地域性与对某一地域的热爱与自豪。

除了歌词内容外,说唱的语言也是地下说唱族身份建构的重要元素。与周杰伦、潘玮柏或偶像说唱这类以普通话为主的说唱不同,地下说唱族在创作说唱歌曲时不在意是否能让所有人都听懂,因为他们的说唱不是大众的歌曲,他们所唱所说源于自身经验和感受,而方言能加强情绪的表达,是能够让部分

---

① 原视频来自优酷(2017)。*Start It Underground*。检索于 https://www.bilibili.com/video/av11689421/start it underground

听者得到共鸣的独特艺术。所以重庆方言说唱、粤语说唱、沪语说唱、武汉方言说唱、陕西方言说唱在各地出现，使得各地方厂牌的各自风格更加浓郁，也使地下说唱呈现百花齐放、百家争鸣之势。譬如说唱人 Bridge、GAI 所在的重庆厂牌 GO＄H，在说唱创作时喜欢运用大量的川渝方言，"勒是雾都！"是他们说唱作品最常添加的结尾语；沪语说唱人 Mrweezy、寿超军会在说唱中加入"伐坍板""看三四""跑单帮"等沪语方言。

综合观之，在中国地下说唱音乐族群中，"地下"是"地域"的种子与前提，"地域"又为"地下"提供了包容的土壤与别具一格的环境，两者相互渗透融合使得地下说唱族和而不同、汇聚成一股有力量的亚文化，进而使得中国说唱更具丰富性与多样性。所谓星星之火可以燎原，这星星点点之力促进了中国嘻哈文化的本土化与繁荣，并在一定程度上提高了受众的认知度和社会接受度，因此也成了地下说唱族强地域性背后的骄傲与自信之源。

五、结语：中国地下说唱群体的自我超越与全球性嘻哈说唱共同体的形成

综上所述，21 世纪中国地下嘻哈说唱族的情感结构是饱含矛盾张力与紧迫困窘的：有外在被排斥、遭挤兑的阴暗面，也有内在骄傲、热情、自尊自立的阳光面。中国地下说唱族想要突破外在阴暗面、维护自尊、实现自我超越需要内部共同体的努力与外部环境的突围。

中国地下嘻哈说唱族的自我超越意味着在全球一体主义下"自我"对"差异的欢迎和接受"。尼克·史蒂文森指出全球一体文化背景下，"我"与差异共存的能力相关（Nick Stevenson，2001/2012：74）。文化固守并不利于说唱者自身的发展，包容和与时俱进才能不断进步。就如说唱人 Dickid（新浪娱乐，2018）所说的："说唱音乐变的很快，你要与时俱进才能跟得上。如果一直还在做十年前的东西，你要逼现在的 95 后、00 后去喜欢你 80 后的东西吗？"因此，无论是学习最新的国际说唱曲风，还是借助网络将地方与全球说唱互通，又或是与主流音乐相互借鉴，这一系列的文化补偿都能为地下说唱族带来更积极的情感体验。宋莹蕊（2017）指出地下歌手一派与主流唱片公司的签约歌手一派是当下中国嘻哈文化圈子的主要组成部分，两派若能互通有无，发挥专长，

营造良好的嘻哈氛围,就能碰撞出中国说唱的多元色彩。

其二,嘻哈说唱既是地方的也是全球的,网络使得地下说唱族从地方汇聚到一起,促进了全球化趋势下嘻哈说唱共同体的形成。例如海尔兄弟通过88Rising(一档向世界展示亚洲嘻哈文化的嘻哈栏目)频道将原创作品 *Made in China* 上传 YouTube,并获得了 400 多万的点击量(截至 2017 年 8 月)。借助新媒体上的走红,海尔兄弟签约了美国的音乐公司 Control Music Group,且与 Famous Dex、Ken Rebel 等美国说唱歌手进行合作。外国说唱歌手 G herg 点评说:"他们知道怎么表现态度,超有自信。"说唱歌手 Smino 说:"我十分尊重他们的表演,我的文化,我们的文化能够传递到那么远的地球另一端。"[①]可以说,在共同文化的引领下,地下说唱族超越了个体、地方、民族疆域,逐渐凝聚为全球一体的说唱共同体。就如说唱者 TY 曾表示:"我觉得这是文化的反扑吧,文化是有发源地,但文化也是所有人类的东西,你作品做的好自然会有回馈,这个问题在于自身。"[②]这样一种朝向文化公民身份的努力意识,是地下说唱族在社会多元化发展过程中实现自身价值的重要途径之一。

最后,从外部环境来看,当社会拥有乐于将"他者"带入的包容性氛围时,更有助于文化的多元发展。嘻哈文化只有在文化与社会中得到真正认同和尊重,地下说唱族才不会感到弱势与被排斥,才不会把自己的文化惯习当成阻碍自己融入所谓主流社会的障碍,才会觉得他们原本就是这个社会中理所当然的一分子。正如尼克·史蒂文森所说的:"我的目标是建立一个文化政策的框架,它在一个既保护差异抵制同质化又促进平等的情境下,力求解构高级和低级文化的观念。"(Nick Stevenson,2001/2012:185)因此,在民族和本我之外,我们需要相互设想社会和每一个人,努力为多元文化发展提供健康、开放、公正的社会环境。

---

① 原视频来自 YouTube(2017)。国外 Rapper 看海尔兄弟 *Made in china*。检索于 https://v.qq.com/x/page/g0514japjhe.html

② 原视频来自网易云音乐(2019)。说唱文化纪录片《川渝陷阱》声音制作专访。检索于 https://mp.weixin.qq.com/s/OOksKbhJFKRqSL-dlDB6Mw

参考文献 References

1.张珺、严明新：《从嘻哈文化透视美国族裔关系》，《当代青年研究》2015年第6期，第96—102页。

2.刘璧嘉、郭佳：《"中国"+"有"+"嘻哈"：〈中国有嘻哈〉、中国嘻哈场景及喊麦中的嘻哈打造》，《热风学术网刊》2018年第9期，第97页。

3.施瑛：《嘻哈无穷动》，上海文化出版社，2008年。

4.陈敏：《全球化语境下青年亚文化话语的转变》，《长春理工大学学报（社会科学版）》2015年第4期。

5.陈敏：《中国嘻哈文化的本土化及其启示》，《中华文化论坛》2013年第7期，第162—165页。

6.陈敏：《嘻哈文化对当代美国黑人青年的影响》，《中国青年政治学院学报》2012年第5期。

7.宋莹蕊：《〈中国有嘻哈〉对嘻哈文化本土化启示》，《东南传播》2017年第11期。

8.洪宇：《百炼成钢：一部关于ironmic的编年史》，检索于 https://www.sohu.com/a/203637290_346487

9.中国嘻哈榜：《中国hiphop有几代？史上最全中文说唱发展史》，检索于 https://y.qq.com/portal/headline/detail.html? zid= 117257

10.杨击、叶柳：《情感结构：雷蒙德·威廉斯文化研究的方法论遗产》，《新闻大学》2009年第1期，第137—141页。

11.袁光峰：《公共舆论建构中的"弱势感"基于"情感结构"的分析》，《新闻记者》2015年第1期。

12.王嘉军：《〈中国有嘻哈〉与嘻哈的文化政治》，《文艺研究》2018年第6期。

13.[英]斯图亚特·霍尔，托尼·杰斐逊，孟登迎、胡疆锋、王蕙译：《通过仪式抵抗：战后英国的青年亚文化》，中国青年出版社，2015年。

14.[英]尼克·史蒂文森，王晓燕、王丽娜译：《文化公民身份：全球一体的问题》，北京大学出版社，2012年。

15.鱼目：《〈生于未来〉的rapper法老准备〈采访〉你》，检索于

https://mp.weixin.qq.com/s/SmoB8AUj2G9p2gJaAh6ozA

16.国家新闻出版广电总局直属媒体 1905 电影网:《要坚持"四个坚决不用"标准》,检索于 http://www.ttacc.net/a/news/2018/0123/50860.html

17.中国禁毒公众号:《说唱歌手竟成毒品产销链上重要环节》,检索于 https://mp.weixin.qq.com/s/woLPAUEj_xrsM_6d1ZpS-g

18.新浪娱乐:《从地下 rapper 到新偶像 "嘻哈"为什么这么红》,检索于 http://www.1905.com/news/20180613/1288664.shtml? __hz= d840cc5d906c3e9c。

19.新华网评:《PG One 负面歌词:不想千古流芳也别遗臭万年》,检索于 http://news.163.com/18/0105/12/D7CVAILE0001875P.html? baike

20.澎湃新闻:《对低俗嘻哈,必须亮出明确态度》,检索于 https://www.thepaper.cn/newsDetail_forward_1937525

21.嘻哈头条:《〈嘻哈头条〉节目组遭 diss 选手辉子抱不平》,检索于 https://www.iqiyi.com/v_19rr80x1ic.html

22.B. Kitwana (2002). The Hip-Hop Generation: Young Blacks and the Crisis in African-American Culture. New York: Basic Civitas.

23.J. Chang（2005）. Can't stop, won't stop: A history of the Hip-hop generation. New York: St. Martins Press.

24.Horace M. Kallen (1924). Culture and Democracy in the United States. New York: Boni and Liveright, p.116.

25.Johan Kugelberg (2007). Born in the Bronx. New York: Oxford University Press, p.17.

26.Nawotka Edward (2010). "The globalization of hip-hop starts and ends with 'Where You're At'". USA Today.

27.Sunaina Maira & Magid Shihade (2012). "Hip Hop From 48 Palestine Youth, Music, and the Present/Absent". Social Text.

28.Hugh McIntyre (2017). Report: Hip-Hop Is The Dominant Genre In The U. S. For The First Time. Retrieved from https://www.forbes.com/sites/hughmcintyre/2017/07/17/hip-hoprb-has-now-become-the-dominant-genre-in-the-u-s-for-the-first-time/# 2e92a1bc5383.

29.Wikipedia (2008). Underground Music is Free Media By MICKEY Z. Retrieved from https://en.wikipedia.org/wiki/Underground_music# cite_note-3

30.Art and popular culture (unknown). Frank Zappa. Retrieved from http://www.artandpopularculture.com/Mainstream.

31.Cheryl L. Keyes (2004). Rap Music and Street Consciousness. University of Illinois Press, p.336.

32.Paul Edwards (2016). How to Rap: The Art & Science of the Hip-Hop MC. p342.

33.Marcella Szablewicz (2014). "The 'losers' of China's Internet: Memes as 'structures of feeling' for disillusioned young netizens". China Information, 28(2) : 259-275.

34.Eamonn Forde (2017). we could build something revolutionary: how tech set underground music free. Retrieved from https://www. theguardian. com/music/2017/nov/22/we-could-build-something-revolutionary-how-tech-set-underground-music-free

35.Raymond Williams (1961). Long Revolution. Columbia University Press.

36.Raymond Williams (1977). Marxism and Literature. Oxford University Press.

37.Sean Matthews (2011). "Change and Theory in Raymond Williams's Structure of Feeling". Literary and Cultural Studies, Vol.10, No.2, p.180.

（柳珊,同济大学艺术与传媒学院教授;宋佳芸,同济大学艺术与传媒学院硕士研究生）

"External Weakness" and "Internal Self-esteem":
An Analysis of Underground Rappers in 21st Century China Under New Media Environment Through Feeling Structure

Liu Shan   Song Jiayun

Abstract: Through the investigation of underground rappers in 21st century China under the new media environment, this article is tended to use methods of qualitative research and the theory of structure of feeling from Raymond Williams. Two conflicting feelings, external weakness and internal self-esteem, which is based on the underground origins of rappers are refined through the analysis. The research finds that the underground rappers form an underground origin feeling when they try to get closer to the mainstream and commerce when the transition from the traditional rappers to the new blood happens in the cyber world when local rap collides with global rap. The structure of feeling is full of contradicting tensions and urgent embarrassment. The underground rappers have the dark side of being excluded and ostracized as well as the white side of being pride, enthusiasm, self-respect and self-reliance. For the underground rappers in China, the efforts towards cultural citizenship is one of the significant ways for them to realize their value in the development of social diversification.

Keywords: structures of feeling; cultural citizenship; underground rappers

泡沫式阅读:移动阅读 APP 塑造的阅读景观

钟　靖

摘要:蓬勃发展的移动阅读 APP 打造出伴随式场景阅读,开辟了一个能让读者在碎片化时间里沉浸其中的个性化阅读场景。除了最大限度迎合更多读者娱乐化、实用化的阅读偏好,移动阅读 APP 还打破了读者的线性阅读模式。由于泛娱乐化、社交化、浏览化、碎片化的阅读特点,移动阅读 APP 容易为读者戴上虚华的文化面具。总之,移动阅读 APP 塑造了新的阅读景观,即泡沫式阅读。

关键词:泡沫式阅读;移动阅读 APP;碎片化;场景;沉浸

随着智能手机为主导的移动设备在人们生活中占据越来越重要的位置,移动阅读也延伸到大众的生活场景中。2017 年,中国移动阅读市场规模达 153.18 亿人民币,相较去年上涨 29.16%。[①] 移动阅读市场有如此骄人表现,与移动阅读 APP 迅速发展息息相关。仅 2018 年上半年,书旗小说、微信阅读和

---

① 易观:《2018 中国移动阅读市场白皮书》,Useit 知识库,https://www.useit.com.cn/thread－20963－1－1.html.

QQ 阅读领衔的下载量前十位的移动阅读 APP 就有近四千万的惊人下载量。① 喜人的数据让不少人对依托于手机的移动阅读推崇备至,认为这开启了"崭新的阅读时代"和"阅读变革的新篇章"。越来越多的移动阅读 APP 应运而生。蓬勃发展的移动阅读 APP 携带着移动互联网许多原生特质,借助它阅读可能呈现什么特点,及会促成何种阅读景观,是本文探讨的重点。鉴于不少针对移动阅读市场的统计调查重点关注是诸如 QQ 阅读、掌阅等图书类移动阅读 APP,因此本文也聚焦于这类移动阅读 APP,不把今日头条这样资讯类移动阅读 APP 纳入研究范围。

一、附属:伴随式场景阅读

移动互联网时代,移动阅读 APP 开启的新阅读范式方兴未艾。因为得益于移动设备、社交媒体、大数据、传感器和定位系统这五大场景原力的迅猛发展,场景的意义被日益重视且地位逐日凸显,其内涵亦随之不断进化,它不单是信息传播过程中的背景与情境,还意味着以人为中心最有价值的细节体验。② 如今,场景"不仅包括了基于有形环境的现实场景,基于行为情景和心理氛围的虚拟场景,还演化出基于人工智能、VR、AR 等新媒体技术创设的现实增强场景"。③ 移动阅读 APP 充分利用现代人碎片化生活所滋生出的场景,构建出读者与阅读行为之间的联结入口,实现了现实与虚拟场景的交融,创造出新的场景阅读。

据一项调查发现搭乘公交地铁、工作闲暇、睡前、用餐、如厕所处的空间是移动阅读读者开展阅读的主要场景。④ 针对这一结果,笔者依据不同的时间碎片类型,不同的现实场景及其对应需求和相应的移动阅读场景及所满足的需求制作了表一。从中可见,碎片化时间下,人们阅读的现实场景在裂变分化,由原来相对稳定的家、图书馆、书店等场景,拓展为交通工具、商业娱乐场所、

①　易观:《2018 中国移动阅读市场白皮书》,Useit 知识库,https://www.useit.com.cn/thread－20963－1－1.html.

②　[美]罗伯特·斯考伯、谢尔·伊斯雷尔著,赵乾坤、周宝曜译:《即将到来的场景时代:移动、传感、数据和未来隐私》,北京联合出版公司 2014 年,第 11 页。

③　邓庄:《场景视阈下移动阅读 APP 的发展策略》,《出版发行研究》2018 年第 10 期。

④　中国市场调查网《中国移动阅读市场规模趋势调研报告》,搜狐财经,http://www.sohu.com/a/124909632_361162.

户外等多元化场景。移动阅读 APP 使人们置身于现实和虚拟交错叠加的复合场景中,配合实现着双重场景的双重满足。一般而言,人们首先要满足现实场景的需求,其次才是阅读场景的需求。上班、就医、游玩、吃喝拉撒睡等需求排在第一要位,利用移动阅读 APP 则达成和满足休闲、娱乐等附属需求。阅读场景满足需求的从属性体现在人们是为了填充或打发满足现实场景需求的时间空隙,是伴随主导需求达成而衍生的附属品。因此,移动阅读 APP 所促成的场景阅读可以称为伴随式阅读。

表一:碎片化时间下现实场景和移动阅读场景的需求

碎片化时间	具体表现	现实场景	对应需求	移动阅读场景	对应需求
往返途中	去工作、旅行、购物、娱乐等目的地的时间段和回家的时间段	各类交通工具上	到达目的地	利用文字、视频、音频、图片、H5 打造的的阅读场景(亦或阅读区、视听区、社交区、评论区……)	消遣、娱乐、休息……
锻炼期间	运动时间段	健身房、户外、家里	锻炼身体		
等待	等候时间段	医院、餐厅、车站、商场、户外等地方……	等待挂号、就医成功,就餐,交通工具启程,等人……		
休息	听课、讲座、会议等活动间隙;运动、社交、购物、游览、娱乐活动中的休息时间	户内、户外:会场、教室、商场、娱乐场、健身房、餐厅、咖啡厅、公园……	参加会议、学习及其他各类活动		
睡前	入睡前	主要室内(床、沙发……)	睡觉		
用餐	用餐期间	餐桌旁	进食		
上厕所	如厕期间	卫生间	排泄		

与在相对固定场景下进行的专门阅读相比,伴随式阅读有其独有特色。为了配合主导需求的实现,人们在伴随式阅读时的读者角色可以被迅速抽离,转变为游客、学生、食客、病人、职员等。因此,读者的伴随式阅读不适合完全凝神静气的全情投入,因为必须随时关切着现实场景,投入的精力、专注度必然有限,加之现实场景干扰因素一般较多,所以快速、简略、跳跃及浮光掠影地阅读是伴随式阅读的主要特点。同时,从中国移动阅读用户的阅读偏好可以看出,浪漫言情、穿越幻想、悬疑玄幻、武侠仙侠、科幻惊悚、高清漫画等是读者进行伴随式阅读最受欢迎的题材。① 这类书籍娱乐性、趣味性强,不妨碍读者在主导的现实场景中随时进入和撤离附属的阅读场景,不用耗费太多脑力、心神去思考,阅读内容随时被打断也能轻松接续,而不至于让脑子负累过甚、混乱不堪,而影响主导需求的满足。

二、沉浸:个性化的舒适控制

为了抢滩并在移动阅读市场牢牢占据一席之地,移动阅读运营商都非常注重 APP 从界面、功能、内容到阅读体验等各个方面的完善。以界面为例,UI 设计和操作易用性等都是他们致力提升的重点。豆瓣阅读界面整体呈现小清新的简约风格;京东阅读界面分类精细齐全,简单大方。而与读者阅读体验感受直接相关的要素,如护眼模式、背景切换、字体字号等,这些 APP 也都不断提供多样化选择以满足读者不同喜好。熊猫看书支持自定义排版,读者可以选择自己偏好的字体、字号、字色,随时可更换阅读背景,可以选择卷轴、左右或平滑覆盖的翻页方式,阅读进度用页码或百分比提示都行。以掌阅为代表的 APP 在翻页方面下足功夫,提供给读者仿真翻页的阅读体验。

如若从功能层面论及,各移动阅读 APP 更是使出浑身解数,努力凸显自身特色。不少移动阅读 APP 都设置了评论交流、笔记、朗读、本地导入和个性推荐的功能。微信阅读着力宣扬"让阅读不再孤单",鼓励读者基于微信社交

---

① 艾瑞:《2018 年中国移动阅读白皮书》,Useit 知识库,https://www.useit.com.cn/thread－20211－1－1.html.

关系一起阅读和评论，通过真实好友的排名机制刺激读者阅读的动力。同时，为了更好地填充人们的碎片化时间，提升读者使用 APP 的时长，不少移动阅读 APP 提供朗读功能（以机械声音阅读为主），并增添不同风格特点的朗读声音。如，咪咕阅读提供了葛大爷、SNH48、韦香主等声音类型。掌阅则加入了各地方言和童声供读者选择。当当云阅读更是将没有感情的机械式朗读改为更有人情味的人工智能朗读，进一步提升了阅读品质。在此基础上，一些 APP 还专门开设了有声书籍阅读专区，如逐浪小说的"海豚音"和微信的听书专区。视频读书功能也受到了不少 APP 的重视，咪咕就是这其中的先行者。《橙红年代》电视剧热播，咪咕阅读同步推出了小说作者骁骑校的导读视频。同时，为了让读者管理好喜欢的书籍，众多移动阅读 APP 都考虑到了书架的功能特点，要让读者查阅存储书籍方便，整理书架便捷。掌阅等 APP 还提供了个性化的导入功能，读者能把自己独有的电子资源导入，借助掌阅 APP 这个阅读器进行阅读。

在内容规模和内容类别上，不少移动阅读 APP 都有丰富的书籍储备量，尤其是书旗小说、QQ 阅读、塔读文学、起点读书、咪咕阅读、网易云阅读、掌阅这些最受欢迎并包含原创作品的移动阅读 APP 多则拥有上百万少则也有数十万的书籍储备量。当当云阅读、京东阅读、中信书院这种依托自己的电商资源或出版资源的 APP 也有较为丰厚的书籍藏量。虽然不少 APP 都细分了人文历史、社会科学、经管励志、教辅育儿等类型，其中不乏专业书籍、严肃文学或名家经典，但是热门的移动阅读 APP 更青睐把小说按男女生频进行分类，再与漫画及其他类型并列设置。如多看阅读书库总体就分为"图书""男生""女生""漫画""杂志"五大版块。

前文谈及读者使用移动阅读 APP 偏好于阅读泛娱乐化的书籍。移动阅读 APP 会迎合大多数读者需求在内容上做相应的调整。以书旗小说 APP 为例，根据前一年度读者阅读需求分析，2017 至 2018 年度其轻小说①类作品规模增加了 54.7%，轻松幽默类作品规模增长率亦达到 10.3%。② 同时，掌阅、爱

---

① 盛行于日本，用特定故事描绘手法，常使用动漫风格画作作为插画的一种可以轻松阅读的小说。
② 易观：《中国移动阅读市场白皮书 2018》，https://www.analysys.cn/article/analysis/detail/20018952.

奇艺和阅文还开辟了专项的移动阅读 APP，如掌阅漫画、爱奇艺动漫和元气阅读。这皆为针对近年来漫画、二次元作品颇受年轻读者欢迎所进行的内容调整。

与此相配合，不少移动阅读 APP 界面占据首屏位置的，正是这些泛娱乐化书籍，且一般而言这类书籍数量在这些移动阅读 APP 中所占比例也是最大。打开 QQ 阅读最先印入眼帘的是原创男生版块，显示《择天记》《最强兵王》《邪神旌旗》等原创网文。即便在京东阅读、中信书院这类不以原创资源为依托的 APP 也注重把畅销小说和成功学及教辅和育儿等书作为推介重点，以满足大多数读者娱乐、轻松、实用、速成的即时阅读快感。

不少移动阅读 APP 在读者使用之初就会进行阅读基因调查，让读者自己填写阅读兴趣。其后，在大数据及算法的支持之下，移动阅读 APP 根据读者使用 APP 的行为痕迹去勾勒不同读者的阅读偏好与倾向，以此建立属于读者的数据库，并根据场景变化为读者精准定制和智能推送符合读者需求的书籍。并且，读者使用移动阅读 APP 的时长与 APP 推送精准度在某种程度上成正相关关系。移动阅读 APP 根据传感器定位读者所处的现实场景，依据更多的数据，能更精确地推送更适配的书籍。

移动阅读 APP 提供的伴随式场景阅读，受现实环境主导需求的影响并不容易产生沉浸式阅读。为此，诸多移动阅读 APP 把能满足读者不同层次需求——社交、求知、自我实现、尊重、娱乐——的功能添加进应用程序中，希望凭借多功能特点吸引读者，使其沉浸其中。这种伴随式阅读比传统阅读调动了更多感官，阅读体验也更加个性化、智能化和便利化。事实上，多感官功能的调动，独一无二个性化风格的呈现，智能、便捷的体验都是为了培养读者使用移动阅读 APP 的习惯，增强读者的沉浸度和依附度。并且，移动阅读 APP 还通过阅读时长、阅读排名与签到等量化方式，一则转化为具体的书券、书币作为直接的物质奖励，二则带给读者社群交往的精神满足和精神激励，以此来加深读者对移动 APP 的依赖感。如此种种皆为移动阅读 APP 为了使读者沉浸于 APP 而展开"舒适的"控制。

三、浅薄:虚华的文化面具

从 2009 年开始,成年国民数字阅读接触率连续 8 年持续增长,至 2017 年,已提升至 70% 以上。多方调查统计的数据都表明中国移动阅读市场处于春天。正因如此,移动阅读 APP 如雨后春笋般纷纷涌现,且行业领头的移动阅读 APP 也不断拓展。① 但仅凭前文提及的移动阅读市场的扩大,移动阅读 APP 下载量的增加,以及时间丈量下阅读接触率的增长,就为国人阅读现状大唱赞歌,并不能窥视到移动阅读 APP 打造的阅读景观更深层次的特点与问题。

文化有精英和大众之分,文学有严肃和通俗之别,"知识也是有高低层级之分的"。② 读者利用移动 APP 阅读,在其阅读偏好谱系中,精英、严肃及高层级的书籍受关注的比例一直偏低。打开不少移动阅读 APP 的阅读榜单,我们可以清楚地发现前文一再提及的泛娱乐化作品占据榜单主体,它们动辄就能引发数十万甚至上百万读者的共读。而那些主打纸质书电子化的移动阅读 APP 榜单上,高居前位的不少仍是网络大 V 已出版的作品,如阿耐的《都挺好》、法医秦明的《法医秦明:天谴者》和匪我思存的《东宫》,亦或是《高情商聊天数》《穷查理宝典》等实用性速成书籍。可见,利用移动阅读 APP 所呈现的阅读品位总体上仍趋于"下里巴人"而非"阳春白雪"。

前文提及不少移动阅读 APP 开设了有声阅读和视频读书功能。其中采取浓缩式、胶囊式传递书籍核心内容的音频和视频占据很大比例。中信书院的"好书快听"和"视频读书"都属于这一类风格。这种读书方式满足现代生活下人们快捷、便利的速食阅读需求。阿里为此还专门推出了妙读 APP,通过提炼知识内容干货的方式,让用户在"一刻钟内读透一本书"。而且,大多数 APP 上都开设了评论专区和笔记专区,读者亦可以通过与他人交流,观看他人评论、所划重点和笔记,娴熟敏捷地掌握书籍的核心内容。随即,读者能形成对

---

① 易观:《2018 中国移动阅读市场年度综合分析》,Useit 知识库. https://www.useit.com.cn/thread−19507−1−1.html.

② [美]威廉·庞德斯通著,闫佳译:《知识大迁移》,浙江人民出版社 2018 年,第 197 页。

某本书籍的大体认知,复制粘贴就能迅速转化为自己的见解予以发布。这种看似风生水起的阅读状态,为个人装点着亮眼的文化面具,在某种程度上是以弱化读者独立、创造性的思考和归纳、总结、批判等能力为代价的,是一种虚华的阅读表现。

移动阅读 APP 为读者提供了舒适的阅读体验。但是,这仅是移动阅读 APP 利用文字、图片、表情包、PPT、音频、视频、H5 甚至 AR 等功能,实现对读者多重感官的"正强化"刺激,将读者缠绕在 APP 所营造场景之中的运营手段而已。读者越是乐此不疲地自由穿梭于阅读、收听、收看之中,享受着各种形式带来的多重体验,他们遭受的阅读噪音刺激就越多,读者越容易陷入由移动阅读 APP 所生成的"终端技术系统"①中。事实上,多样化的功能选择反而容易分散读者的注意力,尤其在不同的窗口切换、补充和接触相关信息,会打断读者正常的线性思考。而且阅读、评论、搜索都属于不同的脑力任务,大脑在注意力转移过程中都得进行相应的自我调适,这都加重了读者的认知负荷,降低了读者的理解程度。更重要的是,由于检索、评论、交流都变得轻而易举并随时可行,便利之外所造成的影响就是,读者对书籍文本的关注变得不再完整而深入,注意力更是容易分散难以持续。加之移动阅读 APP 是屏幕阅读,"快闪式"的屏幕中书籍内容游移不定呈现跳跃式状态,读者的注意力也很难集中,蜻蜓点水式的浏览、跳读对内容自然也缺乏深刻理解。② 而且,社交评论功能的开设打造了"群体化"的阅读场景,不少读者主要"为了寻求归属感",而不是为了获得启迪和乐趣而阅读,有些读者对阅读活动社会性的关注会超越阅读本身。③ 更不用提,有些读者沉浸于移动阅读 APP,并非陶醉于阅读之中,而是在游戏、FPS、MOBA 等纯娱乐场景中流连忘返,他们的阅读注意力被转移,阅读兴趣在降低。④

如今一个读者在移动阅读 APP 上阅读的时长、获得的关注、收到的点赞

① ［美］尼古拉斯・卡尔:《浅薄:你是互联网的奴隶还是主宰者》,中信出版社 2015 年,第 113 页。
② 刘星期:《大众心理健康》,中国科学技术大学出版社 2016 年,第 35 页。
③ ［美］尼古拉斯・卡尔:《浅薄:你是互联网的奴隶还是主宰者》,中信出版社 2015 年,第 133 页。
④ 易观:《2018 中国移动阅读市场年度综合分析》,Useit 知识库,https://www.useit.com.cn/thread-19507-1-1.html.

数、书架上书籍的总量等数据皆成了评判其阅读能力的指标。这些外化的数据当然可以作为参考，但如果忽略了使用移动阅读 APP 阅读的泛娱乐化、浏览化、社交化、碎片化的特点，漠视了因此造成读者专注度、独立思考力、批判力的弱化，那这些数据也只能成为浅薄的认知，为虚华的文化面具和伪装的文化素养做浮夸的背书。

结语

概言之，移动阅读 APP 把读者带入了一片汪洋大海，丰富的"海洋资源"能让读者畅游其中。但不能忽视大部分海面上泛起的五彩泡沫——绚丽缭乱又易随波缥缈，晶莹剔透又易消散，让不少读者醉心浮游于海面泡沫之中。移动阅读 APP 塑造了可称之为泡沫式阅读的新阅读景观。这种阅读打破了长久以来线性阅读的模式，是娱乐化、功利化、浏览化、社交化和碎片化的浅阅读，而非我们惯常认知的单一、纯粹、系统化的传统阅读方式。这种阅读在某种程度上，分散了读者的注意力、碎片化了读者的思维过程、削弱了读者的记忆力、消磨了读者的分析领悟力。这是值得警惕的危害。当然，泡沫式阅读并非完全不可取，从另一层面而言，如若有更多读者加入到移动阅读 APP 构建而成的泡沫式阅读盛景中，才有可能促使部分读者进一步在非碎片化的场景中屏气凝神地进行深层阅读，深潜入海底探寻更迷人瑰丽的深海奇景。

（钟靖，天津工业大学人文学院传媒艺术系教师）

Bubbles Reading：The Reading Landscapes Are Shaped by Mobile Reading App

Zhong Jing

Abstract：The thriving mobile reading application（APP）creates an accompanying scene reading，which opens up a personalized reading scene that allows readers to immerse themselves in fragmented time. In addition to catering to more readers' entertaining and practical reading preferences，the mobile reading APP has also broken the readers' linear reading mode. Due to the reading characteristics of excessive entertainment, socialization, browsing, and fragment, the mobile reading APP is easy to wear a virtual cultural mask for readers. In short, the mobile reading APP has created a new reading landscape, namely bubble reading.

Keywords: bubble reading; mobile reading APP; fragment; scene; immersion

抖音平台中的美好生活空间与社会价值重构

宋　雪

摘要:抖音 APP 是 2018 年活跃用户增长最快的短视频平台,以用户上传内容为主要传播素材,通过平台引导的方式实现传播效果最优化,用户与平台共同营造了热闹非凡的生活空间。通过内容传播与互动,抖音平台重构了人们心目中的美好生活实践与价值,但其重构的美好生活却存在着诸多问题。对美好生活实践的重构存在着呈现方式碎片化、知识假象、传统文化浅层化的问题;对美好生活价值的重构存在着消费主义意识形态严重与感官刺激过度遮蔽社会价值的问题。人们沉浸在抖音平台所重构的美好生活图景中时,应对其存在的问题保持警惕。

关键词:抖音;美好生活;社会价值

受益于国家政策支持,移动数据流量降费,短视频在 2016 年后迅速崛起。

iiMedia Research 数据显示,2018 年中国短视频用户规模达到 5.01 亿人。[①] 2018 年主流短视频平台月活跃用户增长最快的抖音平台,其国内活跃用户突破了 2.5 亿。抖音平台通过推荐系统助推优质内容,通过平台引导与成长计划,构建价值标准、判断体系,引导用户传播表达美好生活的内容,平台与用户共同描绘了想象中的美好生活图景,重构了美好生活实践与价值。

　　2018 年,抖音启用了新的品牌口号"记录美好生活",对此,今日头条抖音产品总经理张楠表示,全新的 slogan 明确了抖音的定位和对用户的价值,"抖音希望让无数个普通人,在遇到生命中那些美好的瞬间的时候,可以抓住它、分享它,让大家的'美好'都能流动起来,让爱在彼此之间流动,让人们的生活变得越来越阳光,越来越幸福"[②]。但究竟什么才是美好生活? 抖音 APP 所重构的生活空间是否如其产品宣传所说,反映了美好生活?

一、什么是美好生活

　　美好生活就是相对于每个人而言是"自然好"(natural good)、"自然正确"(natural right)的生活,是每个人值得过的生活,也是在现实中可以体验但尚未实现的理想生活,是现实向着这个理想去超越的生活。[③] 美好生活是一种理想状态,是对真美善价值的追求。人们的现实生活是对这种理想状态的实践,在实践中完成价值体系建构。

　　抖音平台通过美好生活实践内容来构筑生活图景,展现美好生活应该有的样子。用户将个人生活进行筛选后,上传至抖音平台,经平台引导、分配,二者共同完成对美好生活的重构。在这一生活空间中,一条条短视频共同展现了美好生活所追求的价值。价值来源于美好生活,包括生存、健康、幸福、友谊、助人、自尊、被人尊重、知识、自由、自我实现、同情、生活的意义感等,且价

---

　　① 艾瑞咨询:《中国短视频营销市场研究报告》,http://www.iresearch.com.cn/Detail/report? id=3302&isfree=0

　　② 影视门:《抖音发布"美好生活计划",来听抖音产品总经理张楠怎么说》,http://www.sohu.com/a/225883875_144764

　　③ 金生鈜:《教育哲学怎样关涉美好生活?》,《华东师范大学学报(教育科学版)》2002 年第 2 期,第 18 页。

值并非亘古不变的,亦非放之四海皆准,无论是基础价值还是具体价值,都会因时间、地点和人物的不同而不同。① 抖音作为当下最火爆的短视频互动平台,重构了当今社会美好生活实践与价值。人们可以在平台中发现美好生活的具体表现和价值追求,这反过来影响人们在现实生活中对美好生活的实践。抖音平台对美好生活的重构对现实生活产生巨大影响,因此有必要考察抖音平台所重构的生活空间是否如其宣传语所说,反映了美好生活的状态与价值,以及与人们追求的美好生活之间存在着怎样的关系。

二、美好生活实践重构

抖音平台对美好生活的重构因其短视频的基本模式而呈现碎片化特征。在知识传播、传统文化传播方面,看似繁荣的景象背后却存在着假象营造与浅层化趋势。

1.呈现方式碎片化

抖音平台中的信息呈现方式为不超过 15 秒的短视频,在如此短的时间内,其所呈现的内容很可能是零散的、信息要素不完整的。短视频传播符合现代受众的媒介使用习惯,使其充分介入人们生活中的零散时间,如上下班途中、等待过程中、工作间歇等,但短视频也反过来使得用户的时间更加分散。受众碎片化与信息碎片化共同建构了抖音平台碎片化的生活空间。

碎片化(fragmentation),其初始含义是指较为完整的事物在某种外力或自身内在特性发生改变的情况下破碎成为零块。② 碎片化是后现代文化的一种体现,后现代主义学者詹姆逊认为,后现代文化的首要特征是零散化、碎片化、缺乏连贯性,给人一种拼贴感,与此相对应的是情感和历史感的消失,以及内在和外在、本质与现象、隐义与显义、真实性与非真实性、能指与所指等几种

---

① 艾克里夫·贝克著,詹万生等译:《学会过美好生活——人的价值世界》,中央编译出版社 1997年。

② 彭琦:《碎片化时代电视剧批评的方法创新》,《当代电视》2016 年第 7 期,第 9 页。

深层次模式的消失。① 碎片化信息完全脱离了冗长的叙事方式,以"短平快"的方式传递简化的信息内容。信息、情感表达的碎片化潮流席卷了抖音平台所组建的传播语境中,每一条内容不再是以完整的状态呈现出来,而是被分割、裁剪成为碎片化的信息表达模式。受众很难形成完整的、立体的、整体的信息体系,只能被迫在碎片化的信息环境中展开互动、讨论。信息发布者、接受者、参与者满足于"浏览"所带来的审美愉悦,在碎片化信息环境中共同建构起对美好生活的想象。

虽然信息碎片化是新媒体环境下的大趋势,大众文化不断衍生的必然结果,但沉迷于碎片化信息环境会导致对完整信息的忽视,满足于片面、零散信息,由此生成的讨论也更加荒谬。美好生活集结了全社会对理想生活状态的向往和对美好生活的实践,其意涵是丰富的。碎片化的表达方式却将美好生活实践简化为美妆、美食、美景、美人等流于视听表面的内容,遮蔽了美好生活背后的深刻意涵。

2.知识学习假象营造

生活科学即是人民群众在日常生活中直面的科学知识,与人民群众关于生活的科学素质息息相关。② 生活科学类内容是抖音平台中美好生活内容展现的一个重要方面。这类内容多为生活常识、百科知识介绍,简短的视频刚好可以展示一个知识内容,让受众轻松享受知识获取的快感。

抖音账号"果壳"置顶的三条短视频分别为《搓澡搓出的泥是什么》《喝一杯饮料相当于吃了多少块糖》《金针菇为什么总是 see you tomorrow?》,均与身体健康相关。《搓澡搓出的泥是什么》用拟人化的表达方式描述了角质层的生长周期,并呼吁不要过度搓澡。视频内容简短易懂,不会为受众带来理解负担。《喝一杯饮料相当于吃了多少块糖》以一颗 4.5 克的方糖为基准,测量市面上常见饮料的含方糖量,再参照中国居民膳食指南的每日摄入糖量标准,发现仅喝一瓶饮料便可达到一天的标准。以方糖作为基准来进行测量,使内容展示更为直观,方便理解。《金针菇为什么总是 see you tomorrow?》讲解为什么

①　陈莉:《碎片化与意识形态批评——詹姆逊后现代文化批评研究》,《阜阳师范学院学报(社会科学版)》2007 年第 2 期,第 22—24 页。

②　王一鸣:《生活科学与人民美好生活的需要》,《中国科技论坛》2019 年第 2 期,第 149 页。

金针菇不会被人体吸收,用幽默搞笑的方式解释了人体因缺乏一种酶而无法消化蘑菇细胞壁的组成成分。"果壳"短视频的选题均与日常生活相关,且所解释的问题难度低,用受众易接受的方式进行传播,让人们在轻松的氛围中获取知识。

"生活百科"抖音账号的主题围绕着美食制作展开,有简单的烘焙教学,有食物装饰技巧介绍,有创新吃法发明,展示的内容步骤简单、方法新颖,吸引了20.3万粉丝关注。烘焙教学题材是"生活百科"账号数量最多的选题,展示巧克力杯、巧乐滋、岩浆蛋糕等甜品的制作方法,五个步骤内即可完成。短视频中的生活科学从内容到操作方法都很简单,可以让受众轻松获取生活技巧,保证浅显易懂的同时,让受众感到有所收获。

但这种知识学习的获得感,却是一种假象营造,仅仅让人获得学习的体验,实则并非真正的学习。真正的学习是有对抗性的阅读,是需要付出努力的探索。短视频中的生活小常识,提供的仅仅是粗糙的、浅显的生活科学,虽然可以让人快速掌握、理解生活知识,但过多地接触这类短视频容易使人麻痹,给人带来获取知识的错觉,其所营造的知识学习假象会影响到真正的学习行为,使人忽视完整、系统知识体系的建立。

3.传统文化浅层化趋向

"我要笑出'国粹范'""谁说国画不抖音"是抖音平台2018年的现象级话题。京剧演员王佩瑜上传了一段京剧老生的笑声,引来众多模仿者,兴起了模仿老生笑声的风潮,"我要笑出'国粹范'"话题总播放量达到26亿次。在另一热门话题"谁说国画不抖音"下,用户纷纷上传作画的过程,有的短视频以作画工具吸引人,用手、扫帚等不常见的工具作画;有的短视频以国画教学的方式呈现,用简单几笔勾勒出西瓜、荷叶、小鸡等;有的短视频展现已完成的国画作品,通过绚丽的色彩、精美的画作和名家作品吸引人。

传统文化内容的短视频,播放量、互动量大,但短视频的核心内容却仅仅是对传统文化元素的借用。"我要笑出'国粹范'"话题中,一段老生笑声成为竞相模仿的音乐素材,本可以承载、传递更深意涵的国粹,却被简化为了一个方便制作流传、表意浅显的符号。"谁说国画不抖音"话题中,国画成为了另一个可以被借用的元素,拥有深厚文化底蕴的传统艺术在短视频中化身为富于视觉冲击力的媒体奇观,国画的历史、传统被遮蔽,被展现出来的仅有符号化了的文化元素。浅层化的传统文化借助文化工业得以快速、广泛传播,但这种浅层化的内容传播,终究会失去传统文化内核,让传统文化变成制造喧嚣的工具。

三、社会价值重构

社会价值是美好生活绕不开的一个话题。抖音平台通过一条条短视频试图建构人们心目中的美好生活,蕴含其中的价值观念却存在着消费主义泛滥、感官刺激过度等问题。

1.消费主义充斥其中

消费主义倾向,即传媒着眼于公众物质消费和精神消费需求欲望的创造,对物的符号意义的强调及其所营造的"消费社会"的氛围。① 消费主义是一种文化态度、价值观念或生活方式,把消费数量和种类日益增长的物品和服务看作是至高无上的,并将其作为最普遍的文化倾向和最确切地通向个人幸福、社会地位和国家发展的道路,作为较高生活质量的标志,甚至是公民对经济繁荣的贡献和对国家或社会的道德责任,从而使高消费成为正当的、道德的和合法的或者说是自然的和普遍的。② 抖音平台中的美妆类短视频充斥着消费主义现象,并以之作为美好生活的价值追求。

"认真少女颜九"以口红推荐与测评视频为主,从产品的外包装到使用后的颜色、质地、气味,再到适合搭配的风格都做了详细的介绍。每条短视频的封面配有简短介绍,一方面可以说明视频的大致内容,另一方面可以营造激起消费欲望的氛围。封面标题为《精致女孩! 学生党必买》的短视频,提到了近期的热门话题"那些出门买菜都要涂个口红的女孩",认为这种态度应该值得学习,"精致的女孩子,不可能素颜见人的,这辈子都不可能",随后便开始推荐适合素颜涂的口红。短视频将精致女孩塑造为榜样,而精致的最基本要求是

---

①　秦志希、刘敏:《新闻传媒的消费主义倾向》,《现代传播》2002 年第 1 期,第 44 页。

②　刘晓君:《全球化过程中的消费主义评说》,《青年研究》1998 年第 6 期,第 8 页。

要涂口红,进而将口红打造为必备物品。《涂上它去恋爱吧》短视频在标题下写道"听说涂它的人都找到了男朋友～除了我",将涂口红与恋爱结合起来,暗示涂了口红便会带来美好爱情。

"乃提 Guli"的短视频多通过简短的剧情来展示美妆产品。《别整天都盯着别人》短视频讲述了办公室同事嘲讽乃提素颜丑,之后乃提用美妆产品成功逆袭的故事,视频下方弹出商品链接,用户点击进去即可购买同款商品。《哼》短视频通过一个短小的情节展示了某美妆产品的特征。妈妈因衣服上的粉底印子怀疑弟弟在交女朋友,弟弟试图让姐姐"背锅",结果姐姐现场展示了自己的粉底防脱妆。这时,视频下方弹出同款产品链接。这类短视频针对产品特性设计情节,将产品推广植入短视频。这种介于广告与短视频之间的新型内容,将消费行为包装成日常生活的价值所在,暗示追求消费就是追求美好生活。

还有很多如"张凯毅 Kevin""道上都叫我赤木刚宪"这类的美妆短视频账号,介绍了大量的护肤品、化妆品个体使用感受。将消费主义看作是较高生活质量的标志和幸福生活的象征。① 短视频对消费行为的赞扬,引导人们把消费作为一种生活方式,把商品的购买与使用变成一种仪式,从消费中获得精神的满足。②

抖音平台将消费主义作为其重构的美好生活价值,树立消费主义的合法性,对人们的物质、观念、行为层面都产生了深刻影响。消费主义文化作为一种意识形态,控制着人们的消费欲望、消费行为,构成了人们的生活方式、实践领域和日常活动。作为一种机制体系,它不断地模糊需要和欲求之间的界限,鼓励人们尽量去"欲求"他们实际"需要"之外的东西;③把传统生活伦理中的节俭、适度变为普遍的奢靡之风。

2.感官刺激遮蔽社会价值

感官刺激是短视频行业一个关键的推进剂,唯有生产新的、与众不同的、难以抗拒的感官刺激才能吸引眼球、捕捉用户注意力。抖音平台中的各种特

---

① 刘晓君:《全球化过程中的消费主义评说》,《青年研究》1998 年第 6 期,第 8 页。
② 张坤民:《可持续发展论》,中国环境科学出版社 1997 年,第 125 页。
③ 刘晓君:《全球化过程中的消费主义评说》,《青年研究》1998 年第 6 期,第 3 页。

效便是感官刺激的重要工具。

最热门的"抖音变脸"特效，可以进行面部识别，为用户戴上京剧脸谱，体验者每甩动一次头部，则会切换脸谱。"我变脸比翻书还快"话题下是对"抖音变脸"特效的应用，配上《唱脸谱》音乐，用户只需跟着模版甩动头部来换脸即可完成制作。用户制作了大量出自同一模版的变脸短视频，内容极其相似。从短视频数量和播放量来看，这一模版十分受欢迎。

"黑脸V""H先生""浣熊学长""钢铁西游"等特效短视频账号，以特效制作见长。"黑脸V"的短视频中没有言语表达，仅用肢体动作与特效来讲述一个个短小的故事，内容围绕特效展开。短视频内容涉及物品生成，如将纸兔子变为实物；与镜像、太阳等进行互动；一秒换装；人物消失等。

"H先生"的短视频将特技融入生活化场景当中，叙事更为完整，作为其核心部分的特技效果与同类短视频差异不大，包括一秒换装、变脸、背景转换、物体移动等。"H先生"播放量最高的一条短视频为青花瓷特效。伴随着歌曲青花瓷，H先生走进了一个青花瓷瓶内，青花瓷瓶上蝴蝶翩飞，H先生与场景展开互动，释放出花瓣。这样一条情节简单的短视频，完全依靠特技画面吸引人。

"浣熊学长"的短视频制作了物体变换、人物消失、一秒换装、背景置换等特效，画面绚丽多彩，特技效果与故事场景配合，十分具有吸引力。

"钢铁西游"以机器人特效吸引粉丝，短视频内容围绕特技展开，机器人变形、机器人打斗是其短视频的核心内容。

"黑脸V""H先生""浣熊学长""钢铁西游"这一类的抖音账号的短视频内容极其相似，以特技效果吸引流量，画面炫酷，效果震撼，在碎片化文化氛围中，追求短时快感的诉求在此得到满足。在诸多短视频中，制作者强化了感官刺激，忽视了情感、价值追求，受众在接受了过多的观感刺激内容后，也更加追求短时的感受、刺激体验。虽然科技带来了更为丰富的视听享受，提高了刺激水平，但过多的感官刺激分散了受众注意力、消减了受众的理性思考，①使人不再探求美好生活价值。这些强化感官刺激的内容，使受众在快速浏览短视频

---

① ［美］赫伯特·席勒：《大众传播与美帝国》，上海译文出版社2013年，第28页。

的过程中,逐渐对绚丽的画面产生依赖心理,他们的文化接受活动也逐渐从艺术享受退化为肤浅的视觉消遣和听觉消遣,这直接导致受众接受能力和审美能力弱化,一些受众甚至会因此丧失审美自主性和创造性。①

四、结论与反思

抖音短视频平台通过用户上传内容与平台引导,重构了当今社会人们对美好生活的想象。在其所重构的生活空间中,对美好生活的实践并不符合人们的美好生活想象,其价值追求并没有契合当今时代所弘扬的价值。对美好生活实践的重构存在着呈现方式碎片化、知识假象、传统文化浅层化的问题;对美好生活价值的重构存在着消费主义意识形态严重与感官刺激过度遮蔽社会价值的问题。人们在享受抖音平台带来的视听震撼、信息便利的同时,也应该对短视频平台中所构建的美好生活实践与价值保持一份警醒。

（宋雪,华东师范大学传播学院 2016 级新闻学专业博士研究生）

The Good Life Space and Reconstruction of
Social Value in Tik Tok Platform

Song Xue

Abstract：Tik Tok APP is the fastest growing short video platform for active users in 2018. Users upload content as the main communication material，and optimize the communication effect through platform guidance. Users and the platform create a lively and extraordinary living space together. Through content dissemination and interaction，the Tik Tok platform reconstructs people's idea of good life practice and value，but there are many problems in its reconstructed good life. There are some problems in the

---

① 杨建:《奇观视野下真人秀的消费主义解读》,《传媒观察》2016 年第 3 期,第 24 页。

reconstruction of good life practice，such as fragmentation of presentation mode，knowledge illusion and shallow traditional culture. There are problems in the reconstruction of goodlife value，such as serious consumerism ideology and excessive shading of social value by sensory stimulation. When people are immersed in the goodlife picture reconstructed by the Tik Tok platform，they should be alert to the existing problems.

Keywords：Tik Tok；good life；social value

被遮蔽的情绪共鸣："爆款"个人微信公众号"美好生活呈现"透视

王　爽

摘要:微信公众号目前已经成为人们熟知并经常使用的信息获取渠道之一。其中个人微信公众号更是以其独特魅力吸引着人们对其投入热情和关注,个人微信公众号成为"爆款",其背后被遮蔽的情绪共鸣是主要的驱动因素之一。"爆款"个人微信公众号推文中的"美好生活"隐含着直击内心需求、人性弱点的共鸣。

关键词:情绪共鸣;个人微信公众号;"爆款";内在驱动

想必大家都已经对微信这种典型的、流行的生活方式习以为常了。的确,自打有了微信,我们每个人的生活在微信的重构之下正在逐渐发生着改变,其中有些改变是比较明显的,我们能够从生活中的点点滴滴觉察到,而还有一些改变较为隐秘,还没有引起我们足够的关切和重视。正如黑格尔在《法哲学原理》序言中所说的,"存在即合理"。其实世界上有些事物、有些道理之所以还没有被人们认识和把握,原因有多方面,其中很可能的一条就是至今人们还没有真正认识到某种早已存在的真相。这个真相经常需要借助洞察来深度挖掘。在这个过程中,人们经常借助或依托好奇心、阅读拓展等挖掘那些有"趣味"的东西背后隐藏着的秘密。社会心理学家利昂·费斯廷格在《当语言失灵》一书中提出了"认知失调"理论,主要指一个人的行为在与自己一贯的对于自我的认知产生分歧,往往从其中一个认知推断出另外一个认知时产生的不愉快和不舒服的情绪。认知失调往往让人们在面对自己并不知晓或者并不熟悉的事物时缺乏信心和勇气,此外在日常生活中早已习以为常的固有认知及刻板印象所积累的评判标尺,往往也会促使人们在面对相关问题时以"想当然"来增加认知,其本身存在着许多的"不确定",或者说潜在的威胁。

　　类似的被遮蔽的事实或者真相当然就包括诸如辣椒原本是玛雅人制作巧克力的原料之一,它由最初的观赏花卉转变为食用蔬菜,辣椒文化传遍全球,美国人吃辣椒远超过芦笋和花椰菜;人们熟知的黄瓜原本起源于印度东北,后经丝绸之路传入中国,从本名胡瓜到隋代起改称"黄瓜",背后竟有进入中国域内的"胡汉之争"的缘由;冰激凌的出现偶然得自火药生产,最早的起源或是在中国等内容。诸如此类,本应为人们所了解及掌握的事实及真相,因为相关人群自身知识积累有限和视野狭窄,在某一个恰当时刻跳出来就着实起到了"震惊"的效果。

一、微信公众号中的"个人微信公众号"

　　这里主要关注的微信公众号,也称为微信公众平台,主要是利用微信公众账号平台来进行相应的自媒体活动,主要是以一对多的媒体行为活动。人们比较常见的是依托微信公众号平台来进行微会员、微活动、微分享和微支付等等业务,在今天微信公众号已成为一种较为主流的线上线下互动的营销传播工具。尤其是在移动互联网语境下,微信公众号内在的强大营销力量得以尽情地释放。微信公众号其本身就是用于企业或者个人信息展示、信息发布以及在线交流沟通、产品展览呈现的中介平台。当然,它更是相关个人(品牌创始人、品牌代言人等)特长故事、独特的企业、品牌文化传播的典型媒介,特别是那些宣称能够实现自我价值、凸显个人特质的活跃度较高、传播影响力较强的个人微信公众号成为了近期品牌营销传播行业的宠儿。

QuestMobile2018 年 8 月数据显示，公众号流量向头部集中，主要是以情感、民生、财经为主要代表的细分领域的 C2 用户规模集中度均超过了 30%。此外，也发现那些垂直类公众号覆盖用户数量呈现出一种快速减损的态势，但是对目标用户保持着精准触达和使用黏性。一个不争的事实是：微信公众号已经覆盖了超过八成以上的微信用户，而且用户阅读兴趣已经明显地呈现出主要集中在时政、生活、情感、文化等领域。微信公众号主要的商业模式便是基于内容聚合细分用户人群，进而便于实现流量变现。[①]

本文此处主要按照微信公众号运营主体进行分类来梳理个人微信公众号。这里的个人微信公众号具体是指个人申请平台上的账号来自由发布内容，内容一般涉及多个行业及领域。在微信公众号开通起初，以自媒体人居多，这个时期的个人微信公众号分为两个类别，在初期阶段都由个人管理并进行内容发布，内容的原创程度比较高，自身带有较强的个人色彩，内容的质量也比较好。在基本拥有了一定的粉丝基础之后，逐渐由个人运营过渡到团队运营，诸如人们比较熟知的"冷兔""占豪"等微信公众号，但是依旧还有坚持个人运营与维护、具有鲜明特色内容创作和发布的典型账号，其中包括冯唐、六神磊磊等。这里，我们似乎也可以将由团队运营维护的个人微信公众号形象生动地理解为具备常人性情、品性、喜怒哀乐等性格特质的魅力人格体。相对于企业微信公众号一般以企业和各大传统媒体作为主体，个人微信公众号当前主要为两大类，一类是诸如"小北"、冯唐、"六神磊磊"这样的个人运营的微信公众号；另外一类就是由团队运营的微信公众号，主要以"不二大叔""同道大叔"以及"黎贝卡的异想世界"为代表。需要说明，这里所提及的典型、代表性的个人微信公众号主要源自清博指数平台上依托活跃度数值来选取的。

二、"爆款"个人微信公众号内在"被遮蔽"的情绪驱动

这里先要厘清"爆款"本身的含义及具体指涉。"爆款"原本最常见于网络

---

① 参见 QuestMobile《2018 年微信公号洞察》研究报告。

购物、网络销售过程中，主要是指那些供不应求、销售量较高的商品，通常来指称那些能够卖得很好而且人气还很高的商品。它现如今已经被广泛地使用在网店销售、实体店销售以及更为广泛的行业领域内。与其相似的称呼当然还有人们较为熟悉的人气商品、人气宝贝、热卖宝贝、热卖商品和牛品等。对于一般的商家和卖家而言，这样的"爆款"商品是能够为其带来连续的、持续时间较长的人气和良好口碑的。

透过其"爆款"背后的产生机制和原理，我们大致可以形成这样的认知：一般都以成交量、流水量来大致衡量销售的商品是否为"爆款"。其最为早期的形态往往是在并没有特别预先安排好推广策略前提下，伴随着交易量的逐渐增长而生成的一种成交量越大销售量越好的状态。此种"爆款"出现的背后，往往更多的是源自一种类似现实生活中的"随大流"或者说"跟风"心理。今天的社会消费语境下，相关产品的品质及生产工艺等早已经不是让消费者做出最终购买决定的关键要素，同时鉴于网络销售自身带有的线上视觉及听觉诉求相对较强而实物体验较弱的特性，就使得消费者（或者用户）在有关商品信息获取上处于信息量"不饱和"状态，此时能够尽可能地参考第三方已经购买并分享的信息就成为主要信息补偿手段之一。本文所称的"爆款"个人微信公众号乃是参考清博指数相关评测标准及规范的做法，将单篇推文阅读量在"10万＋"以上的个人微信公众号宽泛地统一称作"爆款"个人微信公众号。

个人微信公众号中那些已成为"爆款"典型样本的相关信息推送，表面上看与我们熟知的其他个人微信公众号并无太多明显本质区别，但是其背后却隐含着某些内在的情绪驱动。这特别表现在个人微信公众号的相关推文创作中对相关驱动"爆款"出现重要元素的重视和倚重。

首先就是在选题方向及题目表述上，能够看到典型的个人微信公众号基本上都比较重视推文上的选题及具体表述。诸如亲情类、情感类《希望你永远年轻，永远热泪盈眶》《最后我还是拉黑了你》《爱你要一秒，忘你要一生》之类的题目，又如护肤类的《这些网红断货王，回购 100 次都不够用！》，励志类的《31 岁实习生，逆袭成时尚主编，她凭什么？》《你总要一个人挺过所有的难》以及《俞飞鸿徐静蕾，凭什么 40 岁还能美成 18 岁！》等类似的标题。

其次，表现在"走心"的叙事设计上面。在我们比较熟知的代表性的个人微信公众号推文中,尽管目前看来推文涉及的领域较为宽广,但其在主题背后往往都是紧贴当时情境下的社会热点,其运营团队(操盘手)大多从自身理解和剖析的视角来撰写带有情绪体验和情绪激励与引导的相关推文,同时这些文本中又比较鲜明地夹杂着个人微信公众号独特风格的精神品质。此种"走心"更多地表现在顺应社会语境来创设偏向大众化的表述、呈现风格,可以说主要目的在于能够有效拉近微信公众号和受众之间的心理距离。诸如"小北"个人微信公众号中的《永远不要找别人要安全感》《黄渤:人生本身就是一出好戏》《每个人身上,都拥有一份独特的女子力》等就是这个层面的典型代表。此种"走心"所能起到的直接中介作用似乎就是方便更好地借助推文内容实现与用户的心理关联,同时也是增加文本说服力的一种惯用途径。

再次,就是在表达方式上面。前面说过,说服力的有效达成表现在表述方式上要"走心",还有就是如何去表述和营造特有的叙事风格。现在看来,个人微信公众号的"魅力人格体"的表述风格更多地遵循着"情感诉求"的编排和叙事套路,其中多数是以新型大众人格的诉求力量来讲述和表达。这背后隐含着情绪化、情感诉求的驱动力量。表现在我们较为熟知的一些典型个人微信公众号中,推文中的用词用句多以"情感刺激"和"我行我素""禀赋自由"以及"性情不受控制"为特点,一种自由抒发性情、情绪的意味比较明显,似乎可以理解,此种在情绪情感驱动下的叙事和表述风格,大概就是那些典型的个人微信公众号借以广泛吸粉和扩大订阅率,延展人气、人脉和关注度的原因之一。在这样的具体运营策略的驱使下,人们就很直接地看到了诸如强势的、任性的、灌输式等基调的不同种叙事策略和表述风格的呈现。就拿《你每天都要拼尽全力,只是因为血压太低?》这篇来说,标题本身就很明显地带有"情感刺激"的意味,类似还有《有人要把帮你生孩子的生意做到 1000 亿,你该相信谁?》《你有没有想过自己会孤独终老?》和《你男神被别人抢了? 活该!》等,都是这方面的典型代表。这些推文标题背后隐含着某种性情不受拘束、歇斯底里的情绪驱动。

此外,叙述的节奏感和速度感也是一个重要因素。根据人们的常识和基本认知,一般来说有情绪的表述和言说,其本身也就体现在叙述的节奏和速度处理上的鲜明特色,这更多地表现在推文正文当中,以带着某种情绪的口吻和情感基调来营造带有节奏感与速度感的文字风暴，诸如"冯唐"个人微信公众号中的推文之一：

> 我没追问，但是细细想了，这句话里至少有两层含义。第一是公心：天下为公，投资花钱的时候，不要想一己私利，比如在花钱过程中如何自己挣钱，比如在花钱过程中如何施恩图报，比如在花钱过程中如何逞一己私欲。第二是无我：即使这个投资项目已经跟了两年多，即使和上下左右都夸过海口，在最后签约之前，如果有足够信息让你停下来三思而后行，停！克服自己，克服惯性，不要怕麻烦。在这样的场合，事儿大于人，至少大于你的自我。

再如：

> 一千多年过去了，我个人觉得这是一个很靠谱的选择男朋友的标准，简洁而有效。如果一个男生面目姣好、身材曼妙，说话声音好听、内容还算有趣，你让他送你一个礼物：一封手写情书。如果字迹悦目，文章动心，又的确是他自己写的，这个男的大致就可以交往下去了。如果你怕情书内容狭窄，你就再考他一封手写议论文，比如让他谈谈中美贸易战、AI如何加深人类的困境、人类如何在一百二十岁平均预期寿命的时代面对婚姻制度等等。

上述这两段都是典型带有"冯唐"个人言说方式和情感、情绪驱动特质的风格样式。一般来说，个人微信公众号本身就具有浓厚个人风格特色的表述及叙事期待，起码这对广大的微信公众号订阅用户来说，是一个较为重要的参照点。

另外一个重要元素也不能忽视，这就是痛感与情绪共鸣关联度。在某公众号中，诸如类似《职场潜规则：女人，你的衣服比脸重要！》《我要控诉，幼儿园数学题为什么难！难！难！》《〈延禧攻略〉："不好惹"的女生更好命》等公众号推文文本之中多充满着直击人们内心痛感的文字和话语表述，在充满血液张力和刀枪棍棒的讲述中，直击人们内心情感的情绪撩拨和触动乃是真正发挥作用的重要中介。内心痛感相对于外在的表象来说较为隐秘，它不能够第一时间被洞察和发掘到，然而恰恰是在推文内容背后的痛感和情绪关联度上，以高关联度的情绪激发，配之以《成人的世界里，做自己是一种奢侈品》《买买买，上帝送给女人的止痛药》《房租涨 1000 那天，我和前任复合了》这样的自利性原则密切关联的表述，传递出的往往是尽可能地与精准定向推送的目标受众保持情绪、情感上共鸣的同一律动。从本质上来说，此种痛感是对目标对象群体一定程度上深刻洞察的结果，因为在具体实际工作中，个人微信公众号多数推文的作者就是善于抓取和梳理与人们内心痛感和情感高度关联的相关素材、相关写作及叙事套路来有针对性地撰写相关"爆款"推文。诸如"不二大叔"推送的《劝你别再和幼稚的男生谈恋爱》一文，主要提到：

> 现实生活中能意识到自己幼稚的男生会有多少呢？在作者大熊看来，在幼稚的男孩身上，你找不到安全感和信任感。他可能愿意为你做很多事情，但是却没有做到真正地体贴，也就不能给予你真正想要的。自视其高却没有相应的责任感和能力。或许长大些我们就会明白，一些人在我们心里很重要，但也真的不想和他们谈恋爱了。

这样的推文内容本身，一般都是在精心制作的链条下生产出来的，此种关联度所能产生的影响作用，似乎可以在该推文下面的留言区内找到大多数的"回应"和"支援"。诸如"A 沧海一粟"的留言是"最大的遗憾就是他长大了，而身边的那个人却不是我了！"，又如"大王叫我来巡山"的留言是"想当小公主，你却让我变成女王"。类似的留言之中，可以想见内在充满的情绪和情感的浓重和真挚。

三、"爆款"个人微信公众号"美好生活呈现"与情绪共鸣律动

这其中也还有一类个人微信公众号，主要以人们日常生活之中的"美好生活"为主要关注焦点。这个"美好生活"可以包含较多层面，按照党的十九大报

告所提出的"美好生活"的范畴来看,它既可以包括物质文化客观"硬需要"的全部内容,又可以包括其衍生的获得感、安全感、幸福感和尊严等"软需要"。个人微信公众号当中当前呈现最多的就是衣食住行、吃喝玩乐以及生活情趣、风雅古玩品鉴等内容。这也是大多数目前典型的"爆款"个人微信公众号的主要关注点和内容选题聚集地。此种"美好生活"的集中呈现多分布在"衣"和"食"两个层面,而这两个层面也是社会公众比较热衷关注和交流讨论的焦点。以"衣"为开端来说,以"黎贝卡的异想世界"为代表,经常性刊发与其个人微信公众号定位相匹配的内容选题,成为超越同类竞争公众号的杀手锏。在诸如《职业女性如何兼顾生活与工作? 你需要这个帮手!》《李宇春的时尚资源到底有多"离谱"?》《今年最火的连衣裙,法国女人都爱》以及《推广 ‖ 基本款想要穿出彩? 一个小心思就够了!》《想买好看好穿的健身服? 现在就是好时机!》等相关类似推文中,主要的叙述主题之一"服饰服装、穿搭匹配"也就成为众星捧月般抢眼夺目的靓丽风景。因此,能够看出这里所呈现出来的"美好生活",基本上多为个人微信公众号自身定位和传播风格所驱动的超越普通社会大众认知的"美好生活"图景的展现,尤其是涉及服饰服装、穿搭匹配、时尚流行、潮流趋势等领域的推荐、引导、示范和推广。这些推文内容背后其实隐含着让社会大众产生"羡慕、嫉妒、恨"的情绪驱动。结合相关典型的推文文本可以发现,以女性个人微信公众号为此方面的代表,像"黎贝卡的异想世界"这样的公众号经常是以时尚穿搭、爆款服饰售卖等在短时间内积累广泛的人气和关注度,从而引发相对比较持久的商品销售。

其次,"食"更是成为"爆款"个人微信公众号推文内容指向上的常客。似乎可以说,今天一个典型的、代表性的个人微信公众号大多数情况下都会将"食"作为选题内容参考的重要方面。诸如某公众号中代表性的《亲生孩子叫了我一声"阿姨"》《喜欢你,喜欢到想给你打钱》等文章,公众号"六神磊磊读金庸"中的《乔峰眼前一亮……然后历史就改变了》《一到中秋思帮主,每读苏轼想乔峰》《"慈母手中线",我们可能没读懂的一句诗》《图片:礼物说 & 六神磊磊读金庸送粽子》等推文当中,订阅公众号的读者能够深切感受到"食"作为当下社会大众每天都离不开的必备生活元素的重要性。尽管在推文题目上有时看不出是有关"食物"方面的内容,但是正文中却是另一番天地了,真正顺应了

"食色,性也"的生活根本宗旨和传统传承。同样背后隐含着追求"美好生活"的芸芸众生的良好期盼,不仅仅是吃饱穿暖那么简单的物质消费层级,而且上升到了精致主义、轻奢主义的消费趣味层面。这其中推文所包含的传递明确情绪倾向的具体文字,不仅仅跳脱了局限于标题、素材和主题,更是主要源自"爆款"打造的现有可循的规律。一般来说,那些容易产生"爆款"的选题,多是基于能够触摸到的巨大共鸣的先天要件,这是一种"被遮蔽的共鸣"。只有这个被忽视和被遮蔽的共鸣,才能够有机会去引爆社群。

再有就是"走心"。此种"走心"通常更多地表现在个人微信公众号的作者(运营维护方)在撰写相关推文时,多是立足于让公众号推文的读者能够在阅读推文后产生一定的心灵感应。主要的编码策略就是以换位思考的视角来传递那些容易激发明确情绪的素材、标题、主题。这些素材和标题、主题背后,隐藏着能够被读者感应的共鸣。此种共鸣一般都是在平常状态下不经常出现的共鸣和洞察,只有这样的洞察和共鸣才具备引发个人微信公众号成为"爆款"的条件和可能。在具体创作过程中,"爆款"个人微信公众号引发社交传播的本质,不是表面上的所谓知识、常识,而是直击内心需求、人性弱点的共鸣。

（王爽,辽宁传媒学院副教授）

Covered Emotional Resonance：the Perspective of "Good Life" of "the Hugely Popular" Personal Wechat Public Account

Wang Shuang

Abstract：WeChat public accounts have become one of the channels of information acquisition that people know and use frequently. Among them，the personal WeChat public accounts attract people's enthusiasm and concern for their unique charm. The personal WeChat public accounts have become the "explosive model"，and the emotional resonance behind it is one of the main driving factors. The "good life" in the "Explosion"of personal WeChat public tweet implies a resonance that directly touches the inner needs and the weakness of human nature.

Keywords：emotional resonance；personal WeChat public account；explosion；internal drive

"古风"流行：一种新的虚拟生活方式

任思奇

摘要：本文将从媒介研究的角度，发掘"古风文化"流行的多层面原因——"古风"不简单地属于表面上的范畴，而是更进一步地作为一种整体的生活方式存在，是研究虚拟现实作为新媒介的先锋性的典型个案。通过与其前身"中国风"流行音乐的对比分析，明确"古风"作为一种"虚拟现实"装置表征的基础上，试图从媒介性质层面理解这种青年文化想象；另一方面运用知识考古的方式，从时间纵向探究"虚拟现实"作为文本内在装置的前身与变化历史。通过进一步从"古风"自身折射出的媒介感官方面进行分析，赛博空间的视觉主导性得以显现，也同时揭示了这种视觉媚俗的性质对于传统听觉空间的入侵和取代。"古风"作为一种"新生活方式"，与现实中的既存媒介和重要权力结构的复杂相互作用，也是本文关注的重点。"古风"不仅仅作为"古风"被研究，这项研究的关键在于它作为一种新型生活方式的一个"部落"，是研究赛博空间、赛博生活与新时代社会构建的范例之一。

关键词：古风；媒介；流行音乐；传统文化；虚拟现实；赛博空间

引言

　　"古风"，本来是一种交流性称谓，指一种以拟古风格进行填词配乐、作为影视及游戏配乐及其翻唱演奏的音乐制品及其风格。其诞生与百度贴吧的粉丝文化关系密切，是一种自发组织生产的文化产品，主要受众为青少年；而自2014年以来，"古风"在流行音乐的消费谱系中逐渐发展壮大，成为中文流行音乐当中的一个新分支，在各大音乐平台软件上都有自己单独的一级门类。尤其，在"复兴传统文化"的时代风潮之下，"古风"以它独特的方式成为文化经济的热门词语。表面上看，"古风"可能只是一个由青少年主导的文化投资热门关键词，但是从这个看似幼稚的词语上，却可以延伸出许多暗示时代精神的重大问题，例如：为何来自民间互联网的古风文化在短短十年内得以登堂入室，不仅成为语文教育系统当中的范文，甚至还得到共青团中央的认可，成为引导青少年"健康向上"的新生活方式？为什么古风身为一个亚文化概念，却能够两面逢源，形成巨大的产业，同时成为商业资本和官方话语的"主流"热词？为何古风能够跨越经济层级和地域差别，为全中国的城乡青少年所认同？一个很重要的原因，是古风的"先锋性"并不单纯是文本内部元素的改变，而是涉及了新一轮媒介革命：近些年的流行词"虚拟现实"（Virtual Reality）往往被论者作为科技革命来讨论，但是人们往往没有意识到的是，VR设备实际上是最晚出现的，在各种可穿戴设备被发明出来之前，VR场景早就逐渐成为人们内置的一种想象装置了——是在这些媒介认知内在于人们的部分发展成熟之后，才会想到去发展外置设备，去完善这一机制。在这一媒介革命的背景下，我们可以看到，古风之所以在流行音乐场域所向披靡，也同样是因为它代表了视觉文化的破界入侵——相对于时间上慢热、需要门槛和准备的听觉文化传统，"古风"以一种独特的视觉媚俗性，将歌曲聆听当中的听觉本真性驱除。从而更进一步地，在这种虚拟性的情感范式基础上，建立起了新的"国家形象"、新的"想象的共同体"，甚至新的"人类"。"古风"是时代精神的一个症候，也同样是一种先锋性生活方式的预兆（尽管它打着复古的旗号），而本文将试图通过具体的例证和分析，挖掘出这种复古后现代的真实面目。

一、"古风"的前身："中国风"异变

"古风音乐"，是中国流行音乐当中的一个尚待定义的类型。与中国传统的"文人拟古"所不同，"古风"的古来自一种网络青少年亚文化，是一种自下而上"逆袭"成主流的文化现象。这是一种以人群（以同人圈为底板的圈子文化）为中心的粉丝文化①现象。尤其，"古风"的流行与二次元 ACG 文化②相关——"古风"公认的源头为《仙剑奇侠传》③系列游戏，由此而衍生的仙侠类游戏、网文、漫画，都落在同一个谱系内。讨论"古风"，首先不能脱离这些作品的受众人群——网络上自发聚集的小团体，他们是最初的发起者，也是讨论最终落到的"文化主体"。与传统文化生产所不同的是，在这种文化产品中，强调全体人员的参与感，不再将创作者与听众作划分。

在"古风"的独特媒介性质层面，其源头显然并不唯一，其中最直接的，是对中国风流行音乐的继承：二者在风格上有着直接的亲缘关系——中国风流行音乐，尤其以方文山为代表的词作者将中文古典辞藻碎片化与"视觉化"的风格，为古风奠定了其"视觉系"的风格。二者在范畴上讲，古风一定可以算作"中国风"，但"中国风"的创作大部分都不算古风。就音乐形式而言，"古风"比起它的前身，更加"激进"和"后现代"——以内卷形式体现的后现代性，"古风"是建立在赛博空间内的"新风格"，在媒介意义上性质不同。在古风歌曲中，高度同质化的歌词，在相当高的程度上以周杰伦的御用词人方文山为前身，甚至，当今相当一部分成功的商业"古风"歌曲也是方文山作词。以早期作品

---

① 粉丝文化（英语：fandom），或称迷文化，音译粉都，指的是由热衷事物的爱好者（迷、粉丝）所形成的次文化。粉丝文化是由共鸣于某一情绪的志同道合之人—粉丝构成的。一个典型的粉丝对于其所喜好的某一特定对象的甚至一个小细节都感到迷恋，并为此花上大量的时间精力，通常会通过社交网络实现某一特定实践（例如，迷恋）；这一点有区别于抱有一般好感的普通粉丝。参考维基百科 https://zh.wikipedia.org/wiki/粉丝文化

② ACG 即日本动画（Anime）、漫画（Comics）与游戏（Games）的英文首字母缩略字。该词语一般不翻译为中文，需要时可能会被译为"动漫游戏""二次元"或"动漫游"等。

③ 由台湾大宇资讯制作发行的以中国神话为背景的中文电脑游戏，研发小组与人员横跨台海两岸。游戏在台湾与大陆获得多项奖项。第一代游戏发行于 1995 年，其衍生产品一直延续到今日都在不断出新。

(2005 年)《发如雪》为例:

> **狼牙月**　伊人憔悴
>
> 我举杯　饮尽了**风雪**
>
> 是谁打翻前世柜　**惹尘埃**是非
>
> **缘字诀**　几番**轮回**
>
> 你锁眉　哭**红颜**唤不回
>
> 纵然**青史**已经**成灰**
>
> 我爱不灭　**繁华如三千东流水**
>
> 我**只取一瓢**爱了解　只恋你化身的**蝶**

　　这种歌词的文体形式本身就具备着高度的视觉效果——加粗的词语都是典型的古典意象高频词,而这部分词也同样被"古风"歌曲所继承。可以观察到,这里存在一种现代人对"古代"的凝视性重塑:江湖、红颜、青史、英雄、故事、遗忘等词语高频出现①。而"古风"相对于"中国风",则多了许多塑造时间与空间宏大性的关键词语:"千年""千里"——加上缥缈而虚幻的唱腔,古风歌曲整体提供了一种遥远的声音,而这种遥远的声音又如何重构空间? 这是段义孚②意义上的,新的"神话空间"的诞生。考虑到古风歌曲主要的受众为青少年,现实中三点一线的日常生活,城市空间的逼仄与沉重,使得空间感无处延伸。于是在浸入性的音乐聆听行为中,"古风"作为一种空间建构的"古典意象",成为了一种新的存在方式。

　　因此,"古风"和"中国风"的场域性不同,而非时间上线性先后关系:虽然周杰伦《发如雪》为 2005 年作品,但周氏中国风也一直被持续被生产——"中国风"当中的"中国"是展示性的而非沉浸性的。应用场域不同:中国风仍属于

---

　　① https://www.bilibili.com/video/av18109142/【Python 爬虫学习】墨明棋妙写的歌词中,出现最多词语找到了:up 主用 Python 爬虫扒出了古风圈影响力最大工作室"墨明棋妙"歌词中的高频词,名词类频率最高的分别是"一生""英雄""江湖""故事""红尘""千年""千里""桃花""回忆""天地"。

　　② 段义孚:《空间与地方——经验的视角》第七章"神话空间与神话地方",中国人民大学出版社 2017 年。

传统的流行音乐范畴,可以在店铺超市内播放;而"古风"音乐则更多配合赛博空间的"场景",带有绝对的沉浸性,例如古风游戏或影视作品,甚至抖音、快手的背景音乐。后者或者是纯粹的赛博空间,或是加上"非现实"滤镜的"增强现实",否则,不加以技术处理的场合很难适应古风歌曲——因此,"古风"实际上是一种"虚拟现实"(Virtual Reality)装置的实践。

二、虚拟现实(VR)装置的实现谱系——古风、仙侠、武侠考证

超越"流行音乐"的范畴,我们会发现"古风"作为一种新型媒介,其继承进而超出"中国风"的独特风格,在中文大众文化的发展当中有着更加深厚的谱系。这就要说到"虚拟现实"作为一种内置于当代人认知的现代性装置逐步建立的过程了——作为一种媒介更新换代过程中的新型认知装置,其内置自然不是一蹴而就的,而往往有着数以代计的发展与深入,古风(相对于中国风)处于这一装置更完备的阶段。在本节当中,我们将具体探讨"虚拟现实"作为后现代性装置的性质,及其在中文流行文本当中暗藏的谱系。

实际上,"古风"这个词本身的词义分析就证明了其性质:在日语当中,"风"的用法即点缀在名词或者某种活用作名词的词语之后(例如"和风""中国风"),意为"以……的方式"。因此,从这个语义结构本身,即可看出,"古风"当中的"古"是一种架空的、可移植的"古"——相对于作为历史实存的空间与时间,"古风"的本义就在于基于"古代风格"的一种想象和一种元素。有关这种"非现实的现实性",则可以参考英语作家简·奥斯汀作品的流行——在奥斯汀的小说当中,人与人的关系可以单独提炼出来,归结于简单的恋爱人际和亲族熟人关系。在这样的小说中,没有与历史背景对话的结构和位置,一切行为和情节都发生在家长里短的范围之内(这是奥斯汀成功的原因,也是奥斯汀经常被"正统"文学批评所诟病的一点);因此历史退化成为一张可以随便变装的幕布,而阅读也同时变成一种换装恋爱游戏——读者可以通过自己的心情选择其中的某一身装束,而这些"变装"彼此并无本质区别。

如果说"中国风"流行音乐是"古风"形式上的前身,那么返回中文大众文艺的谱系当中,我们依然可以考古出"古风"作为一种内置想象装置的发展谱

系——显然，从文类的角度看，"古风"发源于一种名为"仙侠"的文类（包括游戏、小说与影视作品），而仙侠的风格也恰好可以与金庸为代表的"武侠"对比：虽然在很多关键的特征上，武侠为"仙侠"奠定了基础（例如奇特招数与空间式的江湖布局），然而后者从本质上，与前者完全异质，实则体现了一种"虚拟现实"（Virtual Reality）的内在装置。

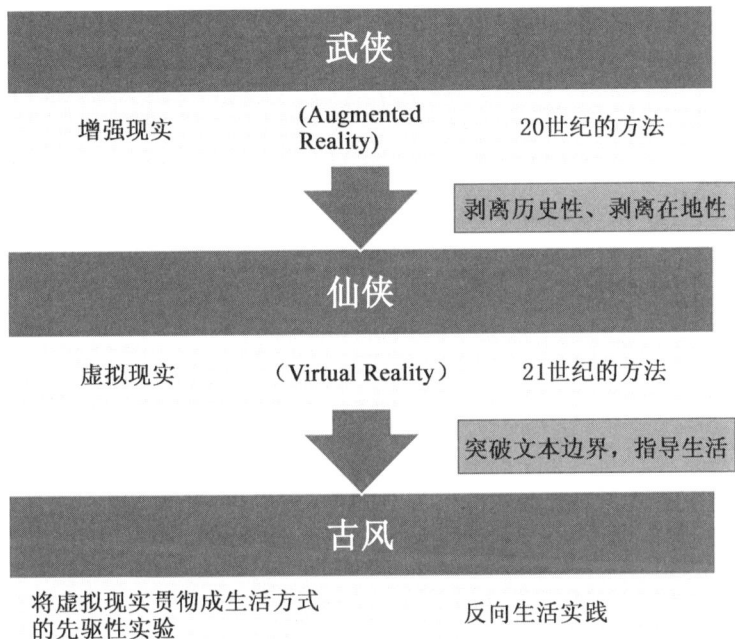

武侠

增强现实　　　　（Augmented　　　　20世纪的方法
　　　　　　　　　Reality）

剥离历史性、剥离在地性

仙侠

虚拟现实　　　　（Virtual Reality）　　　21世纪的方法

突破文本边界，指导生活

古风

将虚拟现实贯彻成生活方式　　　　　　反向生活实践
的先驱性实验

(武侠→仙侠→古风，谱系图)

　　仙侠作为一种文类，则又脱胎于"武侠"，而又在媒介意义上与武侠断裂异质，这种媒介变化实际上折射了一种认知内在结构的改变——仙侠与武侠相比，最大的不同在于其架空性质与去历史化的背景设置。在武侠类文的经典、不断被当代文化研究阐释的金庸小说，在其每一个文本中都与历史国族进行对话，从这个意义上讲，金庸可谓是最后的文人言志。而现在，随着金庸的去世，分庭抗礼的格局被打破，完全的后历史正式降临："仙侠"（作为整个文化商品的大分类，包括游戏、网文或影视作品）的气质更接近古龙的写作，古龙式的短句，其核心文本在于观看性场景的描写，而非个人在历史中的纠缠——江湖与武林都只是猎奇的观赏，而非存在性卷入的痛苦。尤其，我们注意到仙侠类大众文化（例如近两年流行的网文 IP 改编电视剧《三生三世十里桃花》或《花千骨》）当中的主要人物都是虚构的、谱系以外的神仙或者英雄。这一点完全区别于中国传统小说《西游记》《封神榜》当中复杂的社会性谱系——不同于前者当中根治中国社会伦理的"仙谱"逻辑，仙侠当中的"仙"乃是一种去历史化与反谱系的"逸仙"。

"仙侠"类型当中的世界观设定、人物设定与情节设定，从媒介角度上参考，可谓以游戏为基础，与网文互相渗透，存在一种广泛的无根性。就像奥斯汀笔下的人物每天只用宴会下午茶谈恋爱一样，实际上"仙侠"文本的特点是把人从历史语境当中抽象出来，不同于武侠当中根植于历史和土地记忆的"现代人"。因此仙侠类文本当中的永恒母题还是爱情或者个体之间的"羁绊"——人与人之间所谓"羁绊"是后现代社会在脱离宗教与历史之后唯一的解药。因此，"古风"从源头上自带的"漂浮"感，与脚下的土地无关，而更多是一种虚拟现实的方法的实践。

在金庸的武侠当中，存在这样一种风格，即所有地点和历史时期都有实际的背景，而文本的工作在于将这些实存空间赋予神话空间的解释，可以在实现技术上类比于"增强现实"（Augment Reality）；但在"仙侠"的谱系当中，神话空间也同时去历史化了，而与此同时，又具备一种自我卷入而不需要与现实发生关联的真实性。类似于当下流行的"虚拟现实"（Virtual Reality），配戴上终端设备之后，整个人就进入了一种异空间当中。从这个角度看，虚拟现实并不是横空出世的外在技术，而是早就进入一代人认知的内心的"装置"。

有关"虚拟现实"作为内在装置的现象，我们当然还可以从这一概念的史前史追溯——Virtual Reality 在汉语当中被翻译为"虚拟现实"，实际上丢失了其重要的一层意涵：虚拟与现实看起来是在真值含义上相互对立的概念，因此似乎这个语汇自己反对自己。但是，从 virtual 的词义溯源，可以梳理出这样的谱系：词根比较早的源头是拉丁语的 virtus，指一种力量、美德、男性气质等，印欧语词根里 vir 的词根指"男人"。中世纪后期，大概 11－15 世纪期间，随着亚里士多德哲学的翻译和经院哲学对世界和上帝的讨论，virtus 的形容词形式virtualis(-alis 指"of some character"，相当于英文的后缀-al)被创造出来，它指一种潜在的强大的力量（power），有时候和亚里士多德的 potential 概念相等同。virtual 最早指涉一种物质世界的力量和潜质，而最早发展出精神层面的含义，则要涉及宗教改革时期对变体论（transubstantiation）的争论——圣餐里的酒和面包是否为耶稣的血肉本身这一神学问题：最终，新教徒在完全肯定和完全否定之间进行了折衷，认为这里的"耶稣"不是 real 的而是 virtual 的，是一种形而上的、精神意义上的存在。real 和 virtual 一开始就作为一组对立的概念（二律背反），并非作为真值意义上的区别，而在于 virtual 一词始终暗含于词义当中的、超越性的一层指涉——在德勒兹的哲学本体论①中，virtual 和 actual 这两个对立的概念共同构成了 real。因此"虚拟"这个翻译蒙蔽了原文词义当中最重要的一个层面，即实存以外的真实，一种超越性的、某种意义上先验的真实。

这种存在状态的转变，实际上在八十年代已经开始了。正如 Hosokawa 教授影响深远的论文《随身听效应》②所指出的那样：人们在后随身听时代，随着耳机的普及，变成了"虚拟现实"——将"在地性"变成了可以置换的空间。自带 BGM（背景音乐）的人对世界的感觉也就变得更为疏离，从身体性的感知被虚拟现实替代，而增强的一面是对世界的"观看"，"观看"作为一种替代的进入世界的方式——实存以外的真实，一种超越性的真实。

三、视觉入侵听觉文化——赛博空间的媒介侵略性

内置了"虚拟现实"的二律背反，古风流行文化是我们对当代人存在形态转变过程的一次管中窥豹："古风"虽然一直被归为"流行音乐"，但从媒介谱系的角度而言，古风却是一个不折不扣的"视觉"概念——观看的视角无时无刻不暗含于歌词的叙述角度中：古风歌曲内置了一种凝视的角度，体现于文本的几乎每一个层面，而其中容易最先被注意到的是其独特的画面感。首先，古风歌词大多富有画面感，往往是夸张化的画面，例如喜欢使用"血染江山"等宏大

①　从 1966 年的《伯格森主义》开始，virtuality 和 multiplicity 成为晚期德勒兹的关键词，virtual 作为生成的先验"真实"，具备完备性和先验性。

②　Shuhei Hosokawa. *Popular Music*. Cambridge University Press，Volume 4 January 1984，pp.165－180.

华丽场面，或善用各种色彩词语（不完全统计，频次最高的为"红""白""灰""黄/绿"等古典意象）；或在歌词文本的叙事结构上，着重刻画"梦"与醒之间的庄周梦蝶式的辩证关系。大量的古风歌曲共享同样的视觉意象与叙事结构，而这种形象的复制恰恰是一种对中国传统艺术进行模仿的"kitsch"（媚俗）——媚俗的定义，在不同文本当中有着不同的侧重，但无一例外都具备着某种视觉文化的本质特征：在米兰·昆德拉《不能承受的生命之轻》当中，昆德拉将"kitsch"定义为一种面对特定视觉场景所产生的缺乏自省的情感"对生命的绝对认同"；在卡林内斯库《现代性的五副面孔》当中，媚俗的面孔被历史化为浪漫主义与中产阶级趣味的一种现代性特质，它包含着一种创作中绝对的折衷主义。而维基百科则给出了更加集中的定义：媚俗是一种被视为次等的视觉艺术形式，对现存艺术风格欠缺品位作复制，又或是对已获广泛认同的艺术作毫无价值的模仿。这个概念亦有关于任何刻意地在作品中使用被公认为文化象征的元素然后廉价地大量生产这些非原创的东西。"媚俗"亦是指那些在美学上有所不足（不论是否伤感、迷人、具戏剧性或创意），在创意上只是通过重复惯例和公式，流于表面地模仿艺术作品的某些艺术种类。伤感的泛滥亦与媚俗有关①。

作为西方艺术史的知名学术词语，"kitsch"从浪漫主义时期就是大众艺术消费品的特征——粗劣的模仿复制、外在元素与内在谱系的割裂、刻意挑逗观者的情感……这些元素是艺术史对大众艺术消费批判的关键，本雅明意义上的"灵韵"（aura）②消失，也恰恰是其能够受大众欢迎的关键：入门门槛低，无需投入学习的时间成本即可以调动审美情感；而生产过程中的大量机械复制，使得一些曾经不轻易见人的艺术元素变得唾手可得，同时给大众提供了一个完全能够"展示自己"的机会：从这个角度上讲，"古风"恰恰就是"古典诗词"的媚俗性复制品——在"古风"歌词的创作中，堆砌辞藻的方式是最常见的，这种堆砌的方式不遵从语法逻辑，而堆砌的辞藻也是大众早已熟悉的（在课本上背诵过的文言局部 & 小说影视中的）常见意象。因此相对于真正的古典艺术而

---

① 引用自中文维基百科，参考 John Walker's Glossary of art, architecture & design since 1945 当中的定义。

② 德国思想家本雅明代表作《机械复制时代的艺术作品》。

言,"古风"的写作与欣赏几乎没有门槛,也不需要特意学习背景知识,即可在"古典"的浪漫风格中寄托自己的情感。也正是因为这种相对的"粗制滥造",古风歌曲常常受到"高雅文化"代言人的批评,而这种批评也大体分为两种:与官方声音"温柔呵护+批评指正"的态度(例如爱奇艺 2018 年选秀节目《国风美少年》当中的虚拟人物:专家"国风侠")相对的是,网络上流传着各种"古风圈速成"的嘲讽叙事,既有作曲编曲方面的照妖镜,也同样有将"古风"作为一种缺乏层次的"黑话"进行的科普,例如网友 Bimota 对于"古风圈速成"的戏谑式总结,将其堆砌、重复与内在逻辑断裂的特点表现得一览无余(见右图):

　　而另外一方面,从这一段文本中我们可以发现,在"古风"歌词当中,无论是用词还是句法,都有着强烈的视觉特征;而在词曲创作的维度,"古风"的视觉属性还需要进一步在文本的潜在层次进行发觉;然而,在我们觉察了"古风"的视觉属性之后,再去审视网友自发创作的古风音乐相关的 MTV 与配图(包括专辑与自选集的封面)时,我们会发现古风还源于一个我们更加熟悉的谱系——这些封面、视频背景图或古风圈常用的头像,往往都是二次元古风的漫画画风图像(往往含有同人的成分):在 B 站与网易云音乐的古风歌曲页面,这种二次元画风的绘制画面是页面的主要构成,一定程度上,行为主体所选择的画风象征了是否进入"古风"场域的自有秩

古风圈速成概括 笑死··

BIMOTA
4月30日

朱砂 天下 杀伐 人家 韶华 风华 繁华 血染 墨染 白衣 素衣 嫁衣 倾城 孤城 空城 旧城 旧人 伊人 心疼 春风 古琴 无情 迷离 奈何 断弦 焚尽 散乱 陌路 乱世 笑魇 浅笑 明眸 轻叹 烟火 一生 三生 浮生 桃花 梨花 落花 烟花 离殇 情殇 爱殇 剑殇 灼伤 仓皇 匆忙 陌上 清商 焚香 墨香 微凉 断肠 痴狂 凄凉 黄粱 未央 成双 无恙 虚妄 凝霜 洛阳 长安 江南 忘川 千年 纸伞 烟雨 回眸 公子 红尘 红颜 红衣 红豆 红线 青丝 青史 青冢 白发 白首 白骨 黄土 黄泉 碧落 紫陌

情深缘浅 情深不寿 莫失莫忘 阴阳相隔 如花美眷 似水流年 眉目如画 曲终人散 繁华落尽 不诉离殇 一世长安

基本句式:

1.xx、xx、xx了xx。

2.xxxx、xxxx,不过是一场xxxx。

3.你说xxxx,我说xxxx,最后不过xxxx。

4.xx、xx,许我一场xxxx。

5一x一x一xx,半x半x半xx。

6.你说xxxx xxxx,后来xxxx xxxx。

7.xxxx、xxxx,终不敌xxxx。

注意事项:

1.使用一个句式时一定要多重复几次,形成看起来异常高端的排比句。

2.[殇]这个字恶俗到爆,一定要多用。

3.不要随意用连词,就让这些动词名词形容词堆在一起,发生奇妙的反应。

4.填句子千万不能有逻辑性!填句子千万不能有逻辑性!填句子千万不能有逻辑性!重要的事情说三遍。

例句:

1.江南烟雨,陌上白衣,不过是一场情深缘浅。

伊人回眸,繁华落尽,不过是一场烟火迷离。

浮生微凉,白骨成双,不过是一场三世殇殇。

2.旧城,未央,许我一场墨染清商。

乱世,无情,许我一场白衣仓皇。

忘川,千年,许我一场奈何成双。

序。二次元形象，可以说是古风歌曲作为表层文本的视觉维度体现：

（B站截图：按照关键词"古风"点击率排序前十视频封面）

形象（image）作为一种为自身而存在的元存在，是一切生产性的核心。因此，古风歌曲的流行不能与汉服、角色扮演（Cosplay）等现象割裂而讨论——如果没有后者关于形象的塑造，古风是欠缺表意能力的：正是在汉服运动与各种二次元化的古风形象在受众心中普遍建构出了一种"古风"的空间后，这种怀古抒情的赋魅才得以实现。而从这个角度讲，李玉刚之所以成为古风音乐圈核心人物，不仅在于其对于古风圈的主动靠近，也相当意义上得益于他的女装女声表演形式，以装扮成古风的女性形象作为表演的核心文本，而在表演场域外的人设（黑框眼镜和朴实的衣着言谈）看起来也很像普通的内容生产者（以 B 站 up 主为代表）而非娱乐圈明星——这种"网友-表演形象"的二元人设也恰好符合了赛博空间的可替代原则。而另一方面，古风文化当中对音乐"特征值"的压缩，也象征着对于听觉本真性的驱除：从空间上看，声音显然可以比图像传到更远的地方——与"听古风"相比，穿汉服（甚至欣赏汉服）由于需要大量的时间精力与金钱付出，所以并不是那么容易病毒式传播的行为；而古风歌曲则不一样，它可以通过声音媒介的扩散，将潜在的画面感传递给每一个暴露在这种声音下的人。声音具有穿透性和暗示性，就像西美尔在《感官社会学》①当中所指出的那样：人们可以闭上眼睛，却不能闭上耳朵；在观看同一事

① ［德］齐奥尔格·西美尔：《时尚的哲学》，花城出版社 2017 年。

物时，人们目光所指皆有不同，然而在处于同一听觉环境下，却更容易与他人共情，从而建构成认知上的共同体。

因而，古风歌曲同质化的旋律恰好构成了病毒式传播的关键。从乐句上讲，大多数古风歌不仅句内缺少变化，句子与句子之前的变化也很小，这恰好迎合了碎片化的场景音乐应用——抖音小视频的长度只有十五秒，这十五秒就是一句旋律能否存活的生命周期。我们注意到，正是在短视频软件抖音与快手上，古风歌曲才得到了暴露程度意义上的普及与扩散：YouTube 上面搜索"古风"，热搜视频的标题经常与短视频软件抖音相关——"上半年抖音刷过屏的古风歌曲"&"抖音古风歌曲串烧"，并明确指出了这些歌曲的"耳熟性"，更有甚者将流行古风歌曲的"高潮句"进行了拼接合集。这些现象都说明了古风歌曲是以短时间的最小单位作为特征值——它们不必被全曲播放，而只需要断章取义地聆听，甚至，是为断章取义而设计生产的。随着"场景音乐"概念的提出，20 世纪的音乐社会学学者纷纷注意到，音乐作为构建空间的因素，与主体的关系变得更加复杂，更加内卷。英国学者 Tia DeNora 在《日常生活中的音乐》①一书中指出，在二十世纪音乐与人们生活的关系发生了很大变化，往往作为自我技术（a technology of the self）在不同生活场景中得到应用：所谓自我技术，指的是将音乐作为自我调节的工具来使用，例如调节情绪、催眠或者帮助工作等具体场景应用。

而进入信息爆炸的 web3.0 时代，人们要快速地处理各种来源的信息，往往没有时间去完整地将音乐作为"作品"来对待，音乐的特征值必须被压缩——因此，在古风歌曲中，就变成抽象而悠远的特定语句 356 或 653（新世纪第一个十年经常热搜的"网络神曲"门类也属于同一原理，以乐句的局部特征来吸引人们的注意力），乐句高度简单同质化。这种歌曲在音乐上的均质和缺乏变化的重要原因，在于聆听音乐的场域已经完全变化。正如 Hosokawa 教授在《随身听效应》当中指出的那样——耳机当中的"个人时间"与"公共时间"的错位与不同步，早已成为普遍的现象。因此，个人的音乐播放早已从"社交音乐"变成了"神游音乐"：在意识与无意识之间，抢占注意力是万万不可的。

---

① ［美］蒂亚·德诺拉：《日常生活中的音乐》，中央音乐学院出版社 2016 年。

音乐作为一种外置的内心背景，在不能容纳太多信息的同时，也需要维持主体情绪的稳定，不能够太标新立异。

从制作的层面，古风歌曲可谓是传统调式与后现代电音制作的结合。古风音乐的"远方"感，塑造出遥远的声音，实则类似班得瑞[①]轻音乐当中所塑造的山林：通过时间上的悠远和空间上的开阔效果，造成一种自然环境的模拟，而这种效果实际上是电子乐器的合成器（班得瑞的音乐中经常出现对大自然景观的拟声，而这些拟声无疑出自录音棚的电子操作）。在这个意义上，"古风"实际上是一种声音场域的超级拟真（鲍德里亚）：超现实作为缺席（相对于在场）与模式化（相对于随机）的结合[②]，无论是班得瑞的山林还是古风音乐当中的"古意"，都是在我们日常存在中普遍缺席，然而又被所有人认知为同质化的统一模式——从构成的角度看，它们不是"真实"的，但从性质上讲，却比真实更加真实。

四、虚拟偶像与想象的共同体

由于身处媒介变革的关键节点，古风联结了许多现实中的既存媒介和重要权力结构。因此，从赛博现代性及其现实应用的意义上，本节主要讨论作为一种"新生活方式"的"古风"如何介入现实权力结构，简而言之，即"古风"如何在结构中利用和被利用。

1."国风"与二次元民族主义

在"古风"由小众走向大众和主流的过程中，存在这样的合流与归化现象："古风"这一初始称谓，在登堂入室的同时，逐步被更加宏大而官方的概念"国风"所替代。进而，来自网络粉丝文化的"古风"被接纳为官方弘扬传统文化的"国乐"的谱系——"弘扬传统文化"的思潮，实际上覆盖了整个社会。八十年代的文化寻根导致了对于"土地"—"根"的背离，而到了新世纪，中国人渐渐意

---

① 号称瑞士乐团的神秘组织，演奏者从未公开露面，其碟片被发现一般只在中国销售。其音乐作品内容往往涉及多样的大自然景观，为刻画天空、雪山、溪流与阳光等意象的轻音乐。

② ［美］N. 凯瑟琳·海勒：《我们何以成为后人类：文学、信息科学和控制论中的虚拟身体》，北京大学出版社 2017 年，第 334—336 页。

识到对自身身份认同的回转，而又不知从何下手——此时，源自赛博空间的"新世纪特效"古典审美风格成为了一个可以凝聚认同的新维度（如果说缺少传统文化的传承，那至少可以通过娱乐上形成的模糊印象进行重构）。

"国乐"的得名与"国学"①的概念类似，乃是一种现代性的建构，基于一种疏离的视角（实际上是他者视角）重新建构民族国家认同。"古风"音乐与官方声音的合流过程，尤其可以类比"汉服亚文化"从汉服到华服的蜕变，在十年的时间内从"小众"走向"大众"，从草根贴吧走向人民大会堂（已连续五年在人民大会堂举办古风音乐会）。而同时，诞生于网络论坛（尤其是百度贴吧）的狭义民族主义"皇汉"群体，也逐渐被引导为"种花家"（中华家的谐音），成为"中华民族"的官方概念。2018 年的农历三月初三，共青团与哔哩哔哩网站联合举办了"华服节"："华服"作为一种身份认同的亚文化概念，在节日的官方宣传片中，被共青团中央塑造为一种健康向上宣扬自我的生活方式——用跑步、锻炼、排练舞蹈等行为塑造。

而这种宣传策略涉及一个重要的概念——二次元民族主义，即用粉丝的情感制造出一个具象化的偶像"idol"，而这个"idol"在象征的层面指向国家 & 政权。日本动漫《黑塔利亚》将每个国家拟人化成为一个二次元人物，围绕代表中国的人物王耀，粉丝们自发进行了很多"同人"创作；在"民族主义"形塑的意义上，国产漫画《那年那兔那些事儿》（最初发表于 2011 年军事类目网络论坛，2015 年拍摄成动漫）当中代表中华人民共和国的"兔子"更是深入人心，而被网络爱国主义常用的词"种花家"即来自此作品。这种虚拟与现实边界的模糊，实际上是一种有意的引导——这些象征化的赛博形象及其牵扯到的人类情感与行为，实际上可以用麦克卢汉媒介研究经典著作《理解媒介》一书中"重新部落化"的预言来理解：如果人们在网络时代重新部落化，那么"人造图腾"的诞生不足为奇，既然古代是现代的创作，那么古人也是一种现代的人设——无论古风圈内部成员如何希望"圈地自萌"，这个圈在图腾式的大他者显现时都不具备隔离的效力，古风不可避免地流向了号称拥有同一个"文化传统"的

---

① 钱穆："学术本无国界。'国学'一名，前既无承，将来亦恐不立。特为一时代名词。"（《国学概论·弁言》，商务印书馆，1997 年）

所有人。

2.想象的共同体——语文课本作为"元"媒介

在古风歌曲当中，存在着一定数量的核心意象：咏古歌曲涉及的历史人物，及其化用的古文典故，都无法脱离基础教育阶段的语文课本选录的古诗文意象。与央视《诗词大会》的题库高度一致，在应试教育的意义上，可谓没有超纲题。何以如此？在于这一共同记忆也是媒介与信息革命的自然产物——移动互联网时代，在信息爆炸的背景上，共同记忆变得更不可能，而代表国家声音的义务教育与高考，则成为了中国人唯一共同的文化基因。并且，由于教材的延续性，这种共同的历史记忆不仅是共时性的，也同时是历时性的——无论文化主体出生于八十年代，还是新世纪，从基础教育阶段语文课本积累的文言样本库却是同一个。

美国学者本尼迪克特·安德森在其代表作《想象的共同体》一书中，详细分析了"民族主义"是如何在媒介意义上生成的，尤其，他指出了报刊印刷对于构筑民族国家的显著作用：使广大民众将看不到的他者在这种想象性的接触当中形成一个共同体。而在当今媒介爆炸的时代，印刷物甚至网络信息呈数量级的爆炸，在这个时代，人们如何通过"共同记忆"识别出彼此，宏观的认同如何可能？尤其对于"95后""00后"这些有记忆以来即暴露在丰富信息当中的青少年，有何共同记忆可言？且不说网络上的信息要出于自我兴趣的筛选和种种具体环境的影响，就连卫星电视台甚至都在淡出历史舞台（在大众文化的意义上，再也没有公共性的文本语境，再也不存在一个共同记忆当中的"孙悟空"或是"还珠格格"）——共同的历史记忆便只能附着在义务教育阶段的古诗文典故和名篇上。

而这样的一种历史谱系，也就构成了齐泽克意义上"想象的真实"[①]——被所有人设定为存在的想象，在这种默契下成为一种完备的真实。"古风"的意象当中，存在一种拟古的想象——想象性的祖先于是和现代中国人整体产生了联系。这是一种由管中窥豹式复原的想象性建构——由一系列常见的典故（往往在历史上形成孤立点形态的分布，而在想象性重构当中被强行联系成整

---

① 见齐泽克2004年演讲纪录片，Slavoj Zizek：*The Reality of the Virtual*

体）构成"拟古"，而这部分典故同时常见于高考作文。古风歌手李玉刚的单曲《李》当中，列举了各种姓李的"古人"，从飞将军李广到"倾国倾城"的李夫人，都是语文课本当中的熟悉面孔——这种咏古歌曲不胜枚举，另外一个被引用最多的文本则是必背篇目当中的老朋友李清照。"古风"歌曲与语文课本的亲缘关系，远远不止体现在其内容上，更值得注意的是语文课的注释体裁被应用到了"流行歌曲"当中：在不同的古风歌曲当中，均出现义务教育时期语文课本书下注释式的脚注格式，例如《李》在 B 站上的官方版本，就有下沉的自发弹幕担任"注释"的工作，而其圆圈数字或方括号式的注释文本都令人感到莫名熟悉，试举一例：2018 年秋季学期，北京大学研究生会官方公众号发表推送《燕园秋》：这是一首北大研究生所作的原创古风歌曲。而在这篇官方推送中，我们就可以观察到上面提到的注释文体——这种数字标注式的注释文体也是一种对九年义务教育语文课本有意无意的模仿。形式与语体风格都有相同的源头；第十二条注释的写作，可以看出是中学语文学习的高手——正能量升华骈文式的语文解题语体。

歌 词

窗前银杏，几度凉秋，几度斜阳。

念红楼飞雪[1]，满湖留殇；

青袍白马[2]，意在何求，

雨打石舫[3]，夜落微凉；

春花秋草，亦作诗行。

漫步未名湖[4]边，

鸳鸯成双，留得水面波影长。

博雅塔[5]的疏影里，

琴声声绕梁[6]，最念情长。

重逢流年难忘，恐时光苍老亦彷徨。

看一树银杏，有露有藏[7]；

千花连理[8]，倚红妆[9]。

隔空喊话[10]，回首燕园

一眼万年勿相忘[11]。

秋去也，唯月明如昨，不抑不扬[12]。

[7]"有露有藏"：描绘银杏叶交叠的图景，通过"露"和"藏"，反映的是阳光透过树叶洒下来的"光"与"影"。

[8]"千花连理"：描绘百花齐放的盛景。

[9]"倚红妆"：红妆可指女子，亦可指姹紫嫣红的花儿。倚红妆好比好看的女子倚靠在树上，看着千千万开着的花儿们。

[10]"隔空喊话"：此处指毕业生身在异乡、异国，远离校园，对母校的呼喊。

[11]"一眼万年勿相忘"：萍水相逢，一眼万年。表达对母校的相互勿忘。

[12]"秋去也，唯月明如昨，不抑不扬"：秋去也，说了秋天这么多缅怀与小伤感。"唯有月亮明亮像昨天一样"，意味着生活如旧，时间轮转，日子一天天的雕刻我们的生命，今晚上也不例外，月亮跟昨天一样圆，没有经历了愁苦的压抑，也没有浮躁张扬，而是暗示了一种生命永恒的坚定的信念感。

　　这种重构共同历史记忆的方式与举国的教育选拔体制相互卷入：语文课本撰写的文本选择与阐释话语促成了古风的主流风格和格式，同时，古风的写作又因此受到中学语文老师的青睐，从而以范文等方式进一步卷入教育体制内。而进一步地，二者同时作用，促成了新一代有关"中国"的"想象的共同体"认同，这种认同同时横跨了疆域地理与历史时间，而以语文课本及其衍生文本（古风）为媒介，某种程度上覆盖了全体中文网民，因为拼音和古文阅读存在于同一套教材与考试系统当中。

　　另一方面，这种共同体的想象性建构与传统的"民族国家"所不同之处，在于其消费元素化（可移植），而这也是以"古风"为代表的新型网络文化能够进行文化输出的基本条件——在仿照日本 ACG 二次元文化的商业结构下形成了自己的集群。在传统的二次元文化中，所谓的萌点（吸引人喜欢的特质，也即流量 & 周边经济的中心），全部都是可移植的消费元素。这种建构类似"变装游戏"，以人设为中心，同时伴随着文本的死亡。对消费元素的膜拜，以李玉刚为例：古风圈知名的"玉先生"，实际上根本没上过大学——然而这并不妨碍在他的视频中有着大量类似"玉先生好有文化"弹幕的感叹和追捧。在消费纪元前长大的人类可能不理解这种情感从何而来：没有读过大学的反串歌手，如何成为了"有文化"的代表？早在前十年，民国"先生"热潮①，恰恰是这种人设

---

①　参见祝鹏程《怀旧、反思与消费："民国热"与当代民国名人轶事的制造》，《民族艺术》2017 年第 5 期，第 28—35 页。

消费的先声:从民国的知识分子被称为"先生"开始,传奇化与标本化的膜拜对象渐渐在网络空间落成了,而这种膜拜对象同时也是凝视对象,其本质是消费对象。

3.歌唱与反歌唱——以洛天依《权御天下》为例

就演唱方式而言,古风歌曲的演唱大多采用了二次元配音演员的常见声线:声优音(作为一种超级拟真的声线)——这种发音往往发声部位靠前靠上,共鸣腔小(因为录音与调音条件的便利,使得传声与共鸣不再成为歌唱的先决条件),发音为标准普通话语音,同时具备明显的配音声腔:而这种声优式声腔,与传统的歌唱方式在本质层面上恰好是相反的。

纵观人类历史上的歌唱行为,无一不以追求共鸣腔的打开为一入门标准,而以表达本真性的情感为其功能:在这样的前提下,特定音高节奏的人类发声才固定成为了"歌唱"的形式。然而,在 21 世纪,出现了这样的一股潮流:对歌唱的模拟行为驱逐了歌唱本身——歌唱不再与"本真性"相关,也逐渐超脱了人类肉身性的存在。一个非常典型的例子就是知名古风歌曲《权御天下》。在众多古风歌曲中,《权御天下》无疑可以进入知名度最广的行列。歌词内容乃是用古风韵文歌咏了(以三国演义人设为蓝本的)孙权。与虚拟歌姬初音未来①的代表作《千本樱》一样,这是一首内容上化用历史典故,而配有电子合成音色的急速摇滚歌曲——不涉及情绪的"燃",旋律上变化不大(均质时间),而其高速的节奏感给人以高度卷入感(俗称洗脑)。其节律快而规则使人精神上加速起舞。这首曲子最先锋的地方首先体现于其(首)演唱者——一个极端的例子:VOCALOID 语音合成歌姬洛天依②。在演唱上,A 段结束之前根本不需要换气的《权御天下》,每一个段落内部都很明显地没有气口;真人无法模仿的除了可以无限上升的音高以外(这被很多人工歌姬的粉丝奉为一种独特的能力),还有就是这种克服了人体呼吸韵律的自然节律,使得话语与呼吸无关,

---

① 初音未来(初音ミク/Hatsune Miku),是 2007 年 8 月 31 日由 CRYPTON FUTURE MEDIA 以 Yamaha 的 VOCALOID 系列语音合成程序为基础开发的音源库,音源数据资料采样于日本声优藤田咲。

② 洛天依是以 Yamaha 公司的 VOCALOID3 语音合成引擎为基础制作的全世界第一款 VOCALOID 中文声库和虚拟形象,音源为声优山新。与日本的初音未来属于同类。

甚至歌唱与呼吸无关。经过祛魅的人声在标准化的过程中将"多余"的信息全部丢弃。声音变成均质的变量，这种均质不仅在声音的物理性质上是连续渐变的，也同时在时空中均质。

一切受过音乐训练的人都知道呼吸对于歌唱与音乐演奏的重要性，汉语吟诵的呼吸式音步，是情绪的生命体征；西方传统的乐器合奏，从艺术歌曲与室内乐，乃至于大编制的交响乐团，其有机的运行都是靠指挥呼吸的暗示。呼吸是旧时代音乐韵律的本质，而在赛博空间中，呼吸必定被超越——就像没有咖啡因的咖啡和无酒精鸡尾酒一样，赛博空间中甚至出现了去除呼吸的歌唱。生命的生理物理因素作为不纯粹的组成部分都是被剔除的对象。"元存在"，先于物理存在的存在。于是，这里也自然出现了一种倒置：2018 年度中国好声音①舞台上出现了《权御天下》的翻唱。虽然参赛选手已经是高难度的专业演唱，与原唱相较却依然见绌，像是 Cosplay 一样笨拙而难以掩饰人类肉身的存在痕迹。除此以外，古风歌曲经常显示出欠缺情绪起伏而声音模仿均质声音的倾向，因此《权御天下》的火爆并非偶然或猎奇，而是源自一种先锋性的召唤。这种异质化的文本特征，完成了新世纪生存哲学的更替，人类感受的剥离，象征着存在主义之死。后人类的存在不能依靠肉身性的"存在主义"哲学："古风"歌曲是一种后人类存在。

结语

"古风"本是一种粉丝间的交流性称谓，而逐渐发展成流行音乐的一个风格子分类：其源起与中国风 R&B 音乐有着明显的亲缘关系，而在性质上又超越了前者，形成了一种虚拟现实（Virtual Reality）装置；同时，继承了中国风风格内部的视觉媒介属性，在媒介交替（从纯粹听觉的卡带到自带 LRC 歌词的网源 MP3）的时代体现了一种新型的人曲交互关系。尤其值得注意的是古风作为一种整体的风格，凝聚了当代中国"想象的共同体"的功能：以语文课本选

---

①　中国好声音作为华语地区最有影响力的歌唱类选秀节目，一定程度上界定了华语乐坛对于流行歌曲演唱的"标准"：话语权力体现在什么歌曲可以被唱，什么歌曲更值得被演绎。

段为核心意象，在信息爆炸时代实现了共同历史记忆的可能性，而这种共同记忆不仅在横向覆盖中华人民共和国版图，甚至在时间上跨越了代际。在民族共同记忆上重构古典意象，使得古风不能停留在粉丝圈的"圈地自萌"，而像"汉服"到"华服"的转变一样，逐渐被官方的"国风"文化谱系吸收。更进一步地，古风歌曲体现了流行音乐在21世纪的一种"后人类"走向：其唱腔高度赛博化与均质化，在节律与情绪上超越了人类肉身的呼吸特性，而作为一种电子化的感知对原生态的歌唱进行了替代。音乐作为自我技术的方式被不断推进，而赛博化的民族历史想象尤其值得我们保持关注。

（任思奇，北京大学中文系博士生）

Gu Feng Music as a New Way of Virtual Reality Living

Ren Siqi

Abstract：From the perspective of media research，we will explore the multi-level reasons for the popularity of "Gu Feng（古风）" culture in this article. The "Gu Feng" culture does not simply belong to its superficial category，such as auditory culture or fan culture，but further exists as a whole lifestyle，which is an excellent example of the vanguard in the study of virtual reality as a new media.

Through the comparative analysis of its predecessor "Chinese Style（中国风）" pop music，the first section of the article attempts to understand this youth cultural phenomenon from an in-depth perspective. Also，on the basis of defining "Gu Feng" as an internal "virtual reality" device，the second section uses the archaeology of knowledge to explore "virtual reality" as the internal device of the text vertically from time. In the third section of the article，we discuss the nature inside text，analyzing the media senses reflected by the "Gu Feng"，seeing the visual dominance of cyberspace from the Gu Feng phenomenon，as well as the invasion and substitution of this visual vulgarity for the traditional auditory space. In the last chapter, we will historicalize "Gu Feng" as a Zeitgeist and relate it to the social background: "Gu Feng" serves as a "new way of life", interacting with the existing media and cultural power structure in reality. Being an excellent model for the study of cyberspace, cyberlife and the construction of a new era of media, "Gu Feng" is not only studied as "Gu Feng" subculture itself, but as a "tribe" of the new way of life.

Keywords: Gu Feng; media; Chinese pop music; traditional culture; virtual reality; cyber space

消费主义背景下短视频内容的生产与传播[①]

田　宇

摘要：随着移动终端的普及和网络的提速，短视频在我国经历了爆炸式的增长，短视频这一传播形态在进入公众视野之后，逐渐被用户接受成为时下最具影响力的传播方式。短视频具备的巨大的流量、广泛的传播力为多渠道的商业变现提供了无限可能。在消费主义的背景下，短视频内容生产与传播所表现出来的形式为：瞬时彰显式的短视频内容生产、自组织的社群式短视频内容传播。

关键词：短视频；消费主义；内容生产；内容传播

随着智能移动终端的普及和资费的下降，网络短视频迅速抢占了市场。其中，泛娱乐化的短视频由于其轻松、幽默的表现内容和形式，受到了短视频消费者的青睐。同时，这种短视频消费也深深影响了受众的生活态度和生活

---

①　辽宁省社会科学规划基金项目"高校网络舆情管理体系建设研究"（L16BSZ031）阶段性成果；辽宁省教学改革课题"广告学专业'动车 129'模式'双创'教学体系改革与实践研究"阶段性成果；辽宁省社会科学规划基金项目"辽宁新媒体动漫文化传播策略研究"（L18BXW004）阶段性成果。

方式,并在潜移默化中影响着受众的消费心理与消费行为。

短视频是一种互联网内容传播方式,一般是在互联网新媒体上传播的时长较短的视频传播内容。根据目前通行的概念,短视频就是"通过移动智能终端实现播放、拍摄、编辑,时长较短,可在社交媒体平台上实时分享和无缝对接的一种新型视频形式"①。

一、短视频媒体中的消费主义现象

短视频制作具有成本低、传播速度快、更新频率高的优势,且拥有纪录短片、微电影、情景短剧、视频剪辑、直播等多种灵活表现方式,在日趋碎片化的时代,这种短视频的形式特别符合人们媒介消费的需求。一方面,消费主义盛行,受众对快乐体验和享乐价值的追求可以得到最大程度的满足;另一方面,以抖音、快手为代表的短视频产品获得资本的青睐,不只是互联网公司,包括传统的广电集团等也纷纷进入这个领域,在激烈的资本争夺下,也逐步形成了较为完备的产业模式。

短视频影像所形成的现代文化景观,在"被消费"和"被观看"之间,"观者"成为短视频消费的主体。"观看"有时代替了现实的社会体验和实践活动,"观看"使人产生身临其境之感,消费者容易满足于这种低成本的信息接受方式,在影像之流中随意飘浮,在被唤起欲望的同时,又将沉溺于视觉符号作为满足欲望的快捷方式。

在短视频所建构的声色犬马的世界中,用户被景观俘获,甚至沉迷于景观预设的情境中。然而,这种景观却是"速朽"的。受众在经历了视觉疲劳之后,曾经风靡一时的短视频达人们风光不再,更多新鲜的面孔带着他们的短视频作品出现在网民面前。也就是说,当下人们消费的,并不是具体的商品和服务的使用价值,而是短视频达人创造的一系列视觉符号产生的象征意义。

短视频的低门槛与全民参与性,为这种视觉符号的大规模涌现奠定了基础,而资本的大量涌入、流量刺激、商业变现等消费主义的基本逻辑则直接推

---

① 杨萍:《短视频传播热下的奇观消费及其意义缺失》,《传媒观察》2018年第22期,第28—29页。

动了这些视觉符号的大量涌现。

当前的中国社会,社会生活水准大幅度提升,物质极大丰富,这种社会条件下,消费主义就成了人们处理人与物之间关系的主要方案。在前市场经济,作为劳动的直接成果,物品的价值主要体现在其"实用价值",而不是"交换价值"。而在市场经济条件下,在交换的过程中,就会评估物品的"价值",这种评估就不会简单体现出劳动的"实用价值"。

在这个消费主义的大背景下,现代中国社会中,媒体的表现也和西方一样显现出了典型的消费主义倾向,这使媒体日益丧失了作为文化传播载体所应具备的启蒙、审美和教化功能,而强调文化消费功能。随着大众的物质消费繁荣,文化生活日益丰富,美国式的消费主义文化悄然渗透到中国城乡社会的各个领域,也培植了相应的受众群体。反过来,文化生产也必然会去迎合广大受众的文化品位。因此,成本低收视率高的短视频,对媒介组织而言是最符合市场要求、性价比最高的媒介形态。一些短视频达人也表现出了极强的号召力和强大的商业变现潜力,粉丝与视频达人之间的紧密关系直接创造了经济利益。短视频达人通过制造各种视觉奇观来激发受众的消费欲望,引导受众的消费行为,短视频达人身上所具备的个性特征和独特魅力成为了激发人们消费欲望的重要载体。

二、瞬时彰显式的短视频内容生产

作为一种"媒介瞬间",短视频大大降低了公众使用视频形式来记录生活的门槛,生活瞬间的琐事一下子充满了独特的"意义",在对他人生活的窥探中,可以再现一种视觉奇观。

媒介生态环境的不断变化和现代信息技术的不断更新,使得新媒介形式层出不穷,这使传播渠道不断推陈出新,也给普通受众一个崭新的机会。在短视频制作、传播过程中,不断提升性能的智能终端,市场中随时推出的各款视频 APP,每个人都可以通过这些软硬件来制作个性化的短视频内容。短时间内,我们就完成了从"人人都有麦克风"到"人人都有摄像机"的转变,"新兴媒介赋予了大众诸多权利,不仅打破了传受双方以往的角色界限,还保障了个人在政治、经济和文化等各个方面的话语权"①。

（一）媒介瞬间

从"媒介事件"到"媒介故事"的转向中，我们似乎看到了媒体话语从国家到市场的转向，以商业媒体主导塑造的"媒介故事"解构了一家独大的国家媒介话语体系，逐渐开始关注日常生活。在现代的传媒生态环境中，完全可以赋予短视频一种全新的意义，即"媒介瞬间"（Media Moments）。② 通过这些"媒介瞬间"，人们重新凝视并重视自己和别人生活中的意义瞬间，在此过程中，"意义"由个体独立完成，并赋予其独特意义。现在，随着媒介技术的不断进步和不断发展，它为我们提供了新的文化形式的可能性。加之，网络空间是一个虚拟的世界，也是一个不具有任何线下身份标识，至少表面自由平等的空间，在这样一个虚拟匿名的空间中，大众所进行的文化活动和发生的事件，都是一种文化形态，再由一个个文化事件构成的"狂欢"，在网络中通过口号、恶搞、反讽，来表达一种狂欢化的情绪。短视频形态正适合这种狂欢式表达。

（二）"媒介瞬间"在短视频中的体现

现代信息时代，是一个视觉符号占统治地位的景观社会。短视频正是日常生活视觉化的文化表征，随着现在创作门槛的不断降低和网民创作热情的持续提高，这种"媒介瞬间"在自媒体短视频中愈加凸显。而随着大众生活与移动互联网的联系越来越紧密，短视频与日常生活的深度结合使得用户的认知和思维方式都在一定程度上受到了短视频的影响。在碎片化的时间里，很多人选择观看短视频来打发时间，例如坐车的时候、等人的时候、独自吃饭的时候等。在观看的过程中，很多人也会拿起手机，试图拍摄一段自己的短视频来记录自己的碎片化生活。在网络人际互动过程中，短视频则经常被作为交流的谈资和沟通的工具。

目前时下最流行的 VLOG 拍摄，即是短视频创作者对于自己日常生活的记录，在一个较为宽泛的主题下，比如旅行、吃饭、工作，VOLG 的创作者们尽

---

① 王晓红、包圆圆、吕强：《移动短视频的发展现状及趋势观察》，《中国编辑》2015 年第 5 期，第16—17 页。

② 于晓娟：《移动社交时代短视频的传播及营销模式探析》，《出版广角》2017 年第 1 期，第 111—112 页。

情发挥，记录着自己平凡而琐碎的生活。这种记录对于很多传播者来说可以是生活中的小仪式感，对于受传者、观看者来说，则是期望在这种虚幻的气氛营造中找到与自己生活交织的类似点，找到心理的一种共鸣，甚至是满足自己的窥私欲。

三、自组织的社群式短视频内容传播

物以类聚，人以群分。随着互联网时代的发展，人们的社会交往变得丰富起来，移动互联网为受众的精神世界交流提供了平台，人们因共同的兴趣爱好聚集在网络中，沟通信息，表达情感，形成网络社会中的虚拟社群。短视频成为独特的媒介产品，在虚拟的世界中起着重要的传播作用。与传统社群不同的是，网络虚拟社群成员通过信息传播维护其结构与关系。通常情况下，虚拟社群结构松散，同一社群成员之间形成"弱联系"，生产传播行为具有很强的随意性。社群成员拍摄、编辑、播放或评价短视频的行为基本为自发行为。

（一）依托于短视频平台的虚拟社群

2009 年开始运行的视频网站哔哩哔哩打破了传统社群的交流方式，通过悬浮于视频上方的实时评论功能（弹幕）聚集用户，构建社群。在弹幕互动中，哔哩哔哩弱化了社群成员的个体指向性，强化了群体同一性。

这种群体同一性在短视频时代更为明显。个体通过互联网及其提供的平台形成"虚拟空间"的社群，作为"使用与满足"模式中的"积极的"用户，只有当他们感到其需求存在问题，并察觉到可能存在的解决方案，该需求才引发行动。人们通过短视频来满足表达和沟通、人际交往、信息获取、娱乐消遣以及碎片化阅读的需求。于是，需求转换为动机，社群成员将这种动机落实到具体行为上——使用短视频内容来获得"期待的满足感"。伴随着短视频的火爆，社群传播也逐步凸显了出来。例如，快手、抖音等短视频平台已经凭借各自在短视频细分市场上的定位，沉淀了不同的受众，这些受众不断聚合，又形成了各具特色的虚拟社群。

1.受众角度

从受传者角度来看，观看短视频，一方面是为了获得精神上的愉悦，另一方面是也为了满足自身的窥私欲。在这个快节奏的现代生活里,人们经常会感受到巨大的压力,这些有着共同感受的人在平台上逐渐构成了一个有着共同需求的虚拟社群。在这个虚拟社群中,网民们相互分享,各自都试图获得精神上的愉悦和满足,在一定程度上缓解了大家在社会转型期的焦虑感。本质上,这种聚焦于平民生活的短视频形态能够火爆,就是对传统严肃、精英媒体的一种反叛,其流行和繁荣迎合了某一部分人的文化趣味,是一场社会化媒体时代平民化的集体创作和狂欢,在这场狂欢中,短视频无疑为大众狂欢提供了"广场"。

个体参与社群组织,加入公共议题的讨论,可以从中寻求到一种归属感,这种个体对于群体的归属感,是人类社会性的体现。在现代传媒环境中,虽然公众是在被动接受社会信息,但是,在这个过程中,公众也在追寻着群体的认同。短视频的表现形式,就使得其可以充分体现出个体的情感,然后传播出去。而且,由于短视频之"短",也就导致其无法通过复杂叙事来传递信息,因此,在传播过程中,受众就会通过情感共鸣来形成群体认同,如果能够形成共鸣,就会刺激一个社群的形成。这就满足了个体对于群体追寻归属感的欲望,另一方面也通过个体的情感表达来形成对自身的情感唤醒,甚至上升为群体情感表达的代言。一旦形成了这种社群,则反过来又会加深这种群体情感的印记,形成独特的群体归属感,使社群趋于稳定,并吸引更多的人加入社群。

2.传播者角度

从传播者的角度来看,这种短视频传播,也是满足了传播者的情感表达与需求。制作、传播短视频,可以满足传播者的表达欲望,并打造出鲜明的个人形象。同时,在受到受众追捧和资本追捧之后,也会进一步刺激传播者的内容制作和传播行为。不仅如此,短视频营销还能做到病毒式传播的效果。短视频制作也能给创作者创造价值,不但能获得名气与粉丝,还能获得客观的经济回报,以至越来越多的人投身到短视频创作的行列中来。在经济的促进下,使短视频呈现裂变式的传播发展。

传播者所生产、传播的视频作品会不断刺激社群成员的情感共鸣,并逐渐强化这种共鸣,加强社群的凝聚力,这对于维护一个虚拟社群具有十分重要的意义。这样,就会逐步形成一个良性、闭合的传播系统与社群系统。

（二）短视频带来的话语权

在各大平台及传播技术的促进下，短视频也不再局限于用户自娱自乐，相对于图文类信息，短视频更具分享性和传播力。受众通过微博、微信等社交媒体，将短视频分享出去，从而产生更大的传播力。短视频的迅猛发展，打破了媒体的市场格局，很大程度上改变或消弱了社交媒体刚刚崛起时代意见领袖的传播能力，成为新晋的舆论话语者，并影响着现实生活中的人们。

从这个角度来看，在其他社交媒体里面，传统意义的大 V 已经逐渐离场，意见领袖也不再有那么巨大的舆论引导力，短视频在这个过程中，也起到了一定的作用。因为一些短视频已经成为舆论的导火线，一部分短视频达人成了新型的意见领袖。特别是在短视频社群中，通过自制短视频，可以充分引导社群内部成员。这些自制短视频，在制作过程中，就会充分考虑到社群内部成员的需求与情感趋向，这在一定程度上，也是充分尊重受众话语权的结果。同时，内容制作传播者对于已经掌握的话语权的使用也会特别谨慎，以避免短视频作品会影响社群的稳定。社群的群体话语权逐渐形成，并成为重要的信息传播节点，进而成为社交媒体中的一股重要力量。

（三）短视频传播的社群自组织

移动互联网时代，短视频的内容生产制作离不开策划、创意、生产和传播团队，在消费主义社会语境下，商业规则、市场预期、品牌孵化是推动短视频视觉奇观不断涌现的重要因素。人们不再是被动的信息接受者，而是主动依据自身的趣味去获取甚至是创造内容。当形成一个社群之后，人们在同一个主题下展开叙事，使得短视频内容具备较高的连贯性。共同性使人们走到一起，成为一个社群自组织。而这个社群中的成员因共同的兴趣、爱好及其他旨趣在网络空间中聚到一起，形成网络社会中的虚拟社群。

虚拟社群的线上内容及其产生的流量，可以为线下实际商品的开发宣传提供渠道，并实现盈利，与此同时，短视频的开发与传播，不仅可以让社群成员更多消费周边产品，而且还为自组织提供了新的盈利方式。一个虚拟社群能够获得必要的线上支持与线下资金支持，这个社群将会更加具有组织力、生命力。

　　总的来看,短视频作为一种特别的媒体形式,已经具备了较强的社群属性。虽然以短视频为纽带形成的社群还存在一些问题,但是,这种社群的形成已为既成事实,需要正视其地位与作用。

(田宇,沈阳工业大学文法学院副教授)

Production and Dissemination of Short Video Contents in the Context of Consumerism

Tian Yu

Abstract:With the popularity of mobile terminals and the acceleration of network, short video has experienced explosive growth in China. Short video, as a form of communication, has gradually been accepted by users as the most influential mode of communication. Short video has enormous traffic and wide dissemination power, which provides unlimited possibilities for muti-channel commercial realization. In the context of consumerism, the production and dissemination of short video content takes the form of instantaneous prominent short video content production and self-organized community short video content dissemination.

Keywords:short video; consumerism; content production; content dissemination

文化全球化的经验研究与理论发展

赵　菁

摘要：本文回顾了 20 世纪六七十年代以来有关文化全球化的经验研究与理论发展，梳理了文化帝国主义命题的提出与反思，探讨了文化接近、全球本土化、混杂等新理论模型中对于文化权力、文化流动的再认识。文章认为，在诸多批评文化帝国主义命题的基础上，克莱迪的"批判性文化嫁接"理论通过对文化混杂现象进行关系性的考察，将结构性因素与本土文化主体能动性相结合，重塑了文化帝国主义命题中对于西方主导文化权力的强调。

关键词：文化帝国主义；文化流动；文化接近；混杂；批判性文化嫁接

一、"文化帝国主义"

围绕"文化全球化"问题有很多的争论。其中之一便是全球化的结果到底是一个整体的全球文化出现，还是会带来全球多元文化？"二战"之后，位于第三世界的"边陲"国家普遍认为全球化进程的文化面向是由欧美所构成的核心国家的文化向边陲国家的单向扩散。在此过程中,传统的、本地的多样文化正遭受毁灭性的攻击,一个美国化的全球文化将是梦魇。在以英、美为首的西方发达国家倡导信息应像普通商品一样"自由流动"的同时,第三世界国家则主张信息的"公平与平衡流动"。1969 年,美国政治经济学者赫伯特·席勒(Herbert Schiller)全面考察了美国政府、军队、企业与大众媒介的关系,认为:

> 如果自由贸易是强大经济体渗透并控制弱小国家的一种机制,那么"信息自由流通"就是将生活方式与价值观强加给贫穷弱小国家的一种渠道……如果说人们已经比较普遍地认识到了自由贸易给发展中国家带来的危害,那么人们才刚刚开始认识信息流通在国际控制当中的重要性,甚至在美国也是如此。①

在书中,他将这一现象概括为"文化帝国主义"(cultural imperialism)。随后,这一观点得到了当时诸多国际传播实证研究证明。一个代表是在联合国教科文组织的资金支持下,诺登斯顿(Kaarle Nordenstreng)和瓦瑞斯(Tapio Varis)于 1971 年展开的对电视节目国际流动的研究。他们发现,在 20 世纪 60 年代中期,全球电视节目是从少数几个主要出口国向世界其他国家的单向流通,而美国出口的电视节目是所有其他国家总和的两倍。② 1977 年,联合国教科文组织对此问题专门聘请专家组成国际传播问题研究委员会。委员会主席马克布莱德(Sean Macbride)于 1980 年向教科文组织提交的最终报告《多种声音,一个世界》认同了"文化帝国主义"的基本假设,并强调各种文化的平等地位,以及文化作为一种公共资源、一种民族-国家文化的概念。③

---

① H. Schiller. (1971/1992). *Mass Communication and American Empire* (2d ed., updated). Boulder: Westview.

② K. Nordenstreng & T. Varis. (1974). *Television Traffic—A One-Way Street? A survey and analysis of the international flow of television programme material.* Reports and papers on mass communication, No.70 UNESCO, Paris.

③ S. Macbride. (1980). *Many voices, one world: Communication and society, today and tomorrow.* International Commission for the study of communication problems, UNESCO, Paris.

二、反思与新模型

尽管文化帝国主义这一命题在很长一段时间吸引第三世界国家及国际传播学者的关注,但其模糊的定义、宏观概括性的批判,自 20 世纪 90 年代以来在越来越多的实证研究中遭到质疑。基本上,对文化帝国主义命题的批判,主要围绕其三个暗含的假定而展开:1.全球文化产品是从西方(中心)向全球(边陲)的单向流动,美国电视节目几乎主导了全球市场。2.美国文化商品在全球流通占据主导地位,说明受众不加选择地接受了西方文化与意识形态。3.文化的本质主义,即形而上学地将文化视为绝对的、静止的、孤立的、不变的存在。而新的文化全球化理论模型,也在对这些假定的反思与批判中应运而生。越来越多的学者将全球化进程视为去中心化的"全球-本土"的辩证联结,并详尽分析发生在其中的文化混杂化现象。在这一过程中,东西方的文化权力也不再是简单的主导与被主导、支配与被支配的关系了。

1.区域内、区域间与反向流动

1983 年,同样在联合国教科文组织的资助与支持下,瓦瑞斯对电视节目国际流动问题做了追踪调查。研究发现电视节目的全球流动大体是十年前情况的重复,但与此同时,阿拉伯国家与拉丁美洲地区之间的电视节目流通有了显著增长。[①] 随后,越来越多的研究证实,美国文化产品在世界范围内并非完全没有遇到竞争。比如,巴西的 TV Globo 和墨西哥的 Televisa 不只在本国的电视市场份额中逐渐替代美国进口产品占据主导地位,20 世纪 70 年代开始,其节目更成功出口到其他拉美国家,甚至欧洲以及美国说西班牙语的国家与地区中。[②] 从阿根廷、埃及、香港以及印度出口电影、音乐、电视剧的情况也越来越普遍,甚至形成了区域媒体与文化中心。除了区域间的文化流动日趋频繁,1989 年日本索尼并购了美国哥伦比亚电影公司;1990 年松下并购了环球

---

① T. Varis. (1985). *International Flow of Television Programs*. UNESCO, Paris.

② J. Sinclair. (1992). *The decentering of cultural imeprialism: Televisation and globalization in the Latin world*. In E. Jacka (Ed.). *Continental Shift: Globalization and Culture*. Double Bay, Australia: Local Consumption. pp.89—116.

家庭娱乐公司［MCA（Universal）］。这一系列动作使得日本媒介集团在全球的影响力迅速提升,也使得文化的反向流动达到一个高潮。

近年来备受关注的韩国流行音乐（K-pop）的传播也是文化产品反向流动的有力证明。2000年伊始,K-POP首先以"韩流"（Hallyu）之姿横扫亚洲,成为一种东亚区域内文化流动现象,或仅在西方国家的东亚移民中流行。时至今日,K-POP的流行不仅在欧洲,乃至在既非亚洲也非西方的中东地区都普遍流行,而发展成为一种跨区域流动,甚或从东方到西方反向流动的文化现象。

2.受众:寻求"文化接近"与多层次文化认同

这一观察之下,20世纪80年代以来,国际传播学者开始反思文化帝国主义命题中对受众能动性的忽略。由于没有考虑受众在消费文化产品时与文本内容的互动,将受众看作缺乏反思、被动地吸收任何来自西方的信息与意识形态的"文化傻子",美国"文化支配"的概念在很多时候成为一个建构的想象。这种简单的视角已经被许多民族志研究所拒绝。

通过对巴西电视媒体和受众长期系统性田野考察和民族志访谈,美国学者约瑟夫·斯特劳巴哈（Joseph Straubhaar）在1991年提出"文化接近性"（cultural proximity）,并以此作为批判文化帝国主义的理论工具。他发现,虽然美国电视节目出口在数量上占据绝对主导地位,但是各个国家在黄金时间播出的主要为本国生产的电视节目。引进美国节目是为了填充多余的电视剩余时间,特别是在频道爆炸的年代。[①] 这一观察也得到同时期相关研究的确认。比如莫利（David Morley）和罗宾斯（Kevin Robins）发现,如果国内电视不能制作出同样水准的娱乐节目,美国进口的节目会受到欢迎。但是,如果有可替代的国内生产的娱乐节目作为选择,受众就会转向本国生产的节目。[②]

理论上,"文化接近性"包含两个层面的论点,受众要么会因为对本土文化更加熟悉而偏爱国家或地方层面的节目,要么会更加偏爱超越国家层面的区

---

① J. Straubhaar. (2007). *TV Exporters: from American Empire to Cultural-Linguistic Markets*, in J. Straubhaar. (2007), *World Television*. Thousand Oaks, CA: Sage. pp.167—194.

② D. Morley. & K. Robins. (1995). *Spaces of Identities: Global Media, Electronic Landscapes, and Cultural Boundaries*. London: Routledge.

域内的电视节目。前者如斯特劳巴哈对巴西受众的研究，发现作为地方的城市和作为地区的州的电视节目，在巴西人界定其文化身份时扮演了重要角色；[①]后者如日本学者岩渊功一(Koichi Iwabuchi)论述的日本文化产品在亚洲内部流动过程中对中国台湾民众产生的吸引力。[②] 总体上，"文化接近性"这一概念是从受众的角度出发，主张受众的"文化偏好"会为经济发展设置界限，使经济因素只能在其划定的范围内发挥作用，并在一定程度上保护其本土市场独立性。[③] 这也反过来说明，就算美国文化产品依然主导全球流通，它是否、或在多大程度上对本国、本土文化形成真正威胁，也要看受众在消费中的能动作用如何发挥。

斯特劳巴哈认为，受众的文化接近有不同层面，并进一步提出了"多层次文化认同"(multilayered cultural identities)，既包括受众在民族-国家之下、从地方习得的本土多层次文化认同，也包括民族-国家以上层次的跨区域文化认同。

仍以 K-pop 为例，就区域内 K-pop 的流行而言，许如婷发现混杂了韩国、日本与西方流行音乐风格与美学表演形式，K-pop 男团带给台湾地区女性粉丝一种多国文化元素混杂的身份想象。[④] 其所呈现的"花美男""阴柔"或"野兽气质"，分别关照了台湾地区女性不同的"阴性气质"需求；而其所带来的跨国、跨音乐类型的混杂风格，也让粉丝沉浸在"无味的"商品消费的愉悦氛围中。

就 K-pop 在亚洲与欧洲的区域间流动而言，访谈欧洲的粉丝，研究发现既有粉丝认为 K-pop 是一种高质量、理想的音乐类型，也有认为它具有表演特性，易于抓住旋律而跳舞；还有一些粉丝谈到最开始听 K-pop 感觉很奇怪，但这并没有吓跑他们，反而对 K-pop 产生了兴趣。因为它和阿拉伯流行音乐、更

---

① J. Straubhaar. (2007). *TV Exporters: from American Empire to Cultural-Linguistic Markets*, in J. Straubhaar. (2007), *World Television*. Thousand Oaks, CA: Sage.

② Koichi Iwabuchi. *Recentering Globalization: Popular Culture and Japanese Transnationalism*. Durham; London: Duke University Press, 2002.

③ 梁悦悦：《金砖国家经验与全球媒介研究创新——约瑟夫·斯特劳巴哈教授访谈》，《国际新闻界》2017 年第 3 期，第 56—73 页。

④ 许如婷：《台湾 K-pop 女性'迷/粉丝'的跨过消费与文化想象》，《传播与社会学刊》2014 年第 30 期，第 97—131 页。

主流的美国流行音乐相比，更能彰显自己的与众不同。也因此，当鸟叔《江南style》全球流行时，欧洲 K-pop 硬核粉丝反而并不买账。①

在全球很多地区，粉丝社群都成为 K-pop 全球化进程中一个至关重要的行动者。一项对奥地利的"韩粉"研究发现，欧洲 K-pop 的硬核粉丝早已从参与者转变为业余生产者，从旁观者变为推动"韩流"的赞助人。奥地利虽然国土面积不大，人口不多，K-pop 粉丝更不如英国或法国多，但与八个国家接壤，交通便利，这使得维也纳成为 K-pop 粉丝的聚集中心。很多欧洲的"韩粉"都愿意在这里举办各种粉丝活动，从而进一步推动了 K-pop 在欧洲的流行。② 另一项研究发现，中东地区 K-pop 的传播完全基于粉丝的自发驱动。硬核粉丝将自己看作文化使者，积极推动 K-pop 在其亲属、朋友间的传播。其中社交媒体发挥了建设性作用。很多在传统媒体难以获得的 K-pop 内容，无法在当地商店买到的 K-pop 商品，无法在这一地区上演的 K-pop 演出，粉丝全部通过网络获得，再通过社交媒体积极地参与到新内容的制作与传播中，进一步形成了组织化的粉丝社群，最终将这一新的文化产品植入到本土市场中。这些研究都强调了全球化形成的本土力量与粉丝社群的能动性。

3.从"全球本土化"到混杂理论：质疑文化纯粹性

对文化帝国主义命题的第三个重要批评是其对于"文化"的看法——将文化看作是与一个民族-国家紧密相连的有机整体。由于过于强调了文化的整体性，并假定了其单一起源，这一命题忽视了文化的多样性及融合性。

《媒介是美国》（*The Media Are American*，1977）一书的作者滕斯托尔（Jeremy Tunstall）在 1992 年也了修正了看法，认为美国媒体在今天仍然有重大的影响，但已不再占据主导地位。这并非由于美国节目质量下滑，而是对美国电视节目本土化过程所致。③ 类似的，罗伯森（Roland Robertson）观察日本

---

① O. Nissim. & L. Irina. （2014）. Hallyu across the Desert：K-pop fandom in Israel and Palestine，in *Cross-Currents：East Asian history and culture review*，volume 3，Number 1，2014，University of Hawai'i Press，pp.32—55.

② Sang-Yeon Sung. (2014). K-pop Reception and Participatory Fan Culture in Austria，in *Cross-Currents：East Asian History and Culture Review*，Volume 3，Number 1，2014，University of Hawai'i Press，pp.56—71.

③ J. Tunstall. (1995). Are the Media Still American? *Media Studies Journal*（fall），pp.7—16.

跨国公司的全球市场策略的变化,发现 20 世纪 90 年代,索尼公司"全球标准化"策略已被全球地方化市场策略所取代。这种全球策略并不寻求强行输出标准化的产品或形象,而会根据地方市场的需要量身定做文化产品。① 时至今日,这已成为众多跨国公司寻求打入某一地方市场的流行策略。

在这一观察中,有学者提出了"全球-本土辩证联结"这一新的理论模型,强调全球化过程中外来文化影响与本土文化实践之间动态的互动过程。虽然全球化确实会运用到一系列同质化的手段,且影响巨大,但是,文化全球化的结果并不意味着形成世界范围内的单一社会文化体。人们日常生活的本土文化常常致力于巩固自身防线,拒绝被单一的国际商业文化所束缚,从而产生抗拒全球化的本土社会运动。这些抗衡的力量减缓了全球化的压倒性冲击,每个跨国公司都必须与本土的文化资源相互结合,以"本土"民众的偏好为主才能壮大其规模。而一旦外来文化被地方性的政治经济和文化经济所吸收,这也同时意味着外来文化的本土化。在此过程中,由于每个社群的抗衡力量并不相同,文化全球化就并非一个具有相同终点的平行线。

罗杰斯(Richard A. Rogers)区分了文化利用的类型,在比较了文化交换(cultural exchange)、文化主导(cultural domination)、文化掠夺(cultural exploitation)后,进而提出了"文化嫁接"(cultural transculturation)的概念,明确质疑了前三种类型中将"文化"看作是有固定疆界的、单一起源的、可相互区别的概念。在"文化嫁接"的过程中,文化形态跨越时间与空间,与其他文化形态与场景相遭遇,并互相影响,从而变化出或创造出新的文化形态,并使文化场景为之改变。因而,在全球-本土动态的互动中,人们越发难以区分何为本地,何为外来。在本地"挪用"消费"外国"的文化产品过程中,很多时候即便美国文化也会被看作是"我们的"。比如,对日本或中国台湾年轻消费者而言,麦当劳已经成为"我们世界"的一部分,而不再代表美国生活方式。对他们来说,汉堡、薯条、可口可乐等食物不是外国的东西,它们根本就是"本地菜"。②

---

① R. Robertson. Globalization: Time-Space and Homogeneity-Heterogeneity. In Mike Featherstone. (eds.)(1995) *Global Modernities*. London: Sage, pp.25—44.

② [美]詹姆士·瓦森著,萧羡一译:《跨国主义与本地化》,载詹姆士·瓦森《麦当劳成功传奇:跨文化经营启示录》,经典传讯文化股份有限公司 2000 年,第 29 页。

在质疑文化的真实性与纯粹性后,这一概念提出真正值得关切的是引进本土后所造成的后果,即文化产品的翻译、变异、改编、甚至创造性混杂(hybridity)。"混杂"本来是指不同"种"的植物与动物交配之后所产生的新品种。在文化全球化以及后殖民的研究中,"混杂"意味着不但可以去除单一文化的想象和疆界,而且在交混杂糅的暧昧地带更能提供多元想象与抗拒的空间。① 在目前文化全球化的研究中,"混杂"已成为一个十分重要且使用频繁的概念。皮埃特斯(J. Nederveen Pieterse)将全球化定义为一种在混杂化进程中持续进行的"全球杂烩"生产,并认为混杂化视角有利于将人们的文化认识从领土/静态的模式(territorial/static mode)转向跨地方/流动的运动(translocal/fluid movement),从而意识到文化本质上是多种文化相互混杂的过程与结晶。②

汪琪与叶月瑜提出了文化混杂的三种策略:去文化化(deculturalization)、文化特色空洞化(aculturalization)和再文化化(reculturalization)。③ "去文化化"指的是将专属于某一文化的部分从文化产品中移除,多用于取材或改编自某一族裔故事、但以跨国文化消费者为对象的文化产品。"文化特色空洞化"指的是令一项文化产品不带有任何明显文化特色的手法,广泛用于一般以全球市场为对象的产品。"去文化化"是文化产品进入全球市场的关键,迪士尼版《木兰》是"去文化化"的典型案例。同样讲述木兰从军的故事,但经由"去文化化"的过程,任何可能造成跨文化理解障碍的传统中华元素都被淡化或移除,替父从军尽忠孝的价值观被重新诠释为一个提倡爱、勇气和女性独立的好莱坞现代故事。就"文化特色空洞化"而言,岩渊功一在分析日本文化商品在全球流行时注意到其中一个重要原因是这些产品普遍缺乏"日本味"。④ 无论是消费者技术(consumer technologies),如 VCR、卡拉 OK、Walkman;计算机

① 廖炳惠:《关键词 200:文学与批评研究的通用辞汇编》,麦田出版 2006 年,第 133 页。
② J. Nederveen Pieterse. Globalization as Hybridization. In M. Featherstone. (ed.) (1995). *Global Modernities*. London: Sage, pp.45—68.
③ 汪琪、叶月瑜:《文化产品的混杂与全球化——以迪斯尼版〈木兰〉与〈卧虎藏龙〉为例》,载《传播与社会学刊》2007 年总第 3 期,第 175—192 页。
④ Koichi Iwabuchi. *Recentering Globalization: Popular Culture and Japanese Transnationalism*. Durham; London: Duke University Press, 2002.

游戏(computer games)、漫画与卡通(comics and cartoons),这些 3C 文化产品中,所有有关日本民族、种族特性的标志与日本的基本生活方式都被摘掉了。因此,虽然这些文化产品风靡全球,但对它们的消费却并不能引起我们对日本生活方式的想象。比如受欢迎的日漫人物,大多是眼睛又圆又大、穿着及膝长袜、梳马尾辫的可爱造型。如日本文化研究学者东浩纪(Azuma Hiroki)所言,它们仅仅是生产者按照读者反馈,从各个成功的动漫人物身上搜集、分解并归类而成的非叙事的"萌要素"数据库"(non-narrative moe elements)。① 正是这种"无味的"(odorless)②文化产品确保了日漫成为畅销品,并加强了外销中的竞争力。

然而,"去文化化"与"再文化化"这两种混杂手段之下,所谓缺乏本国文化特色却是一种伪装,因为讲故事不可能不触碰到信仰、态度、价值观。当故事里的人物采取了行动,做出决定时,其所根据的信念与价值观就显现出来。这种文化产品被"去文化化"或"文化特色空洞化"的同时,无意间呈现的文化价值与特色,即为"再文化化"。例如,迪士尼版《木兰》中,替父从军被重新诠释为一个提倡爱、勇气和女性独立的好莱坞现代故事,这也是美国的核心价值观。

但是,如果混杂的结果仍然是美国化的价值观,这一理论对于"文化帝国主义"的批判就会失去锋芒。"混杂"理论的活力,还在于其作为抵抗西方权力话语的场域,斗争的不确定性,特别是开启新文化的机会。作为非西方的一方,同样可以通过混杂的手法,创造属于自己的"第三空间"。③ 汪琪与叶月瑜分析了在《卧虎藏龙》中李安如何通过同样的混杂手段,既争取了全球市场,又将传统中华文化意涵注入了影片,使之摆脱了好莱坞影片的特点。它让我们

---

① [日]东浩纪著,褚炫初译:《动物化的后现代——御宅族如何影响日本社会》,大鸿艺术股份有限公司 2012 年。

② 所谓"文化气味"(cultural odor),是指在对一种文化产品的消费过程中,所能感受到这种文化产品生产国的形象,或者其民族的意识形态、生活方式等。任何文化产品都会与其生产国存在各种各样的文化联系,这种形象通常包括奇异性,如日本武士或艺伎的形象等。然而,只有当消费一种文化产品时,能强烈的感受到其生产国当代诸种生活方式的形象时,文化商品的"文化气味"才形成。见 Koichi Iwabuchi. *Recentering Globalization: Popular Culture and Japanese Transnationalism*. Durham;London;Duke University Press,2002,p.27.

③ H. Bhabba. (1994). *The location of culture*. New York:Routledge.

看到，在资本主义电影工业体系之下，电影的全球化既可能是迪士尼般表面而肤浅的混杂拼接，也可能如《卧虎藏龙》般在"去文化化"之后有意地"再文化化"，实现其文化使命。

三、"全球文化景观"与"批判性文化嫁接"

如上所述，有关文化全球化的论辩在结构与能动的光谱中经历了从结构一方到能动一方的转移。但在此过程中，秉持结构主义的学者对这些新范式同样表示忧虑，认为由于没有处理结构性不平等，这些全球化理论有成为新殖民主义与跨国资本共谋的嫌疑，并丧失研究的批判性与政治性。他们看到：

首先，那些在过去曾占据主导/中心地位的西方国家依然以他们所有能抓住的资源努力维持这一地位。有影响力的跨国文化公司仍然局限于少数西方国家，且其大部分商业利润仍然会返还回这些国家。岩渊功一看到，虽然20世纪80年代末与90年代初，索尼和松下相继并购了美国好莱坞公司，但这并不代表全球文化的日本化，却从反方向上体现了美国的霸权地位。没有好莱坞提供的全球分销系统，《神奇宝贝》（Pokemon）等日本文化产品是无法获得全球影响力的。[①] 换言之，日本动漫产业之所以能够成为全球性产业，是依靠西方媒介的权力体系。即便在这一过程中形成了全球日本化，这也是一种美国化的日本化。

第二，去中心化的文化流动趋势也不能取代旧有的权力关系，因为当今文化流动仍然由深嵌历史之中的帝国主义与殖民主义地缘政治与权力关系所决定。全球大众文化成拱形地吸收不同的文化，意味着美国文化权力进入一个新的"磁性"阶段，虽然磁极消失，但效果仍旧存在。[②] 全球文化所展现的多样性，只是一种特殊形式的同质化。在持续的全球化进程中，"美国"已从一个符号转变为看不见的体系，其消费资本主义的逻辑已经深深渗透进全球化的整

[①] Koichi Iwabuchi. *Recentering Globalization: Popular Culture and Japanese Transnationalism*. Durham; London: Duke University Press, 2002, pp.37—38.

[②] Jean Baudrillard. *America*. London: Verso，1988，p. 115.

个进程之中，本质上仍然是美国霸权的文化框架。[①]

　　第三，区域间文化流动和反向流动的实证研究虽然质疑了文化单向流动的论述，但并未证明非西方"半中心"在全球范围影响力的上升已然威胁到西方主导的"权力几何学"。[②] 李安的《卧虎藏龙》虽然是在市场结构被美国严格掌控的情况下开拓出来的一种反向混杂与流动，但他的海外投资者以及他想要证明给全世界看的梦想，都使得"去文化化"势在必行，在中国与西方、传统与现代的冲突与协商中，把故事讲明白，靠的也必然是逻辑和道理，以及由常识所构筑的参考框架。考虑到这些，文化障碍是很难跨越的，本质上依然重叠了对美国文化的想象。因此，从美国角度而言，也许混杂的进程意味着美国文化权力的下滑；但从区域角度而言，它只不过代表了通过新的区域中心（如日本、韩国）而形成的美国权力再中心化。

　　换言之，这些新概念的提出，并不能让我们简单回到多元文化权力的视角，也并不意味着全球文化权力的平等。我们在关注能动性的同时，也需要同时考虑结构性因素的制约。

　　1.阿帕杜莱"全球文化景观"理论

　　在这一方向上，阿帕杜莱（Arjun Appadurai）将新的全球文化经济看作复杂、交叠又裂散的秩序。以人类学家之眼，他关注现代社会媒体和人群迁移同时移动的联合效应，认为移动的影像与去疆域化的观赏者相遇，二者一同造就了全球化的无规律性，形成了动态的、不可预见的关系。

　　从后结构主义概念中汲取养分，他主张探索全球化中族群、媒体、科技、金融、意识形态这五大景观（scapes）的关联。[③] 使用"景观"一词，旨在描述这些向度之间流动而不规律的状况。他将这五种景观视为"想象的世界"的建筑材料。所谓"想象的世界"是由遍布全球的个人和群体在特定的历史境遇中的想

---

① S. Leslie. (1991). *Sociology of the Global System*. Baltimore: Johns Hopkins University Press，p.135.

② Daya Thussu. *Mapping Global Media Flow and Contra-flow*. In Daya Kishan Thussu. (ed.) (2007). *Media on the Move: Global Flow and Contra-Flow*. London: Routledge, pp.11－32.

③ Arjun Appadurai. *Disjuncture and Difference in the Global Cultural Economy*. In Mike Featherstone. (ed.)(1990). *Global Culture: Nationalism, Globalization and Modernity*. London: Sage, pp.295－310.

象所构成的多元世界。在阿帕杜莱的全球景观理论中，想象不仅仅停留于人们的脑海中，更是一种作为社会实践的想象。它是所有主体形式的核心，是新的全球秩序的重要组成部分。比如，无论是私人利益还是国家利益所造就的媒体景观，总是倾向于以形象为中心、以叙事为基础来描绘现实世界，而观众们从中获取的是一系列要素（如人物形象、故事情节和文本形式），由此建构出想象的生活剧本——既包括自己的生活，也包括外在的异国他乡的他人的生活。这些剧本有助于建构人们心中关于他者的叙事，以及有关可能的生活元叙事和幻觉，而这些幻觉可能会激发人们占有和迁移的欲望。

可以看出，作为人类学家，阿帕杜莱的"全球文化景观"理论非常重视个体在日常文化实践中所具备的能动性。这与"全球-本土"辩证联结等诸种文化全球化理论相呼应。但与此同时，他进一步提出这5个景观维度归根到底是由那些既体验也构成规模更大的结构的势力操纵的，在一定程度上是由他们对这些景观的感知方式制约着。通过对生产拜物教和消费拜物教的分析，阿帕杜莱提醒我们，个人在全球文化体验中的自主权是有限的，受制于生产与消费背后更大的支配结构。

显然，这个被用来描述全球化过程的"景观"的概念，既是对不稳定、断裂的文化差异的把握，也是对支配性权力结构的一种描述。从这个脉络来看，全球化并非纯然解放性的，亦非是全然规训的。它是一个争议的空间，个人和群体在其中都试图将全球化的力量联结进本土的现代性实践。因而对于问题的分析，必须在具体的语境下进行，笼统地使用文化的同质化、西方化或多样化等概念予以界定难以回应现实。

不过，尽管阿帕杜莱意识到全球文化5个维度之后的某种支配性的权力结构，但语焉不详，且他对这种力量的态度及其影响评估呈现出矛盾的心态，并非贯彻始终。如在谈到消费拜物教时，个体的主体性完全消失了；然而在涉及民族-国家、文化传承问题时，又坚持其差异性与断裂的主题。根本上，对于断裂和差异性的过于强调使他对于资本的同质化力量、文化的自主性抱持过于乐观的态度。①

---

① 周娟：《阿帕杜莱的全球文化景观论》，《国外社会科学》2009年第6期，第96—101页。

2.批判性文化嫁接

相较阿帕杜莱对于结构性问题不甚成熟的分析,美国学者马尔万·克莱迪(Marwan Kraidy)提出"批判性文化嫁接"(critical transculturalism)这一理论框架,在一个批判的视野下对文化混杂进行关系性的、脉络的考察,以此整合文化帝国主义命题中对于结构性因素和文化权力的强调,以及"全球-本土"辩证联结视角中对于本土文化主体能动性的强调,从而将结构与意义同时串联进当代文化全球化中。①

克莱迪首先探讨了全球化研究中一直被忽视的"本土-本土"关系,以及本土社会空间之内的文化混杂现象,进而提出了"跨本土"(translocal)的路径,以此重塑了文化帝国主义倡导者加尔通(Johan Galtung)的"车轮模型"(wheel model)——以车轮的轮毂与车圈边缘比喻中心与边陲的关系,以及"轮毂-辐条-边缘"的单向度全球化进程。② 在研究中,克莱迪的关注点始终在于车轮边缘不同点之间的联结,而没有预先确定这种联结必须通过轮毂从中心发散。很明显,同"全球-本土"的视角一样,这种"本土-本土""东方-东方"的视角同样是一种去中心化的研究视角。但它又不局限于本土能动性的考察,而是通过分析非西方国家混杂的文化如何在互动中以及与西方的联系中被形塑,由此重新将文化权力问题提上议事日程。

同时,为了理解不同文化之间结构性以及主体实践因素,他提出"互为语境"的概念,描述混杂的文本与文化权力串联在一起的状况。③ 这里,"本土"并不仅仅意味着文化实践行为发生的自然环境或社会场景,也不是一个浪漫的接收文化混杂、反抗全球化的场地。"本土"本身也是一个混杂领域,一种关系性的存在。它一方面形塑了文化产品的生产与消费,同时在这个过程中,本土的文化实践行为也对本土语境进行建构,从而形成了文本与语境互相建构的文化现象。在这种"互为语境"的理解中,"混杂"不仅是"全球-本土"互动张力

① M. Marwan Kraidy. *Hybridity*, *or the Cultural Logic of Globalization*. Temple University Press, 2005, pp.149.

② Johan Galtung (1971). A Structural Theory of Imperialism. *Journal of Peace Research*, 2, pp.81—117.

③ M. Marwan Kraidy. *Hybridity*, *or the Cultural Logic of Globalization*. Temple University Press, 2005, pp.155—156.

下的文化多元的产物,而且也成为一种当代文化状况,建构了社会环境,同时也被社会的、政治的以及经济的环境所建构。因此,混杂结果以及权力关系的接合就不是注定的,而需要对具体情况和具体案例进行具体分析。

依据这种跨本土的视角,文化混杂既不是整体的,也不是多元的,而是合成的,我们需要在社会层面上理解各种混杂的规模与方向。比如,墨西哥 TV Azteca 公司复制英国系列剧 *Teletubbies*（天线宝宝）并在本土播出的 Tele Chobis 案例中,克莱迪阐释了各种结构性因素——墨西哥经济的自由化、TV Azteca 和 Televisa 之间激烈的竞争、当今国际版权动态等——如何形塑了 Tele Chobis 的混杂性。[①] 他研究了黎巴嫩的马龙派族裔中产阶级青年的媒介使用状况,他们与阿拉伯以及西方世界观之间的关系如何建构了本土的文化混杂,受众对混杂的媒介内容的阐释又是如何受到媒介政策与所有权结构的影响等。总体看,这些研究证实混杂并不是不同文化元素间平等的混合过程。不论是在黎巴嫩电视文本的接收中,还是在墨西哥电视节目的制作中,不平等的跨文化关系形塑了文化融合的大部分面向。这些案例都显示出政治经济权力与文化混杂之间的因果联系,也因此分享并实证了文化帝国主义论述中关于权力与文化变迁的命题。当然,这些研究同时也强调,混杂的过程与结果过于繁复,以至不可以像文化帝国主义命题那样用简单直接的政治经济因素进行解释,其结果也不是简单的西方主导,研究者需要在一个个具体的案例中理解混杂过程的复杂社会性结构因素以及文化主体之间的能动关系,而"批判性文化嫁接"的理论任务就在于此。

四、总结

总结起来,在结构与能动的光谱中,文化帝国主义的命题强调的是全球政治、经济结构对文化流动与接受的决定性作用,全球化的过程是建立在经济与文化权力中心对全球施加霸权的过程。其批评者则认为这种政治经济学的视

---

① M. Marwan Kraidy. *Hybridity, or the Cultural Logic of Globalization*. Temple University Press, 2005, pp.103—115.

角以高度意识形态化去过滤所有全球文化现象,是值得怀疑的。"本土化"的全球文化产品以及本土对全球文化产品的挪用,使得全球化过程呈现出一种"推拉对抗"趋势。文化在接触间产生吸收与去除,并将另一种文化加以转换。在这样的方式下,不同的文化可以交汇、嫁接,产生冲突,你争我夺,这种全球与本土之间的张力使权力的分配关系变得不再稳定,形成一种支配与臣服之外,相当不一致或不均质的关系。进而,在文化嫁接与混杂成为全球化"已然的"状况下,全球文化的空间存在于不同文化间而非一种文化内。"文化"作为相互关系网络在相互对话中存在,并在流动中赋予意义。[①] 当文化的真实性遭到质疑,文化权力也随之弥散在关系网络中。这种有关全球化的后殖民的论述与先前"由西方到全球"的线性思考模式有根本差别。它消除了中心与边陲的界限、拒绝本质先于存在的文化概念,以及其它形式的两极化思考,从而将我们由国家、社群、种族、阶级的界限中释放出来,展现出一个有如万花筒一样、不断变动的集体经验。

　　然而,仅仅从受众研究、文本分析的视角来批评"文化帝国主义"命题,却无法回应政治经济学派对结构性问题的忧思与关注。对文化帝国主义命题中盲点的再思考,要比一概否定更有建设性,因为这一命题对于全球现代性情况下文化价值与文化自主性问题进行了真切的关注。在这一点上,阿帕杜莱的"全球文化景观"理论勾连起对结构与能动的共同关注;克莱迪的"批判性文化嫁接"概念则以更加建设性的视角,在动态张力中考察文化混杂的趋势与程度,让我们认识到文化混杂并非在任何地方都能实现。在一个新的、更加复杂交互的本土-本土区域权力关系中,重新发现了全球化中不平等的、结构化的力量,并以此提醒我们,要在一定程度上对结构性问题做批判性的本土干预。

　　在这一点上,克莱迪实际上重新强调了全球化进程中民族-国家的作用,强调了这一跨越疆界文化流动的推动力从未从国家力量中脱离出来。从韩国政府在推动"韩流"中的不遗余力,到日本外务省以"酷日本"为外交政策,希冀以此振作经济并改善国家形象,我们无不看到民族-国家的重要作用。基于对

---

① J. Lull. *Media, Communication, Culture: A Global Approach*. Cambridge: Polity Press, 1995, pp.189－222.

这种政治-经济结构的考量，基于对全球资本主义体系的考量，全球化进程会以何种面貌呈现出来，混杂的后果如何，都需要我们通过对一个个具体的本土文化实践进行结构与能动的考察来说明。而身处全球化进程中的每一个人都应以自身的行动书写全球化的历史。对此问题的研究也应帮助各国政府与文化生产者对全球文化流动现状建立起批判性认识，摸索出更合理的文化治理方法，将全球化进程转化为让自身享有主动权的全球本土化，并促进全球文化多样性，促进文化间的平等对话与交流，从而建设一个更加美好的人类社会。

（赵菁，中国社会科学院大学人文学院讲师）

Empirical Studies and Theoretical Development of Cultural Globalization

Zhao Jing

Abstract：This paper reviewed the empirical studies and theoretical paradigm shifts on cultural globalization since the 1960s'. It argues that the proposition of "cultural imperialism" highlights the decisive role of global political and economical power，while the "global-local dialectic" stresses the local actors' role in resisting the global culture. Both the theory of hybridity and transculturation make a point that the cultural power has been decentralized. By combining the structural factors with the agents' active role，Kraidy's "critical transculturalism" model rediscovers the unequal cultural power in the trans-local process.

Keywords：culturalimperialism；cultural flow；cultural proximity；hybridity；critical transculturalism

美国儿童网络隐私保护的二十年:经验与启示①

汪　靖

　　内容提要:2018 年是美国《儿童网络隐私保护法》(COPPA)通过的二十周年。回顾美国立法的历史和执法经验,可以为中国未成年人网络隐私保护制度的构建提供借鉴。本文分为三个部分。第一部分概述 COPPA 发展的背景,包括社会背景和法律因素;第二部分考察了 COPPA 确定儿童年龄的立法过程,探讨其合理性及有效性,包括对欧盟 GDPR 的影响;第三部分重新审视 COPPA 关于父母同意机制的规定、执行情况与争议。最后基于上述分析,对我国未成年人隐私保护制度提出建议和设想。

　　关键词:美国;儿童网络隐私;COPPA;GDPR;未成年人保护

　　2018 年 10 月 21 日,是美国《儿童网络隐私保护法》(Children's Online Privacy Protection Act,COPPA)在国会通过二十周年的日子。"当年 COPPA

　　① 本文为教育部人文社科基金青年项目"新媒体规制视角下美国消费者隐私保护机制的形成与演变"(项目批准号:17YJC860020)的阶段性成果。

试图保护的儿童，如今大部分都已经为人父母。"①

二十年的时间，互联网世界发生了天翻地覆的变化。1998 年美国大约有近 1000 万儿童可以上网，②如今的调查则显示，全球大约 1/3 的网络用户是 18 岁以下的未成年人。③ 社交网站、移动应用程序、可穿戴智能设备等几乎无时无刻不在收集着个人数据，增加了网络隐私风险。而未成年人因为其独特的行为特征、情绪波动性和冲动性，被认为比成年人更容易在网络上受到伤害。④

鉴于网络隐私风险的增长和公众的关注，各国决策者均推出对未成年人实施网络特别保护的法案。欧盟新通过并于 2018 年 5 月 25 日正式生效的《一般数据保护条例》(GDPR) 首次明确规定，未成年人比成人需要更多特别保护，并在处理未成年人的在线个人数据方面引入了 COPPA 的父母同意机制。⑤ 目前，中国相关立法部门正在制定《未成年人网络保护条例》，其中也涉及未成年人个人信息保护的问题。⑥

作为新规定，不论是欧盟的 GDPR 还是中国的《未成年人网络保护条例》，必将面临实际实施的挑战。然而，美国的 COPPA 已经为针对儿童的网络运营商提供了实施细则，并拥有二十年的执法经验。美国的经验可以为中国未成年人网络隐私保护法律制度的构建提供借鉴。

本文分为三个部分。第一部分概述 COPPA 发展的背景，包括社会背景和法律因素；第二部分考察了 COPPA 确定儿童年龄的立法过程，探讨其合理性及有效性，包括对欧盟 GDPR 的影响；第三部分重新审视 COPPA 关于父母

---

① FTC. Happy 20th birthday, COPPA (2018). https://www.ftc.gov/news － events/blogs/business－blog/2018/10/happy－20th－birthday－coppa. accessed 8 December 2018.

② 胡元琼：《网络隐私权保护立法的能与不能——以美国〈儿童在线隐私保护法〉评介为中心》，《网络法律评论》2004 年第 4 期，第 152—185 页。

③ Sonia Livingstone, John Carr and Jasmina Byrne. "One in Three: Internet Governance and Children's Rights", (2015) Global Commission on Internet Governance Paper Series No.22.

④ Judith Bessant. "Hard Wired for Risk: Neurological Science, 'the Adolescent Brain' and Developmental Theory", *Journal of Youth Studies*: (2008)11(3) 347,358.

⑤ 在 GDPR 之前，欧盟的信息隐私保护是为"一般个体(everyone)"而设计的。从 1995 年起，未成年人是被 95/46/EC 指令规定的一般年龄数据保护条款所覆盖，并没有特别关注儿童数据的处理。

⑥ 2016 年 9 月 30 日，国家互联网信息办公室发布《关于〈未成年人网络保护条例(草案征求意见稿)〉公开征求意见的通知》；2017 年 1 月 6 日，国务院法制办公室发布《关于公布〈未成年人网络保护条例(送审稿)〉公开征求意见的通知》。

同意机制的规定、执行情况与争议。最后基于上述分析,对我国未成年人隐私保护制度提出建议和设想。

一、COPPA 发展背景概述

COPPA 是美国首部有关儿童网络隐私保护的联邦法律。它要求针对儿童的商业网站和在线服务者在收集或使用 13 岁以下儿童的个人信息之前必须取得其父母的同意,从而为 13 岁以下儿童的网络隐私提供专门的法律保护。总的来说,有几个驱动因素——包括社会背景和法律因素——在将儿童作为特殊数据主体专门立法保护方面起到了重要作用。

(一)社会背景

以下几个方面可以被视为 COPPA 通过的社会背景:

第一,在 20 世纪 90 年代初的美国,网站对儿童网络用户个人信息的大肆收集已带来极大风险,引发了新闻媒体的报道和公众的关注。当时互联网已日益成为推销产品和服务的主要渠道,而且儿童网络用户的数量越来越多。网络的互动性使营销人员可以通过聊天室和讨论板来收集儿童的注册个人信息,可以追踪儿童网络用户的行为并投放定向广告,也可以通过赠送礼物以换取儿童个人信息。此外,很多游戏网站或者网络书店在要求儿童填写的问卷中,内容甚至包括家长的收入、电子邮件地址、家庭地址或信用卡号码。因此,家长在不知情的情况下,其隐私权也有可能受到侵害。更有甚者,这些收集儿童及其家庭信息的营销人员还将这些信息汇编成册,并出于商业目的出售给第三方。这种收集和销售个人信息的行为极易为犯罪分子所滥用,给儿童的生命安全带来风险。美国有线电视新闻网(CNN)于 1995 年 12 月 14 日报道,查询服务(look up services)可用于定位儿童:“没有任何法律可以阻止一个陌生人拨打 900 号码并获取有关您孩子的信息。事实上,直到几个星期以前,R.Donnelley 的一家子公司就提供了这样的服务。”哥伦比亚广播公司(CBS)的一名电视记者能够轻易使用一个臭名昭著的杀手的名字购买一份儿童姓名的清单。《旧金山观察家报》于 1996 年 5 月 12 日报道:“为了证明恋童癖者获取儿童邮件列表是多么容易,洛杉矶一家电视台报道了它是如何获得一份居住在帕萨迪纳地区的 5500 名儿童的年龄和地址的详细清单。它只需向芝加哥一家数据库公司支付 277 美元即可。"①

第二,一些民间组织开展的研究收集了有关儿童互联网使用和相关网络风险的经验数据,这些数据为政策制定者提供了依据。1996 年媒体教育中心 (the Center of Media Education)进行的研究表明,幼儿无法理解揭露其个人信息的潜在影响;他们也不能区分网站上的事实性材料和围绕四周的广告。虽然有些家长试图监控孩子上网的情况,但其中许多人因缺乏时间、计算机技能不足或缺少风险意识而无法提供恰当的保护。② 1995 年新闻媒体报道后不久,电子隐私信息中心(Electronic Privacy Information Center,EPIC)致函当时的联邦贸易委员会(Federal Trade Commission,FTC)委员克里斯汀·瓦尼 (Christine Varney),请求 FTC 对报道中正在销售儿童个人信息的 R. Donnelley营销公司进行调查。③ 1996 年 9 月,EPIC 主任马克·罗滕贝格 (Marc Rotenberg)在国会作证支持立法保护儿童隐私,认为市场营销行业存在足够的问题需要国会采取行动,行业自律不适合解决儿童隐私保护问题,不应该等到有儿童被杀害之后才开始立法。④

第三,政府机构的实地调查使人们认识到在针对儿童使用的网站和在线服务方面仅靠行业自律远远不够,亟需立法保护。1998 年,FTC 对 1400 多家网站的隐私实践进行了调查,并在向国会的报告中汇报了调查结果,结果显示业界对最基本的公平信息实践原则(FIPs)——告知原则——的执行远未能达到保护消费者所需的程度,有效的行业自律尚未形成。FTC 建议国会在儿童

---

① 以上报道参见 EPIC 关于 COPPA 历史的介绍 https://epic.org/privacy/kids/default.html, accessed 8 December 2018.

② Center for Media Education,Web of Deception:Threats to Children from Online Marketing, 1996 available at http://www.cme.org/children/marketing/deception.pdf; see also supra notes 1-2.

③ 参见 EPIC 给当时的联邦贸易委员会委员 Christine Varney 的信。https://www.epic.org/privacy/internet/ftc/ftc_letter.html

④ 参见 Rotenberg 在国会的证词。这句话意指 1994 年美国国会通过的《驾驶员隐私保护法案》 (Driver's Privacy Protection Act)是在女演员丽贝卡·谢弗被疯狂的影迷杀害之后才出台的。这位影迷就是从加利福尼亚州机动车辆管理局获知她的地址的。https://www.epic.org/privacy/kids/EPIC_Testimony.html.

网络隐私领域专门立法,让父母可以控制从儿童那里收集和使用个人信息的行为。①

(二)法律因素

美国对于隐私保护问题,公私有别。20 世纪 70 年代"水门事件"的曝光,触动了美国社会对于警察政府的敏感神经,催生了 1974 年《隐私法案》,该法案主要强调联邦政府对个人信息收集和利用的公平性和正当性。在私人领域,出于对市场调节的信奉和支持信息技术发展的考虑,美国采取"零售式"分散立法模式,针对特定行业或领域内的个人信息收集和利用问题单独立法。②COPPA 就是在这样的立法思路下制定的。

其次,美国法律的制定都要面临是否合宪的考量。为了全方位地保障儿童网络权益,美国政府制定了一系列相关法案,内容包括儿童网络隐私保护、对不良网络信息的监管、禁止儿童色情制品的网络传播等。但是,对于网络内容的监管需要受到联邦宪法第一修正案的制约,因此国会为保护未成年人而制定的关于内容管制的法案也时常面临合宪性的争议。从 1996 至 2000 年,国会先后通过了五个关于未成年人网络保护的法案,其中三个被判违宪。1996 年 2 月 1 日,美国国会通过了《传播净化法》(Communications Decency Act,CDA),法案规定:禁止互联网向未满 18 岁的未成年人发放或展示猥亵或明显令人不安的信息内容。该法案在 1997 年"雷诺诉自由联盟案"中被最高法院宣布部分违宪,原因是法院认为该法案损害了宪法《第一修正案》所保护的言论自由价值。同年通过的《儿童色情保护法》(Child Pornography Prevention Act,CPPA)禁止传播以青少年性行为为描述对象的内容,于 2002 年被判违宪。1998 年 1 月国会通过的《儿童在线保护法》(Child Online Protection Act,COPA)要求商业网站对未成年人屏蔽掉对他们有害的内容,是美国政府试图规制网络色情的再一次努力(该法案被称为 CDA 之子),但仍在 2009 年以失败告终。从上述法案的命运可知,试图对网络内容加以规制的

---

① FTC. Privacy Online: A Report to Congress. June 1998. https://www.ftc.gov/sites/default/files/documents/reports/privacy-online-report-congress/priv-23a.pdf. accessed 8 December 2018.
② 张新宝:《从隐私到个人信息:利益再衡量的理论与制度安排》,《中国法学》2015 第 3 期,第 38—59 页。

立法尝试最终几乎都在与宪法第一修正案所保护的言论自由价值的较量中落败。然而，这"并不能说明互联网不需要规制，而是折射出了人们对政府过度规制互联网的担心"①。对于宪法第四修正案所捍卫的另一种法律价值——隐私权的保护，却在 COPPA 的顺利实施中得以确认。对于网络运营商大肆收集、出售个人信息的行为，政府规制的合法性毋庸置疑。COPPA 的成功除了个人信息泄露问题已带来极大风险之外，还在于它将规制的重点从网络内容转向网络运营商的信息收集行为，这种转向一方面回避了与言论自由价值的冲突，另一方面与保护个体隐私权的基本价值相符。

二、COPPA 确定的儿童年龄及其影响

各国对于确定未成年人同意数据处理的年龄标准并不一致，欧洲数据保护专家甚至讽刺地称之为"百万欧元问题"，即"儿童在什么年龄才有权同意处理他们的个人数据"的问题。② COPPA 规定在收集 13 岁以下儿童的个人信息之前必须取得其父母的同意；欧盟《95 指令》并未明确规定同意的年龄限制；欧盟 GDPR 规定 16 周岁以下的用户，其同意应当由父母或监护人作出，成员国可以根据各国情况将年龄限制下调，但不得低于 13 周岁。以下我们将探讨为什么确定儿童年龄是一个困难的问题，以及 COPPA 在这个问题上的立法过程及其合理性和有效性。

（一）儿童的概念及其法律能力

确定未成年人同意数据处理的法律能力是一项复杂的任务。这种复杂性源于对童年的概念，包括关于儿童的需要和能力以及它们如何随着成长而变化的观念，③以及特定国家的历史、文化和社会遗产。联合国《儿童权利公约》

① 戴元光：《美国关于新媒体规制的争论》，《当代传播》2014 年第 6 期，第 51—62 页。

② Giovanni Buttarelli. "The Children Faced with the Information Society", 1st Euro Ibero American Seminar On Data Protection："Children's Protection" Cartagena de Indias (2009) <https://secure. edps. europa. eu/EDPSWEB/webdav/shared/Documents/EDPS/Publications/Speeches/2009/09—05—26_Cartagena_children_protection_EN.pdf> accessed 8 December 2018.

③ Arlene Skolnick. "The Limits of Childhood：Conceptions of Child Development and Social Context", (1975) 39 Law and Contemporary Problems，38.

(Convention on the Rights of the Child，CRC)将儿童定义为 18 岁以下的个人，美国 COPPA 草案和欧盟 GDPR 草案也遵循了这一立场，但却因种种原因并未纳入最终版本(将在下文讨论)。

然而，考虑到数据保护权属于儿童而不是他们的监护人(他们只是被指定行使这些权利)，直到 18 岁为止的法律行为能力很容易被看成是过度保护的。根据联合国儿童权利委员会的要求，应越来越多地就有关儿童的事项征求儿童的意见，包括与儿童协商、儿童与父母的共同同意甚至成熟儿童的自主同意。① 随着年龄的增长，未成年人的逐渐发展和更加独立的需求应该得到认可，尤其是他们接触互联网的权利。因此，在规定未成年人作为数据主体是否有权给予有效同意时，世界各国可能会引入不同的年龄门槛，这一门槛很少高达 18 岁。

(二)COPPA 设定的儿童年龄

COPPA 是首批专门保护 13 岁以下未成年人网络隐私的立法之一。自从 1998 年 COPPA 在在国会通过以来，13 岁的年龄限制就变成了一个事实上的父母同意标准，不仅被每个美国公司使用——包括儿童中最流行的社交网站，如 Facebook、Snapchat、Instagram，而且被许多欧洲服务提供商复制。然而，从 COPPA 的立法过程可知，以 13 岁作为年龄门槛的合理性和有效性也是值得探讨的。

首先，COPPA 确定的年龄门槛与其说是一个合理的选择，还不如说是政治妥协的结果。在其最初的草案中，儿童被限定为 18 岁以下的个人。当立法被引入时又修改为 16 岁以下的个人。而在最终版本中，年龄门槛被降低到 13 岁，这是为了确保该法案的顺利通过。② 在 2010 年 COPPA 进行修订时，对于是否提高 COPPA 覆盖年龄又再次出现同样的争议。作为支持者，EPIC 建议国会将 COPPA 的年龄要求提高到 18 岁，因为"社交网络的出现和强大的商业力量正在设法提取所有用户的个人数据，特别是对儿童提出了新的挑战，这

---

① Article 29 Working Party（A29WP），"Opinion 2/2009 on the Protection of Children's Personal Data（General Guidelines and the Special Case of Schools）WP 160"，11 February 2009.

② EPIC，Testimony of Marc Rotenberg before the Senate Commerce Committee，28 April 2010 <https://epic.org/privacy/ kids/EPIC_COPPA_Testimony_042910.pdf> accessed 8 December 2018.

是当年制定 COPPA 时始料未及的"[1]。反对者则认为，将 COPPA 扩展到青少年将减少隐私和匿名性，因为这样一来就需要对大量成年人进行年龄验证和数据收集，并对言论自由产生深远影响。[2] 最终，因提升成本门槛将阻止小型、初创运营商进入竞争市场，这项扩大儿童定义的提议并未被采纳。

其次，COPPA 的最初意图是保护儿童的个人信息免受商业开发与滥用。但时至今日，正如 EPIC 所言，COPPA 选定的 13 岁对于许多最具侵入性和最复杂的数据收集实践——例如在社交网站上进行的广泛的行为跟踪——来说都显得保护不够。无处不在的计算和数据分析，例如用户画像（profiling）、行为定向广告（behavioral advertising）、数据挖掘等技术可能导致未成年人隐私泄露、限制其未来发展、诱使其冲动消费以及社会分选（social sorting）和歧视的后果。例如有研究者认为，作为通过可穿戴设备、移动设备、社交媒体平台和教育软件进行数据监控的结果，"儿童被视为算法组合……，可能会限制其复杂性、潜力和发展机会"。[3] 再如，未成年人的特定发展特征很容易被网络营销人员所利用，他们收集个人数据并采用特殊技术，如"实时定价（real-time bidding）、地理位置定位（特别是当用户接近购买点）、动态创意（dynamic creative）"等，根据儿童的用户档案和行为模式发送量身定制的广告。[4] 儿童将很难抵制这种诱惑并且容易被误导，而这无异于是一种消费操纵。最后，儿童（实际上大多数成年人）不太可能意识到，从他们的日常自我披露中可以作出推断——例如 Facebook 上的"喜欢"可以表明高智商，或者"喜欢"可以用来

---

① EPIC，Testimony of Marc Rotenberg before the Senate Commerce Committee，28 April 2010 <https://epic.org/privacy/ kids/EPIC_COPPA_Testimony_042910.pdf> accessed 8 December 2018.

② Berin Michael Szoka and Adam D Thierer．"COPPA 2.0：The New Battle Over Privacy，Age Verification，Online Safety & Free Speech"，Progress & Freedom Foundation Progress on Point Paper No. 16.11，May 21，2009；Comments to the FTC from the Center for Democracy & Technology（'Cdt'），The Progress & Freedom Foundation & Electronic Frontier Foundation（'EFF'）<https://www.eff.org/files/coppacomments.pdf> accessed 8 December 2018.

③ Deborah Lupton and Ben Williamson．"The Datafied Child：The Dataveillance of Children and Implications for Their Rights"，（2017）19（5）New Media & Society 780，787.

④ Kathryn C Montgomery．"Youth and Surveillance in the Facebook Era"，（2015）39（9）Telecommunications Policy 771；Kathryn C Montgomery and Jeff Chester．"Data Protection for Youth in the Digital Age：Developing a Rights-Based Global Framework"，（2015）1（4）European Data Protection Law Review 291.

预测种族或性取向，其准确程度相当高。①

（三）对欧盟 GDPR 的影响

COPPA 设定的 13 岁年龄门槛对 GDPR 产生了重要影响。在 GDPR 最初的提案中，儿童同样被限定为 18 岁以下的个人。在提案发布之前，却意外地引入了未经父母同意不能处理 13 岁以下儿童个人数据的条款（第 8 条第 1 款）。在后来的草案中，欧盟委员会起初将父母同意的年龄限制为 13 岁，但最后一刻又提高到 16 岁。这一变化引发了公众——尤其是儿童权利活动家、公司以及社交媒体上的年轻人的愤怒。最后 GDPR 草案选择了一种折衷办法：将需父母同意的儿童年龄定为 16 岁，但允许成员国将年龄限制下调到不得低于 13 周岁，才得以通过。②

毫无疑问，GDPR 对同意年龄的选择是来自 COPPA 的灵感。关于 GDPR 的一份影响评估指出："关于 13 岁以下儿童在网络环境中同意的具体规则——需要父母授权——是从现行的 1998 年 COPPA 中得到的启发。"③此外，欧盟委员会承认，遵循美国的立法选择，13 岁将有利于网上交易。欧盟委员会明确承认把 13 岁作为现有标准④的理由，因为保持现状并不需要太多的改变或者给数据控制者带来新的负担。

然而，有批评者认为，欧盟立法者不应在缺乏新的经验证据的情况下照搬美国标准，而是应该重新评估 13 岁的年龄限制是否能够适应今天 web2.0 的网络环境并有效地减少隐私风险；是否能够适应欧洲文化和法律传统；是否符

---

① Karen Mc Cullagh. "The General Data Protection Regulation: A Partial Success for Children on Social Network Sites?", in Tobias Bräutigam and Samuli Miettinen. (eds.) *Data Protection, Privacy And European Regulation in the Digital Age* (Unigrafia, Helsinki, 2016).

② Milda Macenaite & Eleni Kosta. (2017). Consent for processing children's personal data in the EU: following in US footsteps? *Information & Communications Technology Law*, 26:2, 146－197.

③ Commission Staff Working Paper, Impact Assessment, SEC(2012) 72 final. ＜http://ec. europa.eu/justice/data－protection/ document/review2012/sec＿2012＿72＿en. pdf＞, 68. accessed 8 December 2018.

④ Proposal for a regulation of the European Parliament and of the Council on the protection of individuals with regard to the processing of personal data and on the free movement of such data (General Data Protection Regulation), 16 December 2013 ＜http://register. consilium. europa.eu/doc/srv? l= EN&t=PDF&gc=true&sc=false&f=ST%2017831%202013%20INIT＞, 77.

合儿童互联网使用的实证研究的结论。[①]

三、父母同意机制的规定、执行与争议

（一）COPPA 设定的父母同意机制与执行情况

COPPA 保护儿童网络隐私的解决方案是让家长控制商业网站从儿童那里收集个人信息。它的主要执法者 FTC 认为，这是一项保护儿童而不会过度加重网络运营商负担的有效法案。[②] 但是，由于其保护范围有限（仅限 13 岁以下儿童）、父母同意机制给网络运营商带来的高成本、对网络匿名性带来的潜在影响以及父母和运营商之间的责任平衡而备受争议。[③]

作为一般规则，COPPA 要求针对儿童的商业网站或在线服务者、或者明知对方是儿童的一般性网站在收集或使用 13 岁以下儿童的个人信息之前必须取得其父母的"可验证的同意"。FTC 规定了获得"可验证的同意"的几种可能方法，包括以下几种：

父母可以打印、填写、签署和邮寄、传真或扫描并回发电子邮件；

要求父母使用信用卡或类似的支付方式（如 PayPal）；

提供一个由训练有素的人员接听的免费电话号码，让父母通过电话确认同意；

允许父母通过视频会议与受过培训的人员联系；

根据政府颁发的身份证件验证父母的身份，条件是身份证件在核实完成后立即删除；

如果信息不被公开，则允许使用称为"email＋"的附加方法。这种方法包

---

① Cf. EU Kids Online Project Reports ＜ http：//www. lse. ac. uk/media @ lse/research/EUKidsOnline/EU％20Kids％20Online％ 20reports. aspx＞，Global Kids Online research results ＜ http：//blogs.lse.ac.uk/gko/results/＞. See also Amanda Third and others，'Children's Rights in the Digital Age：A Download from Children Around the World'（Young and Well Cooperative Research Centre，Melbourne，2014）. accessed 8 December 2018.

② FTC，'Implementing the Children's Online Privacy Protection Act：A Report to Congress'，February 2007 ＜http://www.ftc. gov/reports/coppa/07COPPA_Report_to_Congress.pdf＞ accessed 3 March 2017.

③ Chris J. Hoofnagle. Federal Trade Commission Privacy Law and Policy（CUP，2016），208.

括服务运营商通过接收来自父母的电子邮件获得同意,再加上一个进一步的步骤:服务提供者可以使用邮政地址、电话或传真直接与父母联系,或者向父母发送另一封电子邮件来确认他们的同意。

COPPA 还提供了一些例外情况,在这些例外情况下不必获得家长的可验证同意:(1)如果只是对孩子的一次性请求作出响应,那么只要在作出响应之后删除孩子的个人信息,则不需要得到可验证同意;(2)为了向孩子发送定期资料的情况下可以收集个人信息,条件是给予父母"选择退出"的机会;(3)在必要时保护所提供服务的儿童的安全;(4)在必要时保护服务的安全/完整性,对司法请求或其他公共调查作出响应。

但实际上,大多数以儿童为导向的在线服务似乎都选择了在某种例外情况下操作,例如一次性使用、多次在线联系并简单通知父母(提供选择退出的机会),或者"email+"的方式①这种对 COPPA 法律条款的有限使用可以证明业界并不愿意在其服务中完全接受 COPPA。

与针对儿童的服务相反,针对一般受众的网站和服务不需要获得家长的同意,除非他们实际知道用户是儿童。这意味着许多一般性服务只有在收集年龄或出生日期时才受 COPPA 约束。因此,对于他们来说,为了避免违反COPPA,只需要避免收集用户的年龄或出生日期就足够了。

另一些服务提供商则采取了预防措施,明确禁止 13 岁以下的用户使用该服务,并要求所有用户在使用服务之前输入其出生日期。例如 Facebook 就禁止 13 岁以下的儿童注册账户。根据 FTC 的建议,网站应该以中立的方式询问年龄,也就是说,在不提示用户必须至少 13 岁的情况下允许用户输入任何出生日期,如果给定的日期证明用户年龄在 13 岁以下,就阻止该用户继续使用该网站。此外,网站可以设置 cookie 以防止用户重新输入虚假的年龄。

(二)父母同意机制的缺陷

关于父母同意机制的争议主要从以下几个方面展开:

首先是从经济性角度批评取得父母同意的方法。批评者声称,FTC 指出

---

① Advertising Education Forum,'Children's Data Protection and Parental Consent:A Best Practice Analysis to Inform the EU Data Protection Reform', October 2013 ＜http://www.aeforum. org/gallery/5248813.pdf＞ accessed 8 December 2018.

的用于验证父母同意的方法——邮寄或传真纸质版的签名同意书，要求父母使用信用卡号码验证，让父母拨打免费电话或通过数字签名的电子邮件验证——费用过高、繁琐且不足以保护个人信息。即使正在开发新技术，当前的验证方法也太慢而且不切实际。例如邮寄、电子邮件和信用卡号码的验证过程可能需要一天的时间。此外，使用信用卡号码验证将使父母在保护孩子的同时又陷于信用卡信息泄露的风险之中。因此，COPPA 产生的一些意外结果就是，儿童可能会通过删除 cookie、虚报年龄的方式来继续访问这些网站，父母可能会面临身份信息泄露的风险，而从长期效果来看，在线企业可能会拒绝为儿童提供服务或者关闭以儿童为中心的网站以减少合规成本。[①] 进而，由于最受儿童欢迎的几个网站，如 YouTube 和 Facebook 均在其使用条款中声称它们的服务不向 13 岁以下儿童开放，许多父母甚至会帮助他们的孩子撒谎。[②]

其次是从宪法角度质疑 COPPA 伤害了宪法第一修正案所保护的基本价值。即使网站能够开发出更容易符合验证要求的新技术，一个重要的宪法问题仍未得到解决——任何要求互联网用户在访问网络内容之前必须先进行个人身份识别的行为都会产生寒蝉效应从而伤害言论自由，同时还侵犯了第一修正案的匿名通信权。美国民权同盟（American Civil Liberties Union，ACLU）的法律顾问加布·罗特曼（Gabe Rottman）指出，COPPA 的修订扩大了其适用范围，使得那些"可能吸引 13 岁以下儿童"的网站也被纳入 COPPA 的监管范围。这样做的后果是：一方面像 YouTube 这样的通用网站有可能使其内容更加成熟（通过删除芝麻街频道）以避免吸引年幼的孩子，因此政府实际上间接地影响了网络内容，并且引发了适合儿童观看的网络内容数量急剧减少的危险；另一方面如果网站要合乎 COPPA 的新规，就必须对用户进行年龄筛查，而在 ACLU 之前就《儿童在线保护法》（COPA）提起的一系列案件中，最高法院曾解释说，要求成年人在获取受保护的信息之前确认自己的身份可

---

① see Criticism of COPPA. Constitutional and Economic Drawbacks of the Verification Systems. https://epic.org/privacy/kids/default.html♯Criticism，accessed 8 December 2018.

② danah boyd and others,‘Why Parents Help Their Children Lie to Face-book about Age：Unintended Consequences of the‘Children's Online Privacy Protection Act’（2011）16（11）First Monday

能会使发言者感到压力(chill speech)。同时,网站要确认父母同意就必须验证父母的真实身份,这种身份验证所限制的言论已远远多于保护儿童所必需的。这种身份核查机制将极大地限制成年人的言论自由。[①]

第三是质疑"父母同意"机制的有效性,因为在大数据背景下,即使父母同意,也未必能对儿童进行有效的保护。大量文献表明,在大数据时代"知情同意"机制接近失效。有研究表明,用户仅阅读一年中使用的网络服务的隐私声明就要花费 244 小时的时间,而现实中用户往往越过隐私声明直接点击同意,既不阅读更难以理解其内容,隐私声明沦为一纸空文。[②] 更何况在网络语境中,为使用产品或服务,用户往往除点击同意之外并无其他选择,同意个人数据处理并不等于在复杂的网络环境中给予个人控制其个人数据的灵丹妙药。无论是"父母和孩子都不能完全负责和控制他们的在线个人数据,因为他们的选择和数据管理的可能性是由通信空间的设计和功能决定的"[③]。这些通信空间远非中立,并且这些通信空间的创建是为了促进商业利益,而不是为了允许用户行使他们的自主权和数据控制权。

第四,"父母同意"并不一定意味着儿童权利得到充分保护。有研究者指出,当持续的同意过程变成令人烦恼的义务而不是严肃的选择,过多的同意请求可能导致父母的"同意疲劳"。[④] 而且父母未必总能完全掌握孩子的最佳利益。父母和孩子之间可能存在关于社交媒体的利益和风险的分歧,以及出于情感、道德恐慌因素或仅仅是没有道理的拒绝。父母甚至可能成为孩子隐私的潜在侵略者,例如通过代表子女使用访问个人数据的权利,父母可以监测子女的在线活动。[⑤] 此外,父母同意机制可能成为父母的控制系统,并限制儿童

---

① Gabe Rottman, FTC Proposes Changes to Privacy Law That Collide With Free Speech. https://www.aclu.org/blog/ftc-proposes-changes-privacy-law-collide-free-speech, accessed 8 December 2018.

② 范为:《大数据时代个人信息保护的路径重构——初探欧美改革法案中的场景与风险理念》,《网络信息法学研究》2017 年第 1 期,第 248—286、393—394 页。

③ Alice E Marwick and danah boyd, 'Networked Privacy: How Teenagers Negotiate Context in Social Media' (2014) 16 New Media & Society 1051.

④ Milda Macenaite & Eleni Kosta. (2017). Consent for processing children's personal data in the EU: following in US footsteps? Information & Communications Technology Law, 26:2, 146—197.

⑤ Chris J. Hoofnagle. Federal Trade Commission Privacy Law and Policy (CUP, 2016), 208.

的在线自由。[①]

四、经验与启示

虽然面临许多争议，但总的来说，COPPA 仍是一部"充满智慧和前瞻性的隐私法，它要求网络运营商审慎地面对网络世界中最容易受到伤害的群体——儿童，减缓了个人信息商业化利用的进程"[②]。从 COPPA 二十年的发展经验来看，我们可以得到以下几点启示：

第一，COPPA 的主要成就在于限制数据控制者对于儿童个人信息的收集行为。正如批评者所指出的，网站验证父母同意的成本过高、从儿童处获利太少，这直接导致许多大型互联网公司，如 Google、Twitter、Facebook 把 13 岁以下的儿童排除在外。但是这或许才是 COPPA 的真正目的——通过增加成本来减少数据收集，通过 13 岁的年龄门槛来实现网络运营商利益和儿童隐私保护的利益平衡。正如霍夫·纳戈尔（Hoofnagle）所指出的，"COPPA 的真正价值在于它通过增加数据控制者的义务来限制个人数据的收集、使用和保留，而不是聚焦于父母同意的要求上"[③]。这对于 20 世纪 90 年代随意收集儿童个人信息的网络环境起到了有效的约束作用。

第二，COPPA 所确定的父母同意机制在大数据环境下显得有些力度不足，更现实的做法似乎需要将责任从父母转移到数据控制者。法律可以通过限制数据控制者的行动来禁止实施一些不受欢迎的数据收集行为，而不是过于依赖家长同意来控制儿童的数据收集。这是与美国 COPPA 二十年发展经验相符合的思想。蒙哥马利（Montgomery）认为一些关于儿童的数据收集实践，如数据画像、行为广告、跨平台追踪、地理定位等，即使有父母的授权同意，

[①]　Simone van der Hof，'No Child's Play-Online Data Protection for Children' in Simone van der Hof，Bibi van den Berg and Bart Schermer（eds），Minding Minors Wandering the Web：Regulating Online Child Safety. Information technology and law series（24）（Springer with TMC Asser Press，The Hague，2014）.

[②]　参见 Marc Rotenberg 在 2010 年 4 月 29 日参议院商务委员会的证言。https://epic.org/privacy/kids/EPIC_COPPA_Testimony_042910.pdf

[③]　Chris J. Hoofnagle. Federal Trade Commission Privacy Law and Policy（CUP，2016），215.

也不应被 COPPA 所允许。[①] 同样，蒂勒尔（Thierer）主张，有针对性地实施不公平和欺骗性做法应该是立法规制的下一个方向，而不是父母同意和扩大年龄验证的范围。[②] 此外，COPPA 遭到诟病的另一个方面是它对 13～18 岁的未成年人未能提供恰当的保护，但如果将现行法律规定的年龄门槛提高又可能限制儿童使用互联网上的丰富资源，因此把重点从"父母同意"转移到加强数据保护或数据分析的监管应该成为未来的立法思路。例如，挪威在 2012 年 4 月 20 日修订的《个人数据保护法》中规定，禁止以违背儿童最大利益的方式处理与儿童有关的个人数据，而不是列入关于儿童同意的条款。因为这样的规定将允许更广泛的保护，使得监管机构可以对"成年人在互联网上以可能对儿童有问题的方式公布儿童个人数据"类似的情况进行干涉。[③]

第三，COPPA 采用共同监管的"安全港"模式值得借鉴。FTC 已经建立了许多获取父母同意的方法，以便为业界提供明确的指引。同时，还允许网络服务商向 FTC 提交新的可验证的父母同意方法。这项规定的目的是鼓励开发新的同意验证方法，这些方法既有效又为业界所接受，并且能够被申请人或其他人使用。在通过修订后的《COPPA 规则》之后，FTC 收到了许多要求批准业界提出的可验证同意方法的申请。例如，2013 年 12 月，根据 Imperium Inc.提交的申请，FTC 批准使用基于知识的认证方法，即通过询问一系列挑战性问题来验证用户身份的方法。这些问题通常依赖于所谓的"钱包外"信息，即不能通过查看个人的钱包来确定、而且不是本人将很难回答的信息。[④] 这种方法已被 FTC 确认为有效。因此，由业界提出有效的、适合于特定部门和新

---

① Kathryn C Montgomery and Jeff Chester. "Data Protection for Youth in the Digital Age：Developing a Rights-Based Global Framework,"（2015）1（4）European Data Protection Law Review 291.

② Adam D Thierer. "Kids，Privacy，Free Speech & the Internet：Finding the Right Balance"，（12 August 2011）.＜http://ssrn. com/abstract＝1909261＞ accessed 13 February 2017. accessed 8 December 2018.

③ Milda Macenaite & Eleni Kosta.（2017）. Consent for processing children's personal data in the EU：following in US footsteps? *Information & Communications Technology Law*，26：2，146—197.

④ FTC，'Letter to Imperium，23 December 2013'＜https://www.ftc.gov/sites/default/files/attachments/press－releases/ftc－grants－approval－new－coppa－verifiable－parental－consent－method/131223imperiumcoppa－app.pdf＞ accessed 8 December 2018.

时代的解决方案,再由监管机构认可并批准的方式可以避免对互联网行业的过度管制。但是,为了确保自我监管的有效性,严格的监督和执行也是必不可少的。

最后,基于对 COPPA 的探讨,本文对我国未成年人网络保护制度建设提出如下建议:

第一,在我国普遍实名制①的网络环境下,应尽快立法重点保护未成年人个人信息。我国在 2016 年公布的《未成年人网络保护条例(送审稿)》中第十六条至第十八条、三十一条强化了对未成年人网络隐私的保护,规定通过网络收集、使用未成年人个人信息应当遵循合法、正当、必要的原则,在醒目位置标注警示标示的通知义务,及需征得未成年人或其监护人同意的条款,同时还赋予了未成年人及其监护人的删除权,要求信息搜索服务不得披露未成年人个人信息。但《条例(送审稿)》在征得谁的同意(究竟是未成年人还是其监护人同意,年龄门槛如何设定)和征得同意的方式上都没有做出具体规定,导致该法规可操作性不强。因此应尽快制定相关实施细则,将保护落在实处。

第二,立法应以未成年人权益保护为根本出发点,兼顾未成年人网络隐私、未成年人上网权利与产业发展利益之间的平衡。按照 COPPA 的经验,在现阶段不宜过于依赖父母同意机制来控制儿童数据的收集,而应重点限制网络运营商实际对儿童不利的数据处理行为。同时还应对网络运营商施加严格管理和保护儿童数据的义务,对因安全漏洞导致数据泄漏等问题加以严惩。

第三,我国应当建立专门的数据保护机构,确保法律的实施,更好地参与国际合作。从美国经验来看,FTC 是 COPPA 的主要执法机构,它可以接受消费者投诉、进行消费者教育、对涉嫌违反 COPPA 的网络运营商开展调查,并对其处以民事罚款,在推动 COPPA 的实施与执行方面扮演了重要角色。与此同时,欧盟也设置了专门的数据保护机构。在全球经济一体化的背景下,我国可以考虑以现有的国家互联网信息办公室为平台,②建构专门的管理机构并开展相关工作。

---

① 我国《网络安全法》第二十四条规定,用户需提交真实有效实名认证信息才能使用网络服务。

② 张新宝:《从隐私到个人信息:利益再衡量的理论与制度安排》,《中国法学》2015 第 3 期,第 54 页。

　　第四，可以效仿美国的经验，鼓励业界提出有效、可接受（从业界角度）和按部门定制的解决方案以供批准。统一制定儿童个人信息保护法规往往缺乏灵活性和针对性，如果业界可以根据实际情况制定自律行为守则，便可以与法律的外在强制机制实现良性互动。同时，需要上文所提及的专门的数据保护机构积极参与制定自我监管规则，并有效监督和执行这些规则。

　　第五，鼓励企业开发创新、有效和隐私友好的儿童网络服务，不能因为保护儿童网络隐私就将儿童排除在网络世界的丰富资源之外。例如，玩具制造商乐高专门为 13 岁以下的儿童设计了一个社交网络 Lego Life。但为了保护儿童隐私，乐高对这个社交网络做出了诸多限制：屏蔽任何包含儿童脸部的图片；注册时需要父母同意；限制昵称，只能从乐高随机生成的昵称中选择，以免暴露真实姓名；限制发布内容，只使用 Emoji 表情表达信息；等等。① 这种创新性设计值得借鉴和推广，也符合国际倡导的"经规划的隐私权"（Privacy by Design）理念。②

（汪靖，同济大学艺术与传媒学院讲师）

The Enlightenment of COPPA's 20 Years Experiences
Wang Jing

Abstract：2018 is the 20th anniversary of the adoption of the Children's Online Privacy Protection Act（COPPA）. Reviewing the history of US legislation and law enforcement experience can provide a reference for the construction of China's minor online privacy protection system. This article is divided into three parts. The first part outlines the context development of

---

① 品玩网。为了保护儿童隐私，乐高专门设计了一个只能输入 Emoji 的社交网络。2017 年 2 月 4 日，https://www.pingwest.com/a/101815，访问于 2018 年 12 月 8 日。

② 由加拿大安大略省信息与隐私专员安·卡沃琪安（Ann Cavoukian）博士提出，意思是"寻求通过确保个人数据在任何既有的信息技术系统或商业实践中受到自动保护，来实现最大程度的隐私权。就个体方面而言，不需要他们为保护自己的隐私采取任何行动——通过预设，它已经成了系统的一部分"。转引自鞠宏磊、李欢《精准广告相关隐私问题的规制原则与策略》，《编辑之友》2016 第 6 期，第 98 页。

COPPA, including social background and legal factors; The second part examines the legislative process of COPPA to determine the age of children, discusses its rationality and effectiveness, including the impact on EU GDPR; the third part re-examines the Parental consent of COPPA, including the rules, implementation and disputes. Finally, based on the above analysis, it puts forward suggestions and ideas for the privacy protection system for minors in China.

Keywords: children; privacy; data protection; COPPA; GDPR

亚文化与情感补偿：乙女向游戏机制浅析

李　珍

摘要："乙女文化"是指青年女性对爱情的认知亚文化，而由此申发出的"乙女向游戏"则是该亚文化样态所进行的资本变现。通过特定的叙事结构、内容设置和营销手段，乙女向游戏对受众形成了满足性、陪伴性和保护性的情感补偿，以游戏形态完成了亚文化的再次传播。

关键词：乙女亚文化；乙女向游戏；情感补偿

亚文化作为一种与主流文化相对的文化现象，因源起地区、性别和年龄层差异，而拥有不同的表现样态。亚文化中既拥有主流文化根深蒂固的传统烙印，又彰显出独特的价值观念和行为偏好，成为某些特定群体内的小众精神引领力。其中，乙女亚文化是青年女性对爱情的认知亚文化，在发展过程中，以乙女向游戏作为主要传播手段，实现了亚文化的实践性延伸和经济化运作，并打造出适合广大女性进行情感补偿的游戏类型，拥有广阔的市场空间和发展前景。

一、乙女亚文化的源起和相关游戏发展

"乙女"是一个舶来词，来源于日文おとめ，意指"未婚的年轻女孩"。它们大多在 14－18 岁之间，处于从童年到成熟的过渡期。女孩们在这个阶段有着对爱情的自然渴望，而浪漫的幻想和对情感的期待则形成了日本独特的"乙女文化"。由此衍生出的"乙女向游戏"是这种文化的重要载体之一，也是这一亚文化形态的经济资本变现形式。

"乙女向游戏"是针对女性玩家的游戏，基于恋爱的"乙女文化"核心，其主要内容为一女多男即男追女模式，有完整的故事框架，情节发展多以对话展开，画面制作精巧设计，绚丽华美，游戏配音较为专业，游戏操作较为简便，易于上手。在第一人称角色设定方面，主要有如下特征：少女味，即角色通常具备清纯气息和青涩害羞感；少女心，即恋爱观通常是纯情、矜持与执着并存；少女兴趣，即对玩偶、宠物等"萌系"事物感兴趣。①

最早的乙女向游戏公司是日本的光荣株式会社，该公司于 1994 年发布业内首部针对女性的恋爱模拟"乙女向"游戏《安琪莉可》（《アンジェリーク》）系列，之后又发布了一系列游戏，合称为新罗曼史 Neo Romance（ネオロマンス）系列。② 这个系列基本奠定了乙女向游戏的基础特征。此后较为著名的作品有 otomate 公司于 2010 年发布的《薄樱鬼》，其中还掺杂了力量强大的鬼族和山寨鬼族的奇幻色彩，及日本拓洋株式会社的《月影的锁》《死神与少女》等游戏，其主要特点是剧情有悬疑色彩，略带烧脑。③ 我国乙女向游戏爱好者的主要聚集地是"翼梦舞城"论坛，内部包括讨论区、游戏下载区、声优区、同人区等，但会员注册审核较为严格，是圈内人的小范围狂欢。

2017 年末，一款名为《恋与制作人》的手游风靡中国。这款游戏于 2017 年 12 月 13 日上线，到 12 月 30 日时其百度搜索指数已经猛增至 13.5 万。在第三方市场研究机构"极光数据"的统计报告中可以看出，截至 2018 年 1 月 7

---

① 马中红、陈霖主编：《网络那些词儿》，清华大学出版社 2014 年，第 359 页。
② 百度百科词条：光荣株式会社。360 百科词条：koei。
③ 知乎问答：至今为止哪几部乙女游戏获得了巨大成功？

日,《恋与制作人》这款游戏的安装数量达到了711.13万,同时日活跃人数的均值超过200万,在性别分布上,女性玩家所占比例超过90%,在年龄分布上,24岁以下玩家占比超过70%,同时苹果应用商店itunes上的用户对其评分高达4.8分(满分为5分)。这是一款典型的乙女向游戏,其在中国的迅速走红和火爆态势掀起了对这一类型游戏的分析浪潮,以游戏为载体的亚文化流行和发展也值得进一步研究和探索。

二、沉浸式叙事框架:爱情幻想的满足性补偿

乙女向游戏的情节是以明显的恋爱进程来推进的,也就是说,在其游戏世界的构建之中,蕴藏了一个或数个完整的爱情故事,用户可以通过不同的操作激发不同的情节,并最终得到属于自己的爱情结局。针对男性用户游戏的主要卖点在于通关和竞技,注重强烈的感官刺激和较快的游戏节奏。但乙女向游戏则更注重用户的情感需求,力求提升女性用户对游戏的持久性依赖和情绪性黏合,达到长久的沉浸式效果。

国内有一家名为橙光的游戏网站,其游戏均由用户通过"橙光制作工具"来完成制作,玩家通过编辑故事情节和设置故事画面,就可以独立完成一部属于自己的游戏。游戏的玩法也较为简单,即通过与人物对话和选择不同的行为来推进游戏。这个网站为乙女向游戏在中国的成型提供了坚实的土壤。一些流行的爱情小说被制作成游戏,玩家在阅读故事情节的同时通过对话选择,完成了一次虚拟恋爱人生的体验。小说的情节与游戏发展紧密贴合,利用小说IP固有的吸引力来构筑叙事框架,有效地提升了用户黏性。与其说是用户在玩一款游戏,倒不如说是在和二次元人物进行情感互动。流行于年轻女性的爱情小说之中,男主角通常可分为以下几类:霸道总裁型、耀眼明星型、气质贵族型、智商超高型、阳光邻家型和勇敢守护型等,这些男主的设定都是外形帅气且对女主一往情深,但现实生活中这些故事情节发生的可能性微乎其微。在阅读小说时,虽然有很强的代入感,但情节已被完全锁定;而游戏则不同,玩家可以通过选择不同的对话和操作开启不同的副本和支线,在一定程度上实现"自由恋爱",结局不符合预期设想还可以推翻重来,以近乎为零的代价重新

选择人生轨迹,这对沉醉于美好爱情幻想的用户来说是具有极大吸引力的。

而《恋与制作人》就将游戏的故事背景设置为类似爱情小说的套路,李泽言是冰山脸的霸道总裁,周棋洛是阳光开朗的明星,许墨是高智商的科学家,白起是自带安全感的警察,更重要的是,他们都对女主——也就是玩家有着浓厚的好感。玩家在完成主线剧情的同时,还可以通过开启对应的副本提升与不同男主的好感度,从而实现期望的剧情发展。这就是乙女向游戏对于玩家情感的补偿性满足。在鲍德里亚的笔下,符号化的拟像构建正是这类游戏的核心所在。鲍德里亚对拟像时代符号发展的四个阶段作出了论述:一是符号作为某种现实的反映;二是符号颠倒和遮蔽着某些基本现实;三是符号遮蔽着基本现实的缺失;四是符号不再与现实发生任何的关联,是它自身的影像。乙女向游戏的角色设置是一种象征性的符号表达,每个角色都代表一类人物的特定指向,基于女性对伴侣的幻想描绘,又超越对原型物体的基础模拟,其生产的"超现实"逐渐成为现实社会的替代性象征。非真实的虚拟符号性角色之所以能够吸引注意,主要在于其既体现了女性对于理想伴侣的需求标准,同时也是对现实中该需求难以实现的替代性补偿。日本中央大学的山田正弘称这种执着于情感补偿的群体为"受困单身族群",即在现实生活中失去寻找真正伴侣兴趣、转而寻找虚拟情感慰藉的人群①。这些人往往通过虚幻角色获得真实情感的满足。相较于同真人相处可能面对的争吵和分歧,游戏中的"完美的男朋友"唾手可得,无需分心费力,只需轻轻一击,几乎零成本的恋爱模式成为缓解当前女性婚恋焦虑的一剂良方。在以"红袖读书"应用程序内女性用户为调查对象的《2019 红袖读书女性婚恋观研究报告》中指出,90 后女性更倾向于拼搏事业而非组建家庭,偶像的吸引力大过现实中的心仪对象。其中"95 后"的情况更为典型,该群体中 62.99% 的女性恋爱经历为 0 次,即网络上流行的"母胎 solo"。相较婚恋过程中可能出现的地域差异、婆媳矛盾和生育养儿等诸多问题,女性在二次元角色中寻找完美伴侣、获得恋爱满足则更为轻松快乐。

---

① 日本物语:《乙女向恋爱游戏的崛起背后是日本社会问题的暴露》2016-12-07。

三、全景式社交体验:去孤独化的陪伴性补偿

作为专为女性设计的游戏类型,乙女向游戏注重对游戏的陪伴感区块进行增强,即加强游戏角色人物的情感投入,提升游戏温度。对此,一些游戏在制作上进行了精细化处理,力保游戏的温暖体验和真实触感。玩家与虚拟人物的互动将形成模拟终极现实的"准现实"和"准社会互动",从而形成准社会关系。这种社交关系的稳态化发展会形成具有仿真感的社会交往形态,从而淡化游戏与现实的边界,形成虚拟的现实社会。

《恋与制作人》在实现高仿真的社交体验方面有着鲜明的典范效果。其游戏内部的社交界面是完全仿照真实的社交通讯工具来设置的。如会接到来自四位男主及其他游戏内人物角色打来的电话、发来的短信、微信,甚至连朋友圈动态都可以通过解锁一定的关卡来得到。这些通讯界面与苹果手机的IOS系统通话界面和微信客户端界面几乎完全一致。最为玩家称道的是2018年1月22日,全国多地迎来新年第一场雪,玩家在游戏系统中收到了来自男主白起发来的短信:"起床了吗? 收拾一下。我半小时后送你去上班。"[①]不少女性网友坦言,这条来自二次元的虚拟信息甚至比真实世界的男友更为贴心,足见其内容设置的成功之处。游戏世界与现实世界的高度重叠和交互,以几乎同时同步的反应时间和游戏设置打造出了全景式的社交体验,使得社交状态更加真实和可感。不仅如此,为达到更加逼真的社交通讯效果,《恋与制作人》还请来了时下人气极高的配音演员来为四位男主分别打造中文和日文的专属音效,更是吸引了大批狂热声控粉丝入驻游戏之中。根据"中国互联网音像产业发展报告"(2017)公布的数据,2017年国内在线音像产业继续高速发展,网络音频用户超过2.2亿。蓬勃的市场需求引导了游戏制作者的创作方向,高还原"社交界面+真实与虚拟同步反应+全程优质语音"的全景式社交体验构建出了令人沉醉的二次元世界。

在马斯洛的需求理论中,处于第三位的"情感和归属的需要"在乙女向游

---

① 中国新闻周刊:《氪金的〈恋与制作人〉背后,"少女心"是一门好生意吗?》2018-02-07。

戏发展的进程中起着至关重要的导向作用。节奏飞快、竞争激烈的都市生活带来巨大的孤独感,激起了对关注和陪伴的更多需求,而这一需求在现实社会中往往并不能得到适当满足。此时,温柔的问候和贴心的陪伴就成了摆脱孤独感的良药。通过将真实的通讯工具移植到虚拟的游戏中,形成了"后社交体验感",即通过"类社交"完成了情感的替代性满足,内心的归属感缺失得到了补偿。打开手机,面对不再仅仅是令人压力倍增的工作消息和无聊透顶的推销广告,即使是好友寥寥的用户也能获得与真实世界几乎无差异的温情关怀,在相对封闭的游戏中拥有理想的社交体验,可随时选择打开提醒设置进入社交,或是关闭推送抽身而出,还能有效规避现实社交带来的私人时间被挤占、相互迁就反闹矛盾等一系列问题,形成了专属于玩家个人的心理舒适区,是暂时逃离冰冷现实的有效茧房。

四、"乙女"情感营销:退行的保护性补偿

在心理学的理论中有一种防御机制叫做"退行",是指成年人在遇到特殊情况时,如面临严重的压力或遭遇重大的挫折时,有意识或无意识地表现出与年龄不符的不适当行为,是一种应激性的自我保护。① 乙女向游戏的风行,也正是在一定程度上迎合了女性在面对特殊情况时出现的退行表现即幼龄化,从而为其提供了保护性港湾。乙女向游戏的主要卖点,在于其对通常意义下的"乙女"状态的完全展现,即利用标签化的"粉红色""玛丽苏""纯爱"等作为一个个符号,以"可爱"为整体游戏形象内核,形成一个完整的乙女文化符号框架体系,从而完成玩家的心理接受系统重建。这些符号共同组成了一个具有强暗示性的话语系统,完成符号刺激——情感反应的过程。玩家在接触到带有明显"乙女"指征意味的游戏符号时,会不自觉地将自身带入到角色中去,从而在游戏中实现"少女"身份的转换。这种对低龄和幼龄身份的追逐,对"可爱"的推崇,也与"萌"系文化密切相关。"萌"是对年纪较小、行为可爱的人或物进行称赞的形容词,同时也代表着拥有着如孩童般使小性子、闹小脾气的特

---

① 全媒派:《被"贩卖"的少女心:从社交到游戏,[乙女]文化如何搅动内容市场》2018—01—04。

权,而这正是成年女性所期待而又难以得到的,于是在网络中的退行就变得极为迫切。QuestMobile《"单身汪"人群洞察报告》指出,年轻单身群体更为喜爱养猫,而猫的典型特征就是绒毛易触,身体柔软,面容可爱,酷似婴童,整体观感非常可爱,被称为"猫主子",受到诸多纵容与爱护,这也是饲养者心理退行的表现。

以同样的角度审视乙女向游戏,玩家投身于游戏中,心理得到了转换为少女后的退行保护,现实生活中的创伤和焦虑得以缓解,情感需求得到保护性补偿。利用情感需求作为利益点进行商品推广,被称为"情感营销",乙女向游戏就巧妙地利用退行性情感作为其营销的主要手段和最大卖点,实现乙女向文化的经济变现。《恋与制作人》在进行游戏的推广与运营时,就通过丰富的情感营销策略掀起了网络狂欢。使用不断更新的活动任务,以避免因熟悉游戏而失去兴趣。2018年1月4日该游戏官网发出公告,宣称1月13日是男主之一李泽言的生日,同时开展相关庆生活动。1月13日,深圳京基100大厦的楼体外墙巨大的LED字幕上滚动播放着:"李泽言生日快乐""你不要大惊小怪""是刷你黑卡买的",同时一大群年轻人聚集在楼下大喊"李泽言生日快乐"并高声唱起生日歌。当天晚上,"李泽言0113生日快乐"的话题成为了新浪微博话题榜的第一名。勒庞"乌合之众"式的群体狂欢在此得以彰显。利用恋人之间相互表达生日祝福、准备生日惊喜的情感需求,将玩家的角色置换为恋人筹备生日会的女友,任务设置既温馨又易行,只要完成相关操作就能为心上人打造一场完美的生日会,迎合了少女心的小巧思,满足了感情投射。在今时今日恋爱伤心又伤钱的现实之中,为恋人精心准备生日惊喜的内驱力已大大下降,但玩家若融入群体内,理智就暂时退避,平时觉得幼稚、低龄的行为在庞大的人群之中反而是缓解压力、释放自我的有效方式,胡闹和任性似乎呈现出被认可的正常状态。正是这种带着温度和宠溺的营销策略,使得玩家的游戏体验不只局限于完成日常任务,更是对自身"少女"虚拟恋爱状态的承认和付出。当玩家被设定为"乙女恋人",并完成了自我角色的认同后,无需费心、不受伤害的退行式恋爱状态已经达成,玩家为此"氪金"(为网络游戏充值)和疯狂也就顺理成章了。

结论

总之,乙女向游戏是基于乙女文化而形成的一种类型游戏,其情感补偿机制主要体现在对女性生活压力的退行性回避、对女性孤独感的陪伴性回应和对女性恋爱需求的积极性满足。通过建构具有标志性乙女文化特征的符号系统,使得玩家沉浸于虚拟的恋爱游戏环境之中,利用仿现实或超现实的游戏设置营造出玩家的心理安全空间,从而在游戏中得到情感需求的补偿性满足。在生活节奏不断加快的今天,女性面对的生存压力也飞速激增。这类游戏的风靡正是女性对自身生活困境的反应,不管是利用游戏逃避现实和危机,还是希望游戏缓解压力和焦虑,都是一种内心情感的表达和投射。游戏制作者如能在乙女向游戏的广阔天地中继续进取,这一类型游戏的市场前景将不容小觑,其文化内核也将在当代社会大有可为。

（李珍,陕西师范大学新闻与传播学院）

Subculture and Emotional Compensation: Analysis of Otome's Game Mechanism

Zhen Li

Abstract:"Otome culture" refers to the subculture of young woman's cognition of love, and the "Otome game" is the capital realization of the subculture. Through specific narrative structure, content setting and marketing methods, Otome has formed a satisfying, companionship and protective emotional compensation to the audience, and completed the re-distribution of subculture in the form of games.

Keywords:Otome culture; Otome game; emotional compensation

包容的勇气和力量:《绿皮书》的
跨文化传播透视

闫斌　王乐怡

　　摘要:作为第 91 届奥斯卡三项大奖赢家,《绿皮书》短时间内在中国电影市场获得空前成功,其现象本身值得人们深思。本文将《绿皮书》电影文本和传播活动放置于跨文化传播视阈下进行解读,从电影内容、叙事结构、价值通约、视觉符号和喜剧包装等角度阐释其跨文化传播策略的可行性,以期归纳出影视作品跨文化传播的一些特殊规律,并对中国影视作品"走出去"提供些许启发。

　　关键词:《绿皮书》;种族主题电影;奥斯卡;跨文化传播

　　2019 年 2 月 25 日,根据真实故事改编的种族主题电影《绿皮书》荣获第 91 届奥斯卡金像奖最佳影片、最佳原创剧本、最佳男配角三大奖项。此后,在该片被引入中国大陆仅仅四天就已经凭借种族内核和喜剧外衣的恰合拿到了 1.25 亿的票房,打破 2018 年《水形物语》的记录并获得"豆瓣评分最高的奥斯卡最佳影片"美誉,也成了近 20 年来中国内地上映的 7 部最佳影片中的票房冠军。作为一个异域文化文本，《绿皮书》的成功代表着奥斯卡以种族问题为题材的电影实现了一次完美的商业"突围"，同时也成就了一次经典的跨文化传播活动。

种族主题电影，即以多民族矛盾和冲突为题材的类型电影，其中以有色种族问题最受关注。《绿皮书》讲述的是白人保镖托尼和黑人钢琴家唐·雪利博士在种族歧视极为严重的美国南部进行巡回演出的故事，虽然主人公们在旅途中经历了层出不穷的由歧视带来的麻烦，但最终以二人获得跨越种族、阶级的友谊圆满结束。这种类型电影惯以政治正确性为奖项所青睐，却常常难免失之于笼统之下的乏味。然而，《绿皮书》的"伟大"却是以文艺片之质行商业片之实，并搏得国际商业电影市场的极大声誉。本文在跨文化传播视阈下对《绿皮书》予以文本解读，力图剖析其文化跨越可能性以及赖以成功的传播策略，从而给中国影视的跨文化传播和进一步增强国际影响力提供些许思想资源。

一、从"隔离"到"包容"的电影文本叙事

纽约哈莱姆黑人社区的邮局职工维克多·雨果·格林于1936年出版了第一本《绿皮书》（*The Negro Motorist Green Book*），意为"给黑人旅客的安全出行指南"，实则指向的是南方当时"隔离但平等"（separate but equal）的种族隔离政策。南北战争之后，南方的奴隶制虽被废除，但并未改变"白人高贵、黑人劣等"的固有观念，各州的学校、酒吧等公共场合仍以各种名义将黑人和白人从空间上予以分割。这段种族隔离历史场景在电影中的1962年仍然真实存在。

《绿皮书》展开的主线就是黑人与白人之间的种族关系。剧情伊始，托尼的妻子请黑人社工到家里来干活，父亲为了保证自己女儿的安全，带了一大家子男人大清早坐在客厅里看棒球，边看边用意大利语形容那些社工为"黑鬼"，托尼也将黑人社工用过的杯子直接扔掉；本片的另一主人公"黑人"雪利博士的吃、穿、住、行也都经受着种族主义的严峻考验。随着托尼下岗并重新受雇于雪利博士并与他南下进行巡回演出，两人因肤色问题遇到的困难也成倍增

加。黑人不被允许住白人酒店、黑人买西装前不允许先试穿、黑人不能在白人家里上厕所等,雪利博士试图保持最后的尊严却常常遭遇溃败,整个南方巡演事实上就是雪利博士的屈辱史。最后一场演出时,雪利博士作为主演嘉宾却不被允许在白人用餐的餐厅吃饭,他作为精神上的黑人代表与白人主管进行了激烈的争论,此时紧张的种族关系达到了全片冲突的顶点。"没关系,我会上台的,如果你想我那么做的话"似乎已经预示着雪利博士放弃抵抗,但托尼却为他守住了这份底线,带他离开了这个充满"白人文化"的地方。至此,影片都是在叙述肤色-种族以及不可跨越的诸多"隔离",其中充斥着种族偏见和心灵隔阂。冲突过后,雪利博士走进黑人专属的橘鸟酒吧,这一举动更像是他经历诸多世情冷暖后自我身份的"确认"和心灵的"回归"。他坐在酒吧钢琴前面,先用《肖邦练习曲:冬风》表达自己整趟旅程的心绪,向黑人们表达"我们"也可以很优秀,然后彻底融入自己的种族身份,加入到自己并不熟悉但为黑人群体所喜爱的爵士乐演奏中。影片最后,如果说白人警察的一句"圣诞快乐"尚有弱化种族对抗的意味,那么当雪利博士拿着香槟走进托尼家时,庞大而冰冷的种族歧视现实似乎都消解于这个温馨的小屋子。这不只象征着雪利博士作为个人从社交"隔离"中"回归"到社会群体,更隐喻着黑人与白人的种族关系从"隔离"走向"理解与平等"。

另一方面,作为黑人精英的唐·雪利博士与市井白人托尼之间的跨文化碰撞同样是影片的重要组成部分。《绿皮书》的人物设定极具反差感:一是肤色的白与黑。白人托尼是一个在夜总会靠小伎俩挣得小费的打手,胸中了无文墨却享有"白人特权";黑人唐·雪利是一个拥有博士头衔的音乐天才和社会精英,虽举止优雅但却处处遭遇肤色歧视。二是性格的俗与雅。托尼率性而粗鄙,吃喝随意,炸鸡骨头顺手扔向车外,身着西装却趴在地上和人赌钱,心安理得地捡起地上的玉石却不付钱,说话更是文野不分;雪利博士带有知识分子的"清高"和"架子",反感乱丢垃圾和弄脏衣服的行为,反复强调托尼举止应文雅,对社会底层爱听的爵士乐表示难以理解,等等。三是处事方式的粗暴与理性。托尼坚信"拳头理论"是"屡试不爽"的胜利法宝,在托尼拳头的"威胁"下剧院管理者将破烂钢琴换为崭新的施坦威,他贿赂警察以保全因同性恋问题被警察抓走的雪利博士,还威慑殴打醉酒的雪利的白人;雪利博士则从小生活在优渥的家庭环境中，认为能够通过讲道理解决绝大部分问题，反对暴力行事。

现实生活中存在的许多区隔，让托尼和雪利博士的关系始终隔着一堵"空气墙"，时常产生的激烈对撞也使矛盾趋向锐化。随着影片的渐进，在经历了种种冲突和挫折之后，这一对矛盾主体的矛盾与冲突也在不知不觉中"柔化"，开始互相摒弃成见、接受彼此的习惯。例如雪利博士在托尼的"威逼利诱"下爱上了曾经嗤之以鼻的炸鸡，而且发现偶尔做一些"冒犯禁忌的坏事"居然也很开心；托尼则不知不觉敬佩于雪利博士的品格与才气。在雪利的指导下给爱妻写下一封封深情款款的情书后，发现自己竟也能像模像样地用书面语表达自己对妻子的爱意。二人在生活之流的矛盾冲突中相互理解、相互包容甚至相互欣赏并最终冰释前嫌且"化敌为友"，从而也在文化层面的渐进式交流之中达到"和解"与"交融"。

影片借讲述肤色与资质禀赋的错位所造成的各种"事故"为叙事路径，意在表达不同肤色、不同种族、不同阶级等在最广义的文化维度彼此跨越藩篱、相互走近并剔除内心的文化芥蒂，从而实现由"隔离"走向"包容"。也就是说，无论作为白人和黑人群体间的种族关系，还是作为雇主与司机之间的等级、阶级关系，《绿皮书》的电影文本叙事，无疑表现出典型的跨越文化的交流特征，同时也给诸多现实隔离问题提供了想象性的解决方案，即不同文化从"排斥异己"走向"平等理解"。这对于白人、有色人种及不同阶层的观影者来说都是能够理解并愿意接受的。在很大程度上不仅扩大了电影的受众基础，也进而实现了不同身份背景和文化背景人群的跨文化传播可能。

二、由多元走向复合的跨文化传播策略

文艺作品在跨文化传播活动中最大障碍是由不同文化背景或显或隐的文化差异性所导致的受众的差异性认知。在异质文化群体中获得巨大成功的影视作品，其基本创作逻辑旨在减少作品的地域文化色彩，在结构化叙事框架中植入普遍价值以降低跨文化传播活动中的文化折扣。《绿皮书》之所以能够引发海外和中国市场等不同文化背景受众的认同与共鸣，究其原因是影视文本

中跨文化传播策略有意或无意的运用。

1.深层结构的布设

弗拉基米尔·普罗普通过对各式各样的俄罗斯民间故事研究,抽象出某种社会文化的叙事结构,这一理论成果极大地启发了叙事学及整个结构主义思想家的研究思路。落地于电影批评的结构主义叙事学,一方面是促进受众理解的"表意实践",另一尤为重要的方面是迎合了不同文化背景下人们的共同理解框架,在更深层结构上打通了跨文化传播中的理解壁垒,让不同文化原住民都能对特定电影文本具有"一致性"的阐释与思考。

在对《绿皮书》的文本意义结构解读时,不得不提到格雷马斯的"意义矩形",即"由一组核心的二项对立式(设定为 A/B)及其所推演出的另一组相关且相对的二项对立式(-A/-B)建构而成"的范式。① 以种族为线索,将《绿皮书》故事角色构成作为二项对立元素进行矩形排列,便获得了一个解读《绿皮书》的深层结构框架。

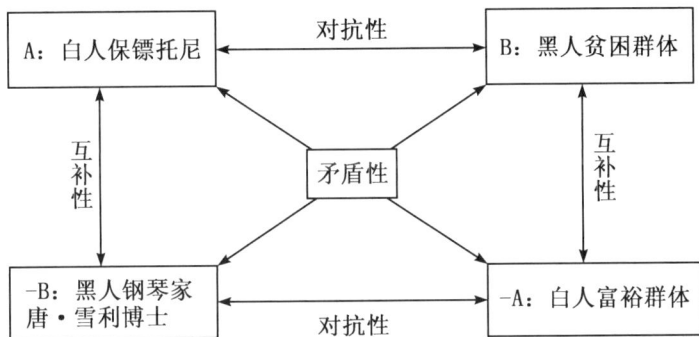

图示:《绿皮书》的叙事"意义矩形"

A(白人保镖托尼)与非 B(黑人钢琴家唐·雪利博士)在伙伴关系、性格特征、种族肤色上都构成了互补关系,从而在南部地区巡回演出的路途中不断磨合,最终成为了跨越种族的挚友,B(黑人贫困群体)与非 A(白人富裕群体)也互补构成了整个 60 年代的美国社会人群和种族图景;另一方面,A(白人保镖托尼)与 B(黑人贫困群体)、非 B(黑人钢琴家唐·雪利博士)与非 A(白人富裕

---

① 戴锦华:《电影批评》,北京大学出版社 2015 年,第 75 页。

群体）的对抗性活动贯穿于整个故事并不断推动情节发展，最终 A、B、－A、－B 之间构成了一个矛盾冲突频发的 1960 年代种族主义阴影下的美国。

中国没有种族歧视的历史包袱，对黑人的歧视也从未进入当下的主流文化，但近代中国遭受的民族压迫等不平等的对待使《绿皮书》中一些经典的镜头非常符合中国受众对种族主义的自我想象。如进入黑人酒馆的托尼被大家警惕地注视着、为白人贵族演奏的雪利博士却不被允许在主人家上厕所、雪利博士被白人警察肆意为难等，这些情景都能让中国人在"意义矩阵"中找到相应的关系嵌套，从而自我建构出一套理解种族歧视的框架。这组二项对立式极大地促进了中国观影人群的理解和认知，直接跳出了中美文化的语言和文化基因不同所造成的接受障碍，让不同路径下的剧情解读都能殊途同归，最终获得"人权平等"诉求的回归。

2.价值通约性的追求

爱德华·霍尔的"高低语境文化"理论指出，"根据文化差别，交流可分为高语境、中语境、低语境。高语境文化互动的特征是传达的讯息少，隐含信息多。低语境文化互动特征是传达讯息多，隐含讯息少"[1]。中国是主要靠语境而非语言来传递意义的高语境国家，而美国则恰恰相反，这就导致《绿皮书》如果单纯地靠语言传递而没有在深层次上引发人们共鸣，则很难超越文化障碍，这里可以引起共鸣的"语境"我们可以引申为"普遍价值"。

"美国信念"，即"个人尊严、人人平等、人人皆有不可剥夺的自由权利、机会均等以及公正"，[2]它作为美国人身份特性的关键组成部分，通过《绿皮书》的影视文本得到充分的体现和张扬。《绿皮书》可以理解为友情的故事，但友情诞于孤独，而唐·雪利博士的孤独并非故作姿态，真正使他孤独的是种族身份深如沟壑的隔离。正如他的台词所说"如果我不够黑，我不够白，我甚至不够男人，那么告诉我，托尼，我是谁？"，"有钱的白人付钱让我演奏钢琴，这会让他们觉得自己很有文化，但当我一走下舞台，他们眼中的我立马变成了黑人，因为这才是他们真正的文化"，等等，都是在用一个黑人的视角表达对人权的渴

---

① ［美］爱德华·霍尔，何道宽译：《超越文化》，北京大学出版社 2013 年，第 90 页。
② ［美］塞缪尔·亨廷顿，程克雄译：《谁是美国人？美国国民特性面临的挑战》，新华出版社 2010 年，第 51 页。

望和诉求。影视文本中禁止黑人试衣、禁止黑人在白人餐厅就餐、禁止黑人上白人厕所、禁止黑人住宿白人酒店等细节都是对 60 年代美国种族主义仍然大行其道的控诉,以达到对"人人平等"这一主题的凸显,并以此宣扬铭刻于民族特性中的"美国信念"。

另一种颇具特色的"美国梦",其实就是脱胎于美国建国初期西进运动中敢于冒险的拓边精神,并逐步转化为通过努力和奋斗来获得更加美好生活的积极进取精神。唐·雪利明白,想要改变大众的想法,光靠天启式的演奏才华是不够的,他还需要自我鼓足"勇气"踏出第一步,即使演出酬劳远远低于北方,并要忍受歧视的目光、舟车劳顿甚至牢狱之灾,但是雪利博士依旧坚持走完南巡之旅。在赢得"自我尊严"的"拓边之旅"背后,不可或缺的是在冒险和进取过程中获得人生幸福的价值预设。这种不惧世俗羁绊、不畏艰险阻碍的努力及让人世间变得更美好的精神,让中国受众极易融入并且颇为受用。

美国是一个种族、民族、文化多元化的国家,其影视文化虽然从根本上体现着美国式的价值观以及具体为政治、经济、文化、社会方面的意识形态,但常常显现出对普遍价值的宣扬,这在跨文化传播时成为异质文化受众理解和接受的核心要素。《绿皮书》也正因此能够得到非美裔观影者的理解,从而引起中国观众深层次的文化同情与理解。

3.典型化视觉符号的运用

约翰·汤普森认为,"象征(符号)形式的传输越来越多地通过传媒产业的技术与体制机构,参与文化传媒化总进程"。[①] 同样,电影的生产机制决定了电影作品具有典型的视觉符号化特征。但"电影的特征并不是它所再现的想象,而是从一开始它就是想象,是将电影构建为一个能指的想象。那种创立虚构意图的(可能的)复制在电影中要后于那总是已经存在且创立能指的第一复制"[②]。这要求电影文本在创作时的视觉符号都必须在"经验范围"之中,以求不同地域、不同文化背景的人都能取得普遍认同,减少在"编码—解码"过程中的误差。

---

① [英]约翰·B.汤普森,高铦译:《意识形态与现代文化》,译林出版社 2005 年,第 4 页。
② [法]克里斯丁·麦茨等,吴琼编:《凝视的快感——电影文本的精神分析》,中国人民大学出版社 2005 年,第 35 页。

　　《绿皮书》中有几种经典的视觉符号值得注意。一是镜头语言，托尼和雪利博士首次见面的视觉构图很有隐喻性：左侧的托尼穿着西装坐在较低的木椅上，右侧的雪利博士衣着绸缎坐在高台上的"王座"，一组横向水平镜头直观显示出两个角色间的强烈对比与反差，向观众传达出雪利博士对白人种族歧视的无形反抗和示威。二是饮食符号，不论是公路边肯德基吮指鸡的广告牌，还是在鸭绿色轿车里托尼不断向雪利推荐的汉堡和炸鸡块，都代表着全球化下的美国快餐消费符号。这些极为常见和熟悉的大众化视觉符号对观影的中国人来说极为庸常，乃至于直接导致大批中国人在观影结束后流向肯德基门店。三是节日符号，主人公托尼从一开始就向雪利博士强调自己要赶在圣诞节前早早回家，电影也以全家人在圣诞夜晚的热闹团聚结束，"圣诞节"这一意象成为团圆、美满与和平的所指。此种符号意象在现实生活的"经验范围"早已被中国人所熟识，使得观影者能够轻松地对影片中所呈现的节日符号进行解码。

　　《绿皮书》通过选取以上三种或上述有普遍说服力的、具有地域特色和文化标识的视觉符号，解决了拥有不同文化背景的人们进行信息传播和文化交流的障碍问题，从而让其在中国大陆流行成为可能。

　　4.自传体喜剧外衣的包裹

　　相较而言，曾经的好莱坞"制造"是以兼顾商业性与艺术性而闻名。近年来为了避免"全白"的指控，逐渐走向了过于偏重种族、阶层、左翼等题材，甚至有些矫枉过正。《绿皮书》并没有像其他最佳影片那样在跨国传播伊始就"胎死腹中"，其中很大原因在于杰出的喜剧导演彼得·法拉利。导演将种族等较为严肃的议题包裹上有些许温情的喜剧外衣，让这样一部以小众文艺的自传体为内核、以喜剧消遣的公路片为外衣的种族主题电影大获成功。

　　《绿皮书》的艺术内核同《为奴十二年》《月光男孩》《水形物语》等作品一样均为文艺片，其故事原型是世界上最伟大的钢琴家之一 Dr. Shirley，他除了在音乐上有深厚造诣之外，还获得了音乐、心理学和礼仪艺术博士学位，并且毕生追求有色人种的人权平等，在此意义上，《绿皮书》是一部受众范围相对狭小的自传体电影。然而，喜剧导演彼得·法拉利的加盟让这一沉痛的历史敏感话题变为观影者津津乐道的剧情，粗鲁暴力的白人司机和严肃高雅的黑人钢琴演奏家在公路旅途中产生众多的语梗和笑料,引发了众多中国观影者的广泛讨论与传播。不得不承认正是这层"公路喜剧"的外衣,使这部电影在中国的商业票房表现尤为不俗。

三、将"他者"凝视转为"克制"表达

奥斯卡最佳影片中有不少主题都围绕种族进行展开,如 2006 年奥斯卡金像奖影片《撞车》和 2014 年金像奖影片《为奴十二年》,但二者最终都因诸多原因未能引入中国。

"宽容、互重是构建跨文化传播全球伦理规范的基本理念"[①],不尊重其他民族和国家文化主体性是不会得到同样的尊重,在影视作品中更是如此。《撞车》是以一场车祸为缘起,讲述在 36 个小时之内五个家庭经历的种族歧视问题。纵观影片始终,如果说对黑人形象的消解是出于剧情需要,那么对亚裔女性的描绘就充分展示了美国种族主义这一顽疾的刻板印象。电影中的亚裔女性画着古怪的妆容、言语粗鄙、办事浮躁、不讲道理并且有着高肇事率,影片对亚裔人群文化无不充斥着贬低和歧视。异国形象是想象的产物,影视作品中对华裔的野蛮化表达让东方文化成为了"异己"与"他者",美国人以自己的东方观念"凝视"着中国,具有高度主观性和建构性。

西方"看"东方,已经不是一种单纯的经验描述,而是变成了政治政策并渗透于话语方式的表达之中。赛义德认为"作为一种思想体现的东方学是从一个毫无批评意识的本质主义立场出发来处理多元、动态而复杂的人类现实的,这既暗示着存在一个经久不变的东方本质,也暗示着存在一个尽管与其对立但却同样经久不变的西方实质,后者从远处,并且可以说,从高处观察着东方"[②]。《撞车》作为反对歧视的种族电影,在表达中却无不显示出对亚裔人群若有若无的偏见与隔离,自然也不能得到亚洲观众的认可,甚至还没有开始跨文化传播就已经被扼杀于各国的审查机制。相反,《绿皮书》的创作团队理性

---

　　① 谢丹、杨小彬:《跨文化传播中的伦理缺失及全球伦理的构建》,《现代传播》2018 年第 5 期,第29 页。

　　② [美]爱德华·赛义德,王宇根译:《东方学》,生活·读书·新知三联书店 1999 年,第429 页。

地用平等、自主原则来约束自己的传播行为，并赋予其他传播主体以同样的平等、自主性，从而在传播中避免了文化霸权和后殖民主义等伦理缺失现象。再如《为奴十二年》，电影讲述的是一个有"自由证明"且生活美满的黑人小提琴家诺瑟普的故事。他被两个白人诱骗到华盛顿并从此沦为黑奴，开始辗转于各个奴隶主名下进行苦力劳作，历经十二年的压抑与忍受，终于在加拿大白人木匠的帮助下逃出生天、重回家庭。整个影片力求还原真实的奴隶制时代，画面充斥着令人紧张和压抑的黑色调，不论是关黑人的屋子、奴隶肮脏的衣服还是夏季的夜晚都蔓延着恐惧的情绪。长镜头的表达让故事尤显压抑，例如故事一开始黑奴目光呆滞地站立一排，听监工教他们割甘蔗；又如诺瑟普被白人吊起来曝晒，黑人们却来来往往、熟视无睹，都在通过冗长压抑的画面和尖锐露骨的表达展现黑人奴隶制对人权的剥夺。电影文本中充斥着暴力、血腥、欲望与死亡交织的叙述，黑人女性奴隶被毁容和性侵，男性奴隶被肆意杀害和抛尸，这种沿用着某种陈规和定式来处理黑人题材和角色，无疑将整个种族冲突与矛盾无限写实与锐化。反观《绿皮书》的电影画面，色调明快、氛围轻松。作为一部公路喜剧片，《绿皮书》所营造的观影气氛轻松且融洽，观影者时常会为主角间的趣味互动而开怀大笑。除此之外，影片的色彩基调以清亮的暖色为主，"绿色"意象有"旅行圣经"绿皮书、泛着油光的薄荷色小轿车和酒店整齐排布的绿色房门，给人以"安全、顺利、舒适"的感觉；"黄色"事物代表一种懒洋洋的温情，比如雪利博士在教托尼写情诗的时候，穿着亮黄色的西装面向远方深情地念着诗句，托尼穿着 Polo 上衣，叼着烟、皱着眉、盯着信纸一字一句地写着，画面中浅亮色的饮料杯、大片浅黄绿色的树叶都显得愉悦轻盈，充满着不言而喻的温柔。最重要的是，《绿皮书》的种族冲突表达非常"克制"。真实情况下若黑人不小心进入白人旅馆，往往会被殴打甚至杀害，但电影选取的则是日常细微的冲突——雪利博士被禁止进入餐厅用餐，不允许试穿西服，在同性援交服务时被逮捕，最严重的是在酒吧被白人推搡和戏弄，但最终都在托尼的帮助下化险为夷。导演在对种族冲突的表达中将暴力和血腥降至可接受的范围，似乎想用一种"柔化"的方式讲述"尖锐"的事实，将种族主义实质表达出来但不至于太过露骨。也许正是因为这样，《绿皮书》才成为一部能被市场和观众普遍接受的以种族问题为叙述主题的电影。

　　种族主题电影因为题材的特殊性导致其"表达与叙述"方式及影像语言极为重要。《撞车》与《为奴十二年》作为同类题材影片成为《绿皮书》跨文化传播的参照体,对比之后发现后者成功的重要因素在于跳脱出西方文化的"他者"注视,并且"克制"化地表达情感与冲突。作为在中国成功实现跨文化传播活动的《绿皮书》,无疑是有自己独特的"讨喜"与"避嫌"技巧。

四、中国影视作品"走出去"及其生态前瞻

　　奥斯卡金像奖影片《绿皮书》无论是放在种族题材框架下还是奥斯卡式美国电影框架下,无疑都成为跨文化传播的佼佼者。它的成功并非偶然,从电影内容文本的跨文化可能性到外部的传播策略可行性,再到与同类题材具有代表性的种族主题电影的对比来看,都不同程度地揭示了电影作品跨文化传播的运行规则,这对中国影视作品的"全球化"进程无疑有重要的借鉴作用。

　　文化适应理论的双维度模型理论认为,跨文化适应同时拥有保持传统身份的倾向性,以及和其他文化群体交流的倾向性的两种维度。中国电影想要突出重围,必须根植于民族文化土壤,将民族价值观、民族文化以及民族精神等方面能够普遍为人类所理解的部分,以国际范围大部分受众所能够接受的方式,讲出精彩生动的"中国故事"。同时要考虑异域文化观众的文化背景,减少文化交流误读与障碍。在具体操作方面,电影的文本选择需能被不同文化背景人群共同理解,在传播策略上选取有"经验视阈"的叙事结构,将民族价值"共享"为普遍价值,视觉表达上恰当运用镜头语言、色彩符号等营造出一定的审美意象及其象征物,并考虑如何在小众题材上表现出大众"喜闻乐见"的形式,同时还要尊重其他国家的形象和文化,话语表达上避免过分露骨与暴力。

　　除了《绿皮书》作品本身的优势之外,客观的电影市场生态因素也不可忽视。当1月份《绿皮书》在各种大奖前哨战初放异彩时,阿里影业和华夏电影已经联手宣布将在3月1日进行内地公映,从而首次实现了从获奖到内地上映只相隔4天的"神话"。金像奖光环的投射,"时间差"的缩短,使得《绿皮书》成为观众拥趸的爆款。其实"短时差"背后透露出两个信号:一是中国资本在世界电影最高舞台上开始亮相,阿里影业成为继亚马逊和Netflix后全球第三

家获奥斯卡最佳影片的互联网影视公司；二是外国影片在内地引进速度持续加快，从《国王的演讲》1 年的迟滞到《艺术家》的 9 个月时差，再到《美国骗局》的 4 个月，无不证明中国市场与世界市场的消费时间差在快速"缩小"。

除此之外，内地电影市场的日渐成熟、中国首个艺术院线联盟步入正轨、流媒体平台的多样化播放渠道等等，都让文艺片等小众电影拥有了内地放映的市场空间和实践土壤，这对中国影视作品的制播与发行来说都是不可忽视的现实生态。

（闫斌，陕西师范大学新闻传播学院；

王乐怡，德国班贝格大学人文科学与文化研究学院）

The Courage and Strength of Tolerance：
Perspective of Intercultural Communication in *Green Book*

Yan Bin　Wang Leyi

Abstract：As the winner of the 91st Oscar three awards, the "*Green Book* " won unprecedented success in the Chinese film market in a short period of time，and this phenomenon itself deserves people to ponder. This paper interprets the texts and communication activities of the "*Green Book* " under the cross-cultural perspective，and explains the feasibility of its cross-cultural communication strategy from the perspectives of film content，narrative structure，universal values ，visual symbols and comedy packaging. In order to find some special laws of cross-cultural communication of film and television works，some inspirations for the Chinese film and television works' "going out" will be given.

Keywords："*Green Book* "；ethnic-themed film；Oscar；intercultural communication

《延禧攻略》为何走红
——基于百度"延禧攻略"吧的粉丝观察

毕　琳

摘要：本文是关于电视剧《延禧攻略》粉丝的网络民族志研究。主要通过观察的方式考察粉丝如何在百度"延禧攻略"吧中对原文本进行阐释。研究结果表明，粉丝们在贴吧中进行了参与式的再生产，粉丝认为该剧折射出了现代女性的价值观，而且粉丝对于原文本进行了批判性的接收。《延禧攻略》受到粉丝的热烈欢迎，主要是因为该剧满足和迎合了当下网络粉丝的心理及社会需求。

关键词：粉丝；延禧攻略；百度贴吧

古装电视剧《延禧攻略》讲述了女主人公魏璎珞从一名普通宫女成长为乾隆时期皇贵妃的传奇故事。该剧通过极致的故事冲突、快节奏的宫斗剧情，精密设计的桥段，制造出一个个"爽点"，以此吸引并留住观众。这部堪称现象级的大众文化作品，引发了强烈的社会反响。本文试图通过对百度"延禧攻略"吧的考察，分析这部女性主题电视剧的网络粉丝，从而探讨这部电视剧中关于女性成长和女性自我实现的主题。

严格意义上来说，《延禧攻略》是一部网络剧，2018 年 7 月 19 日开始在爱奇艺独家播出，网络平台播出之后，于 8 月 6 日开始在 TVB 翡翠台播出，9 月 24 日开始在浙江卫视播出。《延禧攻略》百度贴吧创建于 2018 年 6 月 28 日，稍早于该剧的播出时间。

本研究采用网络民族志的方法，选取百度"延禧攻略"吧为观察场所，观察时间为 2018 年 6 月至 2019 年 2 月（《延禧攻略》播出前一个月至播出结束后三个月），持续了近半年。

选择百度贴吧作为观察场所，主要考虑到较《延禧攻略》在网上的其他粉丝群，该贴吧创建时间最早，粉丝忠诚度高，活跃性强，粉丝量大，积累了大量粉丝交流实践活动的文本资料。这部电视剧从收视率到话题度上都堪称"现象级"。得益于此，作为其网络粉丝社区的百度吧活跃度高，截至 2019 年 2 月 17 日，百度"延禧攻略"吧共有 57250 人关注，发布贴子 909430 个。该剧的创作者于正也在这个贴吧中。为了最大限度地呈现粉丝交流的原貌，本文所引用的交流信息将使用其原文，包括网络用语以及可能出现的语法、字词以及标点错误。

随着网络技术的不断发展以及大众文化产品的日渐丰富，当下的网络环境中粉丝对电视剧作品的参与和互动呈现出新的特点。百度《延禧攻略》吧中粉丝在网络社区的交流实践中呈现了哪些特征？这些特征与该剧的走红有何关系？本研究试图回答这些问题。

一、参与式文化——粉丝的再生产和再创造

粉丝研究的鼻祖亨利·詹金斯在他的《文本盗猎者：电视粉丝与参与文化》中第一次提出了参与式文化的概念，他认为粉丝文化的积极意义在于粉丝参与重新建构了文本，从而使文本产生出新的意义。这一点在百度《延禧攻略》吧中也得到了体现。粉丝们在贴吧中进行了丰富的再生产和创作，根据粉丝创作的内容不同，大致分为以下四类：

第一类是同人创作。所谓同人创作就是粉丝基于原作进行再创作，将剧

中人物关系重新组合,组成了新的伴侣关系(简称 CP)。主要包括:1)不得体夫妇,指魏璎珞和富察傅恒;2)利落夫妇,指魏璎珞和乾隆皇帝弘历;3)帝后,指弘历和富察皇后;4)百合 CP,指富察皇后和魏璎珞;5)弘昼和富恒;6)柏拉图 CP,指魏璎珞和袁春望(袁是剧中一个太监,疑似是乾隆皇帝同母异父的兄弟),代表贴《袁春望对璎珞是兄妹之爱还是男女之爱》。

值得关注的是魏璎珞和富察皇后的百合文在电视剧播出的前半段比较受热捧,随着剧情发展,富察皇后去世以及魏璎珞成为宠妃,百合文渐渐式微。

第二类是视频和漫画创作。在 2018 年 11 月底,贴吧上出现过一个恶搞爆笑版的延禧攻略,用男扮女装的方式来演绎延禧攻略的剧情。还有粉丝创作的漫画版的延禧攻略卡通人物。

第三类把延禧攻略和清朝历史联系起来,讨论历史上的乾隆或者令妃、娴妃等人物。

第四类是比较专业的影评,运用自身的专业背景来分析该剧。比如《延禧攻略的主线人物心理学》,用弗洛伊德的移情说分析皇帝、魏璎珞、袁春望等几个主角的移情。还有《用资本资产定价模型分析魏姐的投资》《给魏姐和乾隆皇帝做一个社会责任分析》等。

二、肯定剧中女性人物对"自我"的追求,折射出现代女性的价值观

通过观察与交流发现,该贴吧中的粉丝以女性为主,但也不乏个别男性粉丝。其中,女性粉丝中呈现出了有别于"旧女性"的"新"的特征。

2018 年 8 月 13 日在一篇名为《我们为什么爱魏璎珞》的帖子中,楼主总结了女主人公魏璎珞身上的多个特征,比如:自信、勇敢、做自己等,不难发现这些特质更符合现代社会对女性的评价。在该贴的十楼回复中"为什么大家会喜欢女主,因为在女主的身上,聚集了当今社会成功女性的全部特质……聪慧,坚持,努力,认真,正直,知恩图报,有仇必报。还有就是美丽",从这个意义上说,《延禧攻略》的粉丝也发现了,这是一部拍给现代人看的古装电视剧,因为更符合现代女性对于成功女性的想象。

而关于现代女性的特质,网络社区中的粉丝们从不同角度进行了分析,

例如：

1.胧月九尾猫在2018年9月7日发表的名为《延禧撩汉攻略:魏璎珞洞察人心的"降龙御夫术"》的贴子中否认女主靠着编辑意淫的主角光环撑到,觉得她直面复杂,为实现自己的目标,有条件时必须实现,没有条件创造条件也要实现。另外,她对人性了解极为透彻。

2.大青仙女在2018年8月28日发表的贴子《都说这部剧好看,魏璎珞驭龙有术,我从来只相信感情》中自述没有被女人们的争斗所吸引,对欲擒故纵的伎俩也不感兴趣,被魏璎珞这个人物吸引。因为"魏璎珞不同,她在做她自己! 做自己! 在男女平等的如今,女人大概都认为这不是一件难事。但是当有些女人在抱怨男人不够爱自己的时候,他们并没有在做自己!"

不光是女主人公魏璎珞身上闪现了这些现代女性的特质,剧中另一位女性人物富察皇后也受到粉丝们的高度关注。luuop在2018年9月2日发表的名为《富察皇后的自由飞跃》的贴子中说:

"皇后内心向往魏璎珞那样天真无拘无束,不是去死,而是去寻找自我了。这个剧的理念是蛮先锋的,跟近些年来沸沸扬扬的女权主义挂钩了。虽然女主人设摆在大清宫不太合理。不过每个时代都有那么几个超前的超人。"

可以看出,女性粉丝概括和总结了以魏璎珞和富察皇后为代表的剧中女性人物的特质,这些特点概括起来可以形容为现代社会都市女性对女性美好特质的追求,粉丝们直言,这样的女主人公摆在大清宫里不合理,因为这样集现代特征于一身的女性主人公,本来就是创作者基于现代女性的价值观而塑造的,可以说是现代女性的一种想象和追求。

三、对原剧文本批判地接收

《延禧攻略》一开始的定位就是网络剧,针对网络受众量身打造的。一经播出就受到网络受众的追捧,很大程度上因为这部剧树立了非常个性鲜明的女主人公形象,触动了很多网络粉丝的内心。粉丝们对待这个人物的态度上,并不是全盘接受,而是带有批判性的眼光。粉丝们能在观看该剧后,做出理性的分析和思考。

粉丝的批判主要集中在女主人公和整部剧的逻辑两个方面：

一方面，这部剧受追捧很大程度上是因为个性鲜明的女主人公魏璎珞这个角色，但是魏璎珞是个高度理想化的人物，粉丝们也不难发现这一点。

劳尔 Mj 梅内德斯在 2019 年 1 月 1 日发表的贴子《快餐吃完了，来聊聊这顿饭到底香不香》中说：

"原著小说的快节奏，注定了剧本和角色的单薄。当然全剧都在铺垫主角，自然除外。……魏璎珞这种一路开着金手指带着主角光环以及作者意志跳段的那些所谓机智与果敢，恕我直言，假的要死，有的所谓手段，就好像小孩过家家一样，靠着台词强行解释两句就胸有成竹的手拿把掐了，所有的一切都在她的意料之中，都顺着她来，总之就是所有的一切都给她亮绿灯。"

大器不早成在 2018 年 9 月 3 日发表的贴子《看了十几集，女主怎么越看越不顺眼啊》中写道："还有，女主神话过度了吧，无所不能，料事如神，就没有她解决不了的问题。"

另一方面，作为一部网络剧，《延禧攻略》虽有很多进步，但是在情节逻辑方面还是有很多值得商榷之处。无责任乱入在 2018 年 10 月 5 日发表的贴子《这就是一部爽剧啊，经不起推敲啊》中写道："这部剧虽然看着很爽，但是逻辑硬伤也很多，好多地方经不起深究。而且服装道具方面也不是特别用心，连宫女该穿什么衣服都没搞对。很多宫女嫔妃都是那种口无遮拦，性子很直，智商又低的，偏偏还活得好好的。"

由以上分析可以看出，《延禧攻略》的粉丝在百度贴吧中进行了参与式的再生产与创作，极大地丰富了原电视剧文本的内涵，同时也使原文本在更广阔的范围内传播，不仅印证也加剧了该剧的走红。同时，该剧的网络粉丝认为原剧本呈现出了现代女性的价值观，在对原文本接收过程中粉丝体现了一定的批判精神。

《延禧攻略》受到粉丝的热烈欢迎，主要是因为电视剧文本可以很好地满足粉丝们的在价值判断和心理方面的需求。作为一部古装网络剧，该剧塑造了一个极具现代特征的女性主人公形象，而这些现代特质受到粉丝的认可，正符合当下网络粉丝对女性价值观的想象。这虽然是一部古装剧，但还是没有脱离现代价值观的内核，主要迎合的是现代人的价值期待。基于此，这部电视剧受到网络粉丝的追捧和关注,吸引着粉丝们对原文本进行不断丰富和阐发。

参考文献：

1.[美]亨利·詹金斯著,郑熙青译:《文本盗猎者——电视粉丝与参与式文化》,北京大学出版社,2016 年 11 月第 1 版。

2.李银河:《女性主义》,山东人民出版社,2005 年 1 月第 1 版。

3.胡岑岑:《建构社区与制造快感:网络社区中粉丝的交流实践类型及意义》,《国际新闻界》2018 年第 3 期。

4.严晶晔、何天平:《制造偶像:反思粉丝参与时代的结构性屈从与抵抗——对 SNH48 组合及其粉丝社群的一项考察》,《新闻春秋》2018 年第 2 期。

5.陈彧:《粉丝文本生产的三种路径——基于对百度贴吧的考察》,《河南大学学报》2014 年第 4 期。

6.常江、李思雪:《身体的异化与解放:电视剧〈后宫·甄嬛传〉里的女性身体政治》,《新闻界》2014 年第 11 期。

（毕琳,中国社会科学院大学媒体学院讲师）

Why did "Yanxi Strategy" Become Popular—— Fans'Observation Based on Baidu's "Yanxi Strategy" Bar

Bi Lin

Abstract:This article is about the network ethnography research of the fans of the TV series "Yanxi Strategy" by observing how fans interpret the original text in Baidu's "Yanxi Strategy" bar. The results show that fans have participated in reproduction in the post bar. Fans believe that the play reflects the values of modern women, and fans have received the original text critically. "Yanxi Strategy" is warmly welcomed by fans, mainly because it meets and caters to the psychological and social needs of current online fans.

Keywords: fans; Yanxi Strategy; Baidu Post Bar

主观和客观之间：大数据，变态以及数字媒介①

[英]雅各布·约翰森 著　王鑫 译

摘要：本文从心理分析的角度对大数据和数据挖掘进行了分析。本文将借用精神分析的"变态"概念，概述当今许多数字媒体平台如何将数字媒体用户既视为主体又视为客体。数据挖掘实践通过承诺定制用户体验来实现个性化，用户体验重视个体主体。它们还通过挖掘用户数据来实现个性化，以构建用户概要文件和大型数据集。我们将讨论一些例子来说明这些观点。

关键词：大数据；心理分析；数字媒介；变态

一、引论

关于大数据的文献综述中，Ekbia 等人（2014）指出，各种学科关于大数据

---

① 本文系 2016 年国家社科基金项目"BBC 中国题材纪录片与中华文化对外传播话语体系研究（2000－2015）"（项目编号：16BXW037）阶段性成果。

的特定定义在广泛流传。从广义上讲，有关大数据的各种观点都强调了数据在过去几十年中增长和加速的过程。近年来，数据量和数据存储量（如硬盘或在线存储）急剧增加。与此类似，谷歌每天处理的数据量（约 24 千兆字节）与15 年前生成的数据量相比更是史无前例的。每天，大量的数据被生产、储存和使用。

一些研究者认为，人类的大脑根本没有能力处理如此大量的数据，由于计算机帮助人类理解数据，因此，计算机和计算过程就意味着答案（Boyd 和 Crawford 2012，665）。这在媒体和传播研究以及相关学科中被广泛讨论，关注点集中在研究人员处理大型数据集时的研究方法（Rogers 2013）。Boyd 和 Crawford（2012）对大数据提出了一个有价值的定义，我将回溯他们在文章中提到的一些观点。

大数据依赖于：

（1）技术：最大的计算力和算法精度，用来收集、分析、链接和比较大型数据集。

（2）分析：利用大型数据集进行类型结构识别，以便进行经济、社会、技术和法律的诉求。

（3）神话：普遍认为大型数据集提供更高形式的智能和知识，能够产生以前不可能的见解，具有真理、客观性和准确性的光环（Boyd 和 Crawford 2012，663）。

本文认为，"大数据"可以定义为对收集、提取、处理和分析（数字）数据的工作和机制本身的描述，或者首先通过将其他模拟数据转换为数字格式来创建此类数据。这些数据通常由各种较小的数据组成，并转化为较大的数据集。从一开始，大数据就是"高容量、高速度和/或高多样性"（Gartner 2013，n. p.）数据作为处理的信息。这样的处理是由参与其中的行动者和评论者共同完成的，因此他们常常认为这样做是为了"增强洞察力和决策能力"（同上）。正如已经指出的，大数据的目的往往是商业的。一些公司认为这些数据集对他们有用，因此，数据集就被贩卖给这些公司或者机构。数据收集本身往往是为了通过收集和分析的过程更多地了解用户。这些知识是通过对用户数据（如 Facebook 内容和元数据）的使用和分析而产生的，其最终目的是说服、引导或操纵用户（重复地）以某种方式使用其服务或平台。毋庸置疑，大数据对用户的在线数据以及企业、政府和其他人如何将用户的数据作为数据主体和个人资料来构建和构成具有多种含义（Cheney-Lippold 2017）。

虽然数据挖掘的过程可能是自动化的，但数据挖掘至少部分是由人完成的，比如为社交媒体公司工作的个人。因此，特定数据的聚合方式存在一个主观因素："决定哪些属性和变量将被统计，哪些将被忽略。"这个过程本质上是主观的。（Boyd 和 Crawford 2012，667）如前所述，大数据还标志着对用户数据的自动、基于代码的聚合、排序、提取和处理。这种结合导致了数据歧视，例如，当涉及根据种族化算法进行数据排序时，这已经被广泛讨论。（如 Sandvig et al.2016；Cheney-Lippold 2017）

大数据不只是指对现有数据的实际处理，而是从一开始就是指创造数据。例如，试图捕捉用户在社交媒体上的行为，从而将其转化为数据，或者跟踪个人在可穿戴设备（wearable device）上走了多少步，从而将身体动作转化为数字测量。因此，大数据及其相关的数据挖掘过程试图将一切都转化为数据，将一切数据化。Mayer-Schonberger 和 Cukier 将这一过程描述为一个目标："将其量化，以便将其制成表格并进行分析。"（2013，78）同样，这也暗示了我们如何看待主观性，个人如何体验完全数据化的氛围，以及他们是如何被它改变的，这些变化所产生的更广泛的社会后果可以通过精神分析来探索。

数据挖掘实践可以，也正在被公司和个人使用，并且他们利用复杂的计算方法来生成数据（Kennedy 2016，32）。这些任务一般由社交媒体公司自己来做，也可以从以挖掘社交媒体平台以盈利为目的的公司获得。尽管这类过程的结果有望客观、合理地显示与真实个人、决策和在线内容相对应的编码数据，但任何形式的数据挖掘都涉及算法和人类在数据创建、重新包装或可视化之前做出的决策。"与其他数据一样，社交媒体数据不是通向世界的窗口，而是由关于如何寻求和收集这些数据的决策所塑造的。"（Kennedy 2016，37）。这不仅影响我们如何看待数据挖掘，还影响主观性问题，比如如何告知或混淆（取决于观点）数据挖掘。稍后我将更详细地讨论这一点。数据挖掘技术已经带有一个固有的概念，即人类主体是谁或应该是谁。数据"需要被生成，为了生成数据，它们需要被想象"（Kennedy 2016，50，我的重点）。这些想象的行为同时想象着一种特殊的主观性以及我感兴趣的特定关系。

许多学者批评数据处理过程，因为它们类似于某种监视。例如，在社交媒体上进行数据通信的目的主要是为了能够销售特定的用户数据，从而实现有针对性的广告（如第 4 条所述）。社交媒体上的数据挖掘实践是"故意歧视的"（Kennedy 2016，48，也参见 Barocas 和 Selbst 2014 以及 Gandy 2006）。数据挖掘涉及单个数据概要文件的结构，基于价值的多少（Golumbia 2009），根据这些概要文件的标准对它们进行分类和标注。这种数据挖掘所依据的精确标准是不为公众所知的，事实上，它的创造者和用户小心翼翼地隐藏着这些标准（Gillespie，2014）。Mark Andrejevic、Alison Hearn 和 Helen Kennedy（2015）认为，这导致学术研究人员难以批判性地评估大型数据集和产生这些数据集的计算过程。数据挖掘过程不仅技术复杂，而且常常无法访问。"大多数情况下，由于我们对它们的生产知之甚少，我们只能从理论上推测它们的影响。（Andrejevic，Hearn and Kennedy 2015，380）。我认为，即使我们可能缺乏具体的技术细节，我们仍然能够从理论上解释数据挖掘过程中发生的更基本的事实。稍后将对此进行详细介绍。继 Andrejevic、Hearn 和 Kennedy 之后，我想利用他们对数据挖掘方法的呼吁，具体地超越技术层面，包括主观性、权力和自主性等问题（同上，384）。

本文从对档案的讨论入手，结合大数据和当代数据挖掘过程，对德里达的《档案发烧》（1995）文本进行解读。然后，我继续分析如何利用数据来对抗它应该反映的用户。数据挖掘过程正在分化／个性化。他们承诺提供更好的体验，例如 Facebook 的新闻订阅或 Netflix，专注于单个用户，同时将他们的数据与数百万其他用户合并，以便做出用户无法看到或影响的决策。我将这种现象与精神分析中的变态（Perversion）概念联系起来，并认为，我们与服务的关系就像一种反常的关系，在这种关系中，我们既被爱／重视，又被滥用。

Nick Couldry 和 Alison Powell（2014）考虑大数据问题本身的反身性和社会嵌入性等问题，呼吁对大数据采用一种社会分析方法。这种方法通过借鉴精神分析和媒体传播研究文献，将大数据及其跨个体特征的社会含义问题与主体性问题联系起来。如果我们以 Orit Halpern 关于"当代痴迷于数字系统中的存储、可视化和交互性"（Halpern 2014，17）的观点为出发点，我们可能会问，这对大数据的心理社会分析意味着什么？

二、数据"发烧"

弗洛伊德对心理与储存和检索模式之间的关系有着独特的兴趣。他在《映射》（Project）一文（弗洛伊德1981a）基本上假定，心理就像一个信息存储和处理系统。《映射》完成30年后，他在《神秘的写字板》（1981c）一文中中再次提到了这些想法，当时他专注于记忆存储。雅克·德里达（Jacques Derrida）在他的档案研究（1995年）中采纳了这些观点。我认为归档对于思考（大）数据是一个有用的比喻，因为不同主题之间的渗透性和渗透作用促成了不断扩大的归档，归档的概念促使我们思考这个问题。档案从来就不完整，德里达（1995）写道，技术铭文和记录系统的进步，是当今媒体、平台和对象中不断增长和微调的数据挖掘实践的缩影，这意味着我们记录和存档以便能够忘记。录音使记忆的需要变得过时，同时通过强调保留一切的能力来迷恋失去的东西（参见Lovink 2009）。这种"机械损失"（Halpern 2014，76）将记忆立即记录成数字形式或将创意输出转化为数字记忆，从而我们变得轻松无忧。

然而，Halpern和Derrida似乎忽略了许多归档过程，例如在创建和使用用户数据时，存在双重归档。将档案作为围绕信息生产和分发的数字化过程的隐喻，不仅仅是关于记忆的外部化。首先，记忆不仅仅是在数据的产生过程的外化，而是在创造数据的过程中，比如以Facebook帖子的形式，涉及主体无意识、有意识和情感的力量，这些力量塑造了他们发布的任何内容，或者上传的任何图片。尽管这可能会变成一种保留下来的数字内存，并留在网上，但它并不只是单方面外部化的东西。

即使在外化归档中，也有可能追踪内化的过程，并且在有意识和理性的档案继承中，存在着无处不在的无意识特征（Ihanus 2007，123）。

最重要的是，精神分析应该提醒我们永远不要忘记：我们不能记录下来遗忘（正如德里达错误地主张的那样），但我们忘记的东西可能会被压抑、否定或干脆不被记住，它有可能会回到我们身边。不仅仅是以Facebook帖子的形式重新出现，而是因为潜意识是动态的，推动着意识的产生。因此，社交网站的数据存储设施不仅是记忆的扩展，抑或是我们心理的外部空间，而且，正如我在此前指出的，空间能够实现复杂的精神投资过程。

德里达雄辩地写道，精神分析是一门范式学科，它可以探索围绕信息的生产、存储、保存和检索的存档和过程，这是谈话疗法的重要特征。对弗洛伊德来说，心灵本身就是一种档案，由不同的部分组成。无意识是一种无限的空间，它承载着被压抑、被否定、被遗忘的记忆、情感和幻想。然而，心灵，意识和无意识，是一个空间容器，由弗洛伊德绘制，因此它变得像一个档案，正如德里达所指出的。那么，自由联想谈话疗法的目标，就是在精神档案的基础上建立一个档案，提取片段，把它们拼接起来，和病人一起重建或重建一个档案。这个档案不仅是通过邀请自由联想的言语行为建立的，而且通过书面的匿名的案例记录，非常准确地固定下来。

数据挖掘和精神分析都是由了解对方和积累数据的欲望驱动的。在某种程度上，分析师和病人一起从病人的（无意识的）生活经历中提取数据，并以某种方式解释和使用它们——当然目的不同。分析师希望了解病人，以便提出可能的解决方案或处理问题的方法。通常情况下，患者希望了解更多关于分析师的私人生活，但出于职业/道德行为的原因，这种愿望是被禁止的。因此涉及权力关系，尽管双方存在互惠，但在谁知道谁的情况方面并不平等。用户与为各种目的挖掘数据的公司或机构之间的关系也是如此。这两个数据提取实例之间的另一个共同特征是，它们是自动进行的（尽管程度不同）。自由结社的目的是使话语的流动绕过有意识的审查，暴露无意识的思想或想法。这是以一种流动的、几乎是自动的方式发生的。同样，数据挖掘实践也受到算法和代码的控制，这些算法和代码自动运行，超出了用户的知识和控制。代码隐藏在设计接口后面，这些接口掩盖了表面之下发生的事情。

对德里达来说，这些档案在对他人知识的全面探索中暗含着某种暴力。档案是通过一种监视形式形成的（德里达 1995，12）。关于某些个人、某个历史时期和主题的档案通常是由其他人而不是档案所涉及的人来构建的。这当然适用于社交媒体和其他领域的数据挖掘。德里达指出，归档和创建归档的愿望是对死亡驱动的一种防御行为。在存储和维护数据时，归档对死亡驱动器起作用。这种欲望是无止境的。死亡驱动不断地威胁着存档，需要积累更多的数据来防止破坏和丢失。这种不断添加到归档中的愿望就是档案热。我们可以看到,当用户上传内容,与他人进行交流时,社交媒体上是如何做到这一点的。真实原则得到了验证——用户感到与他人建立了联系并得到了他人的认可(Balick 2014)。用户在使用 Facebook 或其他社交网络平台时,当然不只是创建一个存档。他们正在跨越平台、设备和内容创建大量数据。尽管用户愿意不断地发送(Bunz 和 Meikle 2017)更多的数据,通过披露、存储和保留关于我们自己的信息,可能是抵御损失和不确定性的征兆,但在表面之下还有一个更深层次的暗流:算法。该算法及其周围更明显的过程已经成为可传递的对象,为用户带来秩序感、稳定性和可预测性。稍后我将更详细地讨论这个问题。首先,我想看看大量用户数据创建的后果。

为了防止丢失而防御性地创建用户数据还有一个方面,Halpern 和 Derrida 没有考虑到:存档发生了一些事情。不仅仅是数据创建或贡献了存档,这些数据还被社会媒体公司获取、提取、重新打包和使用。因此,为了使平台的经济需求变得有意义,并最终变得有价值,个人档案和用户的主观意识被破坏,并与其他数据融合在一起。在本文的其余部分中,我更感兴趣的是我所称的双重归档的第二步:当我们在网上创建档案时,档案会发生什么变化?他们并没有被我们保护和保护,相反,它们被保存、扩大、改组、挪用和用于其他目的。

[W]可以把被激活的电子记录看作是从一种形式到另一种形式的脉动,介于内反射和反射之间,以及介于反射和投影之间。记录在档案网上创建(传递)、解构(去除)和重建(重拾)。(Ihanus 2007,124)

例如,由个人用户在 Facebook 或微博上的数据组成的档案总是在不断变化。用户和 Facebook 或微博都可以修改。弗洛伊德所唤起的精神分析的考古隐喻,以及德里达同样鼓动的精神分析,可能与数据的移动以及社会媒体公司、数据经纪人和各种其他行动者对各种用户数据的挖掘和再利用高度相关。从不同的地方挖掘和收集尽可能多的关于我们的数据的愿望指向了对我们心灵的剥削。无意识被商品化(Krüger 和 Johanssen,2014 年)。从这个意义上说,用户数据是对我们的在线交互产生影响的无意识痕迹的表现。用户创造的内容不仅仅是记忆的外在化,或者意识的表现。这是一种对复杂的精神力量的描述，已经产生了特定的 Facebook 帖子。例如，我之前已经详细讨论过这一点（Johanssen，2016 年）。它是把记忆转换成数据的一种行为。人们不禁会在工具理性中感受到某种内在的暴力，而工具理性使数据受到分析和算法过程的影响。

三、变态（Perversion）

我认为数据挖掘还有另一个维度：一个反常的双重绑定，它珍视用户同时破坏他们的数据/他们，将他们当作主体珍惜，并将他们作为对象加以滥用。Danielle Knafo 和 Rocco Lo Bosco（2017）最近写了一篇关于当代社会心理现象的文章。作为一个临床概念，变态已经被不同的精神分析学家概念化。Knafo 和 Lo Bosco 列举了六个特征，它们结合了对变态的不同精神分析讨论。变态是普遍存在的；它在不同程度的范围内发生作用；它可能与创伤和损失有关，通过变态被否认和掩盖；它可能在关系中表现出虐待狂受虐的特征；它表现出兴奋、掌控和幻觉的体验；它在男人和女人身上表现得不同（Knafo 和 Lo Bosco 2017，52—54）。

虽然变态常常与性异常、性恋物和违反规范和法律的性行为联系在一起，但客体关系精神分析特别强调，性变态发生在人际关系中。变态的主体，或变态者，将关系中的另一方视为客体。他们受到仇恨、残酷和羞辱的对待（Bach 1994；Stein 2005）。一种反常的关系类似于认知和关怀，而这些特质在现实中却被背叛了。"作为一种亲缘关系模式的变态指向诱惑、支配、精神贿赂和'无辜'的恶意之间的一种关系，所有这些都是为了剥削他人"（Stein 2005，780—781）。变态关系构成了一个封闭现实和外部影响的奇异世界。创建了关系中的新规则。因此，变态行为总是试图忽视、颠覆或积极违反法律（拉康 2002）。变态者的对象——无论是真人还是实物——在被理想化和珍视的同时被（ab）使用和操纵（Khan 1979；Celenza 2014）。变态是一种掌握行为，它否认人类的脆弱性，对他人的依赖，最终导致死亡（Ogden 1996；McDougal 1972，1995）。许多当代数字媒体与其用户也起着类似的作用。在沟通和联系的幌子下，Facebook 将其用户引入了一种实际上基于剥削的关系。用户被称为独特个体,鼓励他们通过平台的各种功能在线表达自己,但他们同意(无论是否知情)将其作为数据配置文件出售给广告商。Facebook 和其他平台绑定用户的这种双重机制具有不正常的倾向。Facebook 和其他平台将用户绑定在一起的这种双重机制具有变态的倾向。精神分析学家 Masut Khan 认为,变态者的客体存在于他/她与他人之间,存在于幻想与现实之间。因此,它可以"被发明、被操纵、被使用、被滥用、被踩踏、被抛弃、被珍惜、被理想化、被共生地认同,同时失去活力"(Khan 1979,26)。这个介于用户和社交媒体平台之间的空间,象征着在谷歌、Facebook、Twitter、微博、微信等社交媒体眼中的我们是谁和我们实际是谁之间的断裂。我们被爱,同时也被利用。将这种关系理论化为一种变态,开辟了一个独特的视角来分析它。它强调用户和平台之间的特殊动态。在本文中,我将对此进行更多的探讨。

四、数据发掘和个体

数据挖掘利用特定的二进制逻辑:目标或浪费。用户被自动分类到基于特定类别构建的分类中(例如,在目标广告的情况下)。John Cheney-Lippold (2017)对此进行了讨论,并提出了"可测量类型"这个概念。基于我们产生的数据,任何数据而不仅仅是社交媒体数据,我们被转换成可测量的类型,或数字主题。不仅我们的数据被出售,它们还被用来决定我们是谁,用来为谷歌、Facebook、微博和 Twitter 等社交媒体公司服务。基于我们对他们服务的使用,我们建立了某种模式。这些模式导致自动创建"我们是谁"的个人资料。例如,基于我们的浏览习惯和其他数据,谷歌算法为搜索性别和年龄范围的人分配了一个值。该算法已被编码,以区分女性或男性的行为模式(Cheney-Lippold 2017,60)。当然,在很多情况下这样的过程是不正确的。随着时间的推移,算法可能会自我完善。

可测量的类型通常是隐蔽的,受保护的,不受批评的,而我们却无意识地转向波动的识别。每次我们上网冲浪,我们都会被市场营销和分析公司描述成可测量的类型[…]。当我们购买产品,走在被闭路电视摄像头监控的街道上,或者带着手机去意大利度假时,我们都被赋予了身份。(Cheney-Lippold

2017，66）

　　Cheney-Lippold 认为，这种对个体的强烈监控和数据化导致了一种被谈论的习惯，被谈论的对象被编码为"好像"他们是某人或适合于已经建立的类别，而不是被直接提到或谈论。此外，我们的网络自我的数字镜像从来都不是固定的，总是动态的，这取决于我们在网络上的行为是否发生了变化。有时，我们认为自己是谁，与 Facebook、谷歌或安全机构认为我们是谁之间存在根本的差异和矛盾，这给当代数据驱动的主观活动引入了一个"异类"维度（同上，193）。这些动态可以用临床术语来考虑，比如人格障碍，精神分裂症或精神病。所有这些都在不同程度上表明了主体理解他们是谁、什么是真实的、什么不是真实的那种能力的崩溃。虽然精神分析承认主体性本身是动态的、发展的和不固定的，但由于我们使用社会媒体和互联网而形成的数据化的主体性更普遍地表现出我们在数字领域之外所能做的更大的流动性动态这种珍视我们、为我们提供连接、信息和沟通的变态行为，最终却以数据挖掘和分析的形式对我们不利，这几乎相当于其他人（数据经纪人、社交媒体平台）对我们的神经质投射。这就是你，以及如何是你！

　　这种对了解我们的编码坚持，从而使我们能够看到我们真正想要看到的东西（例如，在 Facebook 新闻或谷歌上），接近于精神病或精神分裂症患者的坚持，他们不可能谈论共同的现实，或者他们看到的东西实际上是幻想。Smith（2018）将这些机制称为"自主行动/反对数据引用的情感能力"（Smith 2018，12）。如果谷歌根据我的搜索条件认为我是女性，我该如何说服他们？一旦我们的数据被退回给我们，它就有能力以强烈的方式影响我们，这种方式很难控制，甚至几乎不可能改变。这种未知的感觉可以通过精神分析来解释。我们的数据是如何挖掘的？他们怎么了？它们是如何使用的，用于什么目的？但用户对这类问题知之甚少。

五、返回未知数据

　　下面的例子可以更详细地说明我所说的用户和当代数字媒体之间的反常关系。

2017 年 12 月 10 日，Netflix 美国官方推特发布了这条推文："致过去 18 天每天都看圣诞王子的 53 个人：谁伤害了你？"（Netflix 2017，n.p.）

这条推文在很多层面上都很有趣。这是企业披露其数据挖掘实践的一个罕见例子，即使措辞含糊。从表面上看，这条推特揭示了大多数 Netflix 用户可能已经知道的一些事情。Netflix 跟踪用户数据、观看数据、特定用户看电影的频率等。然而，这条推特是关于一部特定的电影《圣诞王子》，这是 Netflix 制作的一部典型的圣诞浪漫喜剧，它提供了特定观众人数的统计数据。它展示了 Netflix 监控个人档案（并将其数据作为账户 id 进行跟踪），以及他们观看内容的频率和时间。仅从这条推文来看，还不清楚捕捉和存储的具体数据是什么。在 Netflix 官方博客上，有更多信息：

我们的系统能够知道每个成员的整个浏览历史，只要他们订阅。这些数据提供了推荐算法，以便成员可以为他们所处的心情找到一个标题。它还会在 UI 中提供"你最近看过的标题"行。（Netflix 科技博客 2015，n.p.）

搜索、评级、地理位置数据、设备信息、观看节目的时间和星期，以及节目暂停或中止的时间也会被跟踪。Netflix 在其博客上透露了其算法的一小部分内容（Finn 2017，92）。观众可能意识到了这一点，因为 Netflix 的推荐算法是该服务的一个独特功能。这条推文不仅披露了 Netflix 电视剧的匿名用户数据。它直接针对那些被曝光的人（"向 53 个人"），并以一句简短的附加语句羞辱他们，意在半开玩笑和搞笑："谁伤害了你？""这意味着这种暴饮暴食的形式是不成比例的，可能会被这些观众用来处理过去的关系或破碎的心。"这条推文是在羞辱和暴露观众，他们可能在推特上出于幽默和注意力的目的在描述中认出了自己。

Cheney-Lippold 认为，在我们今天面临的监视和数据挖掘实践中，总是添加了一个无法量化的维度。这个无法量化的维度"else"（2017，24）可能会被我们感觉到或有所了解，但我们永远无法完全知道它是什么，或者在任何特定时间谁在监视我们，或者用我们的数据做什么。"我们真的不明白别人是怎么谈论我们的。我们不能直接，有意识地体验我们的算法恒等式是什么。但无论如何，他们都在那里，他们的认知腐败提醒我们他们的存在。"（同上，25）正是在这样的时刻，我们可以体验它们。数据会反馈给我们。这让观众产生了一种怪异而又充满情感的体验。数据有一种情感上的特质，这种特质是未知的，也很少会重新呈现给用户。圣诞王子推特就是一个例子，他们回来困扰用户。通过推文，Netflix 被描述为一家强大的、无所不知的公司，它"需要了解"其成员的整个浏览历史，以便算法正常工作。这里将分钟数据挖掘显示为服务的强制部分。这些功能的措辞强烈，暗示了一个贪婪的、口齿不清的、不断积累的机器，需用越来越多的用户数据和显示，来满足它需要。这与 Netflix 算法和 36 页的手册所赋予的神秘品质是一致的，后者根据复杂的图式标记电影和系列（Finn 2017,93）。"谁伤害了你？""表面上是一个有趣的笑话，它可能与许多依赖于数据挖掘的服务和平台之间的共同愿望有关：理想情况下，Netflix 确实想知道谁伤害了圣诞王子的观众，这样算法就可以进行微调，并提供更多关于他们的愿望、关系和心痛的个人数据。"

对于 Netflix 的普通用户来说，这也意味着我们不再是根据我们可能选择的指标（例如，我们选择在消费者调查中分享什么）来确定身份的，而是根据一组行为选择来确定身份，而这些行为选择的结果在很大程度上是未知的。你可能会说自己喜欢浪漫喜剧，但如果你在一个夏天看了十遍《黑客帝国》，Netflix 会把这句话归功于多少价值呢？如果 Netflix 的新剧《纸牌屋》（*House of Cards*）需要上市，Netflix 会给这部剧赋予多少价值？谁测量"幸福"？用同样的系统来量化其他东西。（Finn 2017,109）

虽然这些数据可能会被收集，但观众并不期望在社交媒体上看到这些数据。"我不需要你的判断，Netflix！"其中一人回复了这条推文。另一位网友写道："如果你觉得自己受到了 @netflix 的伤害，请举手。"Netflix 的这条推特可能如此强大，因为它以阿尔都塞式的方式运作，在不明确地将某些特定的观众称为主题的情况下，对他们进行干预。很明显，这是一封能找到收件人的邮件。每天看这部电影 18 天的 53 名观众都能从这条推特上认出自己，Netflix 的其他观众也知道，他们的观看数据也是通过类似的方式收集的。"嘿，你在那里！我们知道你一直在看什么。"我认为，社交媒体也有类似的反常动态——之前在 Netflix 的推特上讨论过的用户动态。也许对于 Twitter 来说，大多数回复都添加了诙谐有趣的评论，显示出对 Netflix 推特的清晰理解。例如：

　　用户 A:你能告诉我还有谁把《实习医生格蕾》的 300 集都看了 5 遍吗？我在找一个丈夫。

　　用户 B:我认为人们需要放松。要有幽默感。他们没有公布任何名字。@netflix,如果我看一个节目太多次,请随时打电话给我……我可能需要它。哈哈！继续……

　　用户 C：netflix,我总共看了《办公室》多少小时？

　　(Netflix 2017，n.p.)

　　这可能是因为 Netflix 的大多数客户或 Twitter 用户并不介意这样一条推文。然而,有些推文在本质上更具有批判性:

　　用户 D:这条推特引发了很多关于 Netflix 政策的重要问题。这条推特是谁写的? 低层员工可以访问私有数据吗? 谁可以访问特定用户的数据? 员工滥用或访问他们不应该访问的数据的后果是什么?

　　用户 E:因为@netflix 收集付费用户的数据;他们的官方推文表明,他们将利用这些数据公开嘲笑特定的客户;而且@netflix 不尊重他们更大的客户群,对@netflix 滥用私人数据的其他方式的担忧。

　　用户 F:我们都知道 Netflix 的人可以访问我们的观看习惯。在互联网上没有什么是真正隐私的。我们知道这些数据是有价值的,你会从很多方面受益。我想我们一直希望你不要公开嘲笑我们。我们的错误。

　　(Netflix 2017，n.p.)

　　上述推文显示出对于 Netflix 的爆料感到不安。Netflix 已经披露了统计信息,但围绕这些信息的更广泛背景仍然是一片黑暗。用户对自己在网上被取笑感到沮丧。目前还不清楚 Netflix 可能还会对这些数据做些什么,以及这些数据将如何输入算法。也许它会推荐类似的喜剧,也许它也会推荐自助节目,关于约会、治疗或精神分析的纪录片? Netflix 的解释是,那些反复观看这部电影的人必然会受到"伤害",这可能会导致他们因为在网上受到羞辱而受到伤害。他们没有办法纠正这个判断。也许是其他动机在重复观看中起了作用;也许人们在播放电影时是高兴的而不是受伤的。Netflix 尚未对其推特上的数千条评论做出回应。与用户的一次罕见对话如下:

　　用户 I:你为什么要像 Netflix 那样把人叫出来

　　Netflix:我只是想确定你没事

　　用户 I:你不是我妈妈

　　Netflix:好吧亲爱的

　　(Netflix 2017，n.p.)

　　无论是谁写的这几句话,都显示出一种性别歧视和居高临下的语言。Netflix,或者更确切地说,是一名员工,担心那些观看了《圣诞王子》的用户,他们想要确保他们一切安好,或者说他们是这么说的。这就好比一个变态在公开场合羞辱了自己的伴侣,然后拥抱他们,并向他们保证,他们想要确保自己事后没事。侵扰和羞辱被伪装成关心和爱——或者甚至意味着/理解为关心和爱。Netflix 的工作人员与用户如何看待这些句子之间的区别对于前者而言是无足轻重的。对 Netflix 来说,撰写这样一条推文是一种谨慎的行为。对其他人来说,这是一种变态的谨慎行为。这里有一种情感干扰的感觉,让观众感到困惑、受伤和愤怒,他们对自己的数据如何重新浮出水面感到愤怒,并遭受来自社交媒体上廉价的嘲笑。它还增强了用户对自己的数据几乎没有控制权的体验。因此,回复 Netflix 的推文可能被视为释放用户阅读推文时可能产生的情感不安的机会。Netflix 对用户数据的强大统治地位,可能导致许多用户产生情感上的不快(弗洛伊德 1981b)。这些数据可以被转换成任何关于用户身份的叙述,Netflix 对此进行了阐述。无力感的情感维度,以及使用 Netflix 的用户在某种程度上串通一气的情感维度,都是通过批评 Netflix 在上面的推文中释放出来的。用户将自己与 Netflix 分离开来,不知道、不完全理解他们的数据发生了什么。正如一位用户在 Twitter 上回复 Netflix 时所说:“我想我不喜欢被提醒我有多少关于我的数据。”这样的回答可能只是表面上是对 Twitter 的羞辱和嘲弄性质的批评。他们还表达了不安的感觉,甚至可能是一种弥漫的焦虑感,这种焦虑感与用户突然意识到他们的用户数据被挖掘出来的事实有关,并且可以根据他们的观看习惯做出各种解释。这可能是他们不愿考虑太多的事情。用户的推文是一个宣泄不安和未知情绪的出口,与我们的数据发生了什么关系。在其他地方,我认为数字媒体服务背后的用户(如 Facebook 和 Netflix)可能会有一种“意识”(Johanssen 2016,12),但这可能是无意识的,也可能是大多数用户否认的。它只会在数据突然以不同的方式影响我们的情况下重新出现。

六、分散/个性化用户

Antoinette Rouvroy(2013)认为数据挖掘和基于算法的分析忽略了用户数据背后的真实自我,而是在用户数据和统计主体之间构建了一个二分法。对企业来说,个人的主观奇点、个人的心理动机或意图并不重要。(Rouvroy 2013,157))。Rouvroy 显然是站在福柯的立场上写的,但我认为这种现象同时针对去个性化和个性化的。这与变态的逻辑以及它如何在关系中表达自己有关。这种变态的关系是由非人性化和人性化共同构成的。Otto Kernberg (1995)将变态描述为一种由互补角色组成的关系,这种互补角色以强迫的形式表现出来,而强迫的形式又被另一个主体掩盖为对另一个主体的爱。社交媒体上的数据挖掘过程不仅与商品化和将用户数据转化为商品有关,还同样由社交媒体公司的关怀、关爱、社区和认可构成。这种关系是由社交媒体通过吸引用户个人主观需求的界面结构而创建的,它沿着关怀/利用的轴线构建(Stein 2005)。"你在想什么?"Facebook 问我。"发生了什么?"Twitter 希望知道。我们在这些平台上花费的时间越多,生成的数据越多,我们通过平台固有的接口特性获得的回报就越多。2017 年底,Facebook 给我发了一条庆祝信息:"雅各布,你今年在 Facebook 上交了 20 个朋友! 谢谢你让世界变得更近。我们认为这是值得庆祝的事情!"几个月后,我收到了这样一条消息:"雅各布,你的朋友们已经喜欢你的帖子 6000 次了!"我们很高兴你能在 Facebook 上和你关心的人分享你的生活。还有一次,我被告知哪些朋友在一周内对我分享的内容回复最多。这样的信息,明显是针对我这个与其他用户有(数据)关系的个体主体,表达了平台上情感社区的快乐感受。他们用积极的方式对待我,重视我在 Facebook 上的存在。他们没有说还有谁浏览了我的部分数据,也没有说 Facebook 从我的数据中赚了多少钱来做定向广告。与 Rouvroy 相反,我认为这些信息是 Facebook 独特的个性化特征的例子,这些特征的存在是为了在平台上进行沟通,并表达用户被视为独特的个性。就我个人而言,我不禁感觉到 Facebook 对我使用它的赞赏和认可。我感觉自己像一个真正的社交人士,受人欢迎,受人爱戴。任何人类存在的基本方面。你分享的越多,社交媒体平台就会以喜欢、分享、关注和可见性的形式给予你更多的认可。

然而,与此同时,我同意 Rouvroy 的观点,这些信息和特性掩盖了数据被挖掘后发生的非人性化。作为一种亲缘关系模式的变态指向诱惑、支配、精神贿赂和"无辜"的狡诈使用之间的关系,所有这些都是为了剥削他人。(Stein 2005,780－781)。在数据挖掘过程中发挥作用的排序机制、"目标或浪费"之间的区别(Kennedy 2016,47)、用户的分类和评估都是非常不人道的做法。它们被社交媒体公司和其他服务公司伪装成无辜,有人认为它们有助于更好的用户体验、更多的功能等。

当我们考虑到媒体用户本身对他们所使用的服务给予了极大的信任时,这又增加了一个转折。我们相信,有针对性的广告、推荐系统或其他自动化的在线机制可以提高我们的生活水平——或许在一定程度上确实如此。通过我们的行为,我们与我们所受的非人化形式串通一气。

非人性化不再只是一个人对另一个人所做的事。相反,它是当机械化和商品化通过社会环境的技术塑造从外部进入人们时,人们对自己做的事情。(Knafo and Lo Bosco 2017,23)

因此,从这个意义上讲,问题不仅在于平台。这关系到用户的共谋。没有我们的自愿使用,这些平台就不会存在。

七、结论

本文提出了一种针对大数据和数据挖掘的社会心理-精神分析方法,以便从社会和个人层面来探索这些现象。通过数据挖掘,社交媒体公司相信他们能够完全捕获主体,并将其转化为可商品化的数据集。从这个意义上说,一个主体被映射到他们在线创建的各种数据集中,并由社交媒体公司、数据代理和其他利益相关者重新组装。这是一次又一次大规模的操作,并产生了"大数据":由数千个不同的数据点组成的大型数据集。因此,个人主观创造的数据构成了大数据的要素,同时也因为与大量其他数据(如元数据或主体可能非自愿留下的数据)捆绑在一起而被否认。社交媒体依赖于创建和使用数据的个人，但真正的意义和经济资产只有通过积累成大型数据集才能获得。个人的主观性以及他们在网上的表达方式，同时也被社交媒体公司所接受和否认。这个主体被引诱去产生更多的数据，并变成一个被监视和使用的商品化实体。因此，社交媒体公司在接受和否认个人主观行为及其在网上的表达方式的同时，也接受和否认了这些行为。因此，受试者正在自愿和非自愿地影响他们的数据创建，并同样受到数据挖掘过程的影响，这些过程往往导致他们的数据与其他数据合并、出售和购买。受试者对他们的在线数据几乎没有知识和权力，一旦遇到 Netflix 等服务公司对他们的信息，他们可能会做出幽默、理解的回应，但同时也会产生更多情感上模棱两可的状态，比如不安、焦虑、不确定性和不快。在用户和数据挖掘服务之间的反常关系中，共谋的程度可能比人们有意识地了解和反思的程度更容易让人产生情感上的感受。

我们作为主体与挖掘/使用我们数据的服务和平台之间的关系是复杂的、共生的。我们已经深深地陷入了一种由某种程度的扭曲所构成的关系之中。正如我在 Netflix 的推特上讨论的那样，只有在出现故障、断裂或数据返回的时刻，我们才会想起以情感状态存在于我们内心的知识。我们可以将用户与 Facebook 等社交媒体之间的关系概念化为共生和依赖的关系。Facebook 用户动态界面具有高度的渗透性，可以从其他服务和第三方那里泄漏和吸收数据，这种情况经常发生在用户不知道的情况下。虽然用户当然自愿同意他们与 Facebook、Netflix 和其他类似平台的关系，但他们有一种依赖性和脆弱性。他们对数据的使用方式和用途知之甚少。脆弱性在一定程度上是由算法平台管理/包含的，通过提供对用户来说简单、有用和有益的接口，而在表面之下运行着不同的逻辑。因此，在用户如何看待与 Facebook 等社交媒体的关系和 Facebook 如何看待与用户的关系之间，存在着一种情感上的失衡。Facebook 给用户提供了一个可以使用的平台，在这个平台上制定并执行规则（Balick 2014）；在表面之下，这种安全感被打破，用户无法掌控自己的数据和命运。Facebook、Netflix 等公司通过促进交流和社交，以及通过数据挖掘破坏和重塑用户的在线主观性，让用户同时受到肯定生命的性爱驱动和死亡驱动。他们的数据位于一个奇怪的边界，在一个黑暗的世界里，他们对自己有代理，但同时又被拒绝。用户本质上是脆弱的，因为他们对自己的数据几乎没有控制权。他们不能完全利用自己的数据,相反,这些数据属于他们自己和Facebook,处在一个奇怪的边缘空间,在这里,他们的价值被低估。如果我们在网上制作的那么多内容,以及在此过程中收集的其他数据,能够以我们可能预期但不知道的方式使用,那么与数字相关的主题,就会带有一种偏执和不确定性的感觉,而更透明的数据使用方式可能会缓解这种情感上的印象。

（雅各布·约翰森,威斯敏斯特大学媒体与传播研究中心高级讲师;王鑫,本文译者,辽宁大学新闻与传播学院副教授,辽宁大学话语中心研究员,威斯敏斯特大学访问学者;孟庆生,本文审校,东北师范大学教育部出国留学人员培训部讲师）

Between Subjects and Objects: Big Data, Perversion and Digital Media

Jacob Johanssen

Abstract: The article analyses big data and data mining from a psychoanalytic perspective. Drawing on the psychoanalytic notion of perversion, it will be outlined how digital media users are both valued as subjects and treated as objects by many digital media platforms today. Data mining practices are individualizing by promising a bespoke user experience which values the individual subject. They are also disindividualising by mining user data in order to construct user profiles and large datasets. Examples will be discussed to illustrate those points.

Keywords: big data; psychoanalysis; digital media; perversion

舞蹈艺术的哲学探险

——以"虚拟实在"为参照系

薛霜雨

摘要：艺术哲学家、舞蹈理论家及评论家常采用以下进路来探讨舞蹈：或源于哲学的反思；或出于经验的归纳；或基于单纯的直观。此文并不打算遵循传统思路，而是试图以翟振明在《论艺术的价值结构》一文中已经建构起来的、能够一般地用于舞蹈之哲思的艺术结构图为理论框架，且以其在《有无之间——虚拟实在的哲学探险》一书中已经证成的"可替换感知框架间对等性原理"为理论基础，通过思想实验对舞蹈艺术进行哲学思考①。我们将通过实验Ⅰ构建出舞蹈艺术结构图，再通过实验Ⅱ阐明虚拟舞蹈优于传统舞蹈的三点理由。

关键词：舞蹈艺术；虚拟实在；艺术结构图；对等性原理

翟振明在《论艺术的价值结构》（以下简称《价值》）中主张，"什么是艺术"

---

① 本文并不打算测试翟先生之虚拟实在理论及其艺术思想的理论合法性、适应度和解释力，而是尝试在其理论基础上、在能够释放出更多意义空间的虚拟实在中寻求对舞蹈艺术的全新理解。

的问题可以转化为"艺术有什么样的价值结构"的问题,艺术的价值结构能够应用于艺术的评判工作。他构建的"完整的艺术结构图"①分为三个环节:1.艺术创造,即创造者的精神层面的内在价值在意义领域的直接实现;2.传递中介,即创造者将直感②外化在物理载体或自然过程中形成的艺术品或艺术事件;3.直感印证,即欣赏者通过与艺术形式相对应的直感体验获得对创造者的内在价值的印证认同。

　　舞蹈是艺术大家庭的成员。同理,我们可将"什么是舞蹈"的问题转化为"舞蹈有什么样的价值结构"的问题。完整的舞蹈艺术同样分为三个环节:1.编舞,即编舞者内在价值的直感外化;2.舞蹈,即直感借助舞者形成的艺术事件③;3.欣赏,即观众通过舞蹈获得直感印证。需要澄清的是:首先,这里所涉及的舞蹈专指服务于内在价值④的、作为纯粹艺术的舞蹈,凡服务于外在价值(以教化、宣传、社交等为目的)的舞蹈均不在论文的讨论范围之内;其次,由于环节1、2是完整的舞蹈艺术的基础部分,且环节3由于涉及直感印证的普遍性和客观性问题而显得格外复杂,故我们的讨论主要集中在前两个环节。

一、完整的舞蹈结构图

　　康德在《纯粹理性批判》之"先验(transzendental)感性论"部分对时空作为先天的(a priori)直观形式进行了先验的阐明。这一遭到众多康德专家抱怨的未经演绎的预设导致了整个批判哲学体系的入口困难。具体而言,康德在第

---

　　①　详见翟振明《论艺术的价值结构》,《哲学研究》2006 年第 1 期,第 87—89 页。

　　②　美学史家常因鲍姆加通提出了一门名为"Ästhetik"的新学问并对其进行了富有特色的思考而将他视为"美学"的创始人。然而作为美学创始人的他同时也是使"Ästhetik"和"ästhetisch"产生意义含混的始作俑者。在鲍氏的语境中,"Ästhetik"一词既指感性认识的科学即感性学,也指美的科学即美学,又因感性认识本身的完善就是美,于是,感性学与美学又在意义上被打通了。国内学界将"ästhetisch"或译为"审美的",或译为"感性的"或"直感的"。日本学者熊野纯彦将其译为"直感的",翟振明亦倡导"直感的"此一译法,并给出了其名词形式"直感(Aesthetic)",意指以人的五官为基础的对可感对象的形式与质料的直接响应。翟振明:《论艺术的价值结构》,《哲学研究》2006 年第 1 期,第 88 页。

　　③　这里使用了"艺术事件"一词,而非"艺术品",主要是因为前者较后者更能体现出舞蹈的生成性、时间性、流动性。

　　④　关于"内在价值"和"外在价值"的区分,详见翟振明《论艺术的价值结构》,《哲学研究》2006 年第 1 期,第 85 页。

一批判中并没有提出"先天的直观形式如何使现象成为可能"这样的问题,而只是呈现了针对空间和时间的形而上学阐明和先验阐明。但这并不意味着,这是一个可以被忽视的问题——"直观形式与现象或一般感性杂多的同质毕竟从来未曾加以论证过,因此要想使超绝图型的概念有一个彻底的澄清,就必须就这种同质性做出说明……对于验前的直观形式如何使现象成为可能这个问题,康德甚至连提都没有提出过。这可以称作'超绝感性论'中超绝演绎的缺失"①。然而翟先生却另辟蹊径,在《有无之间——虚拟实在的哲学探险》(以下简称《虚拟》)一书中,他通过交叉通灵和人际遥距临境等思想实验,建立起了"可替换感知框架间对等性原理"②。尽管他未能辩明主体是如何通过感知框架构成了经验③,但他的工作却在一定程度上实现了对康德之先验感性论的辩护,即便我们很难说他在虚拟实在④中所进行的哲学探险是以支持康德的时空学说为最终目的的。在这一部分,我们将以对等性原理为理论支撑,通过实验建构出"完整的舞蹈艺术结构图"。

1.思想实验Ⅰ—A:谁在跳舞?

王学东⑤作为中央芭蕾舞团的首席男舞者受邀参加布拉格芭蕾庆典音乐会。由于意外事故,他未能赶上飞往布拉格的航班并倍感遗憾。然而,情况并

---

① 钱捷:《头上的星空——康德的〈纯粹理性批判〉与自然科学的哲学基础》,安徽文艺出版社 2013 年,第 111—112 页。还需指出的是,钱捷将"transzendental"译为"超绝的","a priori"译为"验前的"。具体理由详见钱捷《头上的星空——康德的〈纯粹理性批判〉与自然科学的哲学基础》,安徽文艺出版社 2013 年,第 53—70 页。

② 可选择感知框架间的对等性原理(Principle of Reciprocity between Alternative Sensory Frameworks,简称 PR),意指支撑一定程度的感知的一致性和稳定性的所有可能的感知框架,对于组织我们的经验具有相同的本体地位。翟振明著,孔红艳译:《有无之间——虚拟实在的哲学探险》,北京大学出版社 2007 年,第 193 页。

③ 用康德的话来说,即验前的直观形式如何使现象成为可能。难道在翟先生的哲学探险中,涉及机制的工作是可以忽略的吗?另外,从康德的感性学说来看,翟先生所谓的"感知框架"不仅包括了感性的形式,似乎还包括了感性的质料,甚至纯粹的知性范畴。

④ 虚拟实在(Virtual Reality,简称 VR)指的是一种感觉感知的人工系统,其将我们与自然实在区分开来,但是允许我们同样地或更好地操纵物理过程并同他人相互作用,同时为扩展我们的创造力提供了前所未有的可能性。翟振明著,孔红艳译:《有无之间——虚拟实在的哲学探险》,北京大学出版社 2007 年,第 194 页。

⑤ 为方便讨论,论文虚构了"王学东""托马斯""罗兰·巴蒂"等人作为思想实验的主要人物,且文中出现的"中央芭蕾舞团""布拉格芭蕾庆典音乐会"纯属虚构,与实际情况无关。

没有那么糟糕。首先,我们在捷克国家剧院芭蕾舞团挑选出一位与王学东在身材形体和舞蹈技术上都极为相似的芭蕾舞演员托马斯,邀请他与王学东一同进入交叉通灵境况[①]:他们丧失了对身体的自然归属感,视觉与躯体触觉产生了倒错。[②] 然后,我们分别给二位戴上人际遥距临境[③]的头套:王学东体验到自己从北京转移到了布拉格,托马斯体验到自己从布拉格转移到了北京。尽管二人的躯体触觉已经在交叉通灵时互换,但头套使得他们的意志、感觉同外部观察到的身体移动之间重新产生了对应关系,即他们的内部感觉与外部视觉的一致性得到了恢复。现在,王学东可以借助托马斯在布拉格的身体参加芭蕾庆典音乐会,而托马斯可以借助王学东在北京的身体到长城观光。

　　王学东借助托马斯的身体向主办方提出了请求(主办方以为自己面对的人是托马斯),即代替未能出席音乐会的王学东演绎法国编舞大师罗兰·巴蒂创作的新古典芭蕾作品《卡门》,主办方和编舞者表示赞同。王学东对这部作品的理解和领悟十分深刻,他拥有古典芭蕾系统技术的肌肉记忆和传统西班牙舞的风格记忆,而托马斯的身体满足诠释这部作品的所有物理条件,这使得王学东在操控它时得心应手,支配托马斯的身体如同支配自己的身体。然而,当王学东在音乐会上成功地演绎了新古典芭蕾作品《卡门》之后,台下的观众却喊着托马斯的名字,诚然,他们的鲜花和掌声都是献给托马斯的。且当王学东在事后将此次演出的盛况向中芭团长汇报时,团长很可能对他说:“你在撒谎! 你根本没赶上飞机,而且我还知道,演出当日你一个人去爬了长城!”

　　按照翟先生的艺术结构图,环节 1(直感外化)涉及编舞者罗兰·巴蒂,环节 2(传递中介)涉及舞者,环节 3(直感印证)涉及音乐会上的观众。显然,环

---

　　① 交叉通灵境况(Cross-Communication Situation,简称 CCS),指的是一种涉及两个人的境况。在其中,每个人的大脑同另一个人的颈部以下部分通过遥距通讯装置进行信息传递。翟振明著,孔红艳译:《有无之间——虚拟实在的哲学探险》,北京大学出版社 2007 年,第 193 页。

　　② 在这样的情况下,二人仅使用头部以下的身体部位进行信息交换(头部以上的身体没有参与),故二人的视觉信息与头部以下的身体之间无法匹配。因此,如果二人在 CCS 中跳舞,则类似于盲人舞蹈。

　　③ 人际遥距临境(Interpersonal-Telepresence),指的是通过遥距通讯的方式在一个人的大脑和另一个人身体的颈部以下部分之间建立起交叉信息联系。在这种状况下,仅仅通过转换联系状态,一个人能够移位到另一个人打算去的地方。翟振明著,孔红艳译:《有无之间——虚拟实在的哲学探险》,北京大学出版社 2007 年,第 194 页。

节 2 是晦暗不明的,我们不得不问:谁在跳舞? 王学东,抑或是托马斯?

第一种回答:从第三人称的立场来看,观众的确看到了托马斯赋有美感和张力的舞姿、极具情绪感染力的表情,他们甚至对托马斯的精彩表演赞不绝口。然而事实上,观众从根本上无法确知谁在跳舞,因为他们无法判断究竟是谁支配着托马斯的身体,他们甚至无法确定,跳舞的到底是人还是人偶①。或许他们毋需回答这个问题,因为支配托马斯身体的人是托马斯还是王学东,这并不构成对直感印证的丝毫减损。

第二种回答:从第一人称的立场来看,尽管王学东在舞蹈表演中借用了托马斯的身体进行直感传递,但他发起舞蹈的主动意识和推动舞蹈发展的内在意图却是自明的,且他从中获得的对身体相对位置的视觉感知和对身体力学的内在意识也是真实不虚的。毫无疑问,王学东是环节 2 的关键性因素——正因为作为主体的他对《卡门》进行了审美领悟和直感传递,才使得托马斯的身体对这部作品的诠释和再创造成为了可能。就算没有人相信王学东曾在布拉格芭蕾庆典音乐会上跳过一支新古典芭蕾舞,但他通过人际遥距临境获得的所有内外感知却是毋庸置疑的。实际上,只有从第一人称视角才能确知谁在跳舞,即王学东清楚地知道他在跳舞,而托马斯清楚地知道他不在跳舞。

翟先生在《虚拟》第一章"如何绕到物理空间'背后'去"中已经阐明,作为主体的人不在空间"里",而只是空间的参照中心②,且其所作的"自己'看到'的是自己的身躯"的判断所依据的三个理由——能控制身躯的运动;他看到身体受到外部环境的刺激时他拥有相应的内感觉;他看到的身体与他看时的观察中心的零距离点相接续——也已被翟先生——驳倒了。③ 然而,人不会在交叉通灵或遥距临境的境况中失去自我认证,自我认证是人格同一的根本形式,它不依赖于外部观察者所看到的位置同一性。在表演中,无论舞者支配自己的

① 人偶(Zombie)指的是,一个外表和举止行为看起来像人的、没有意识或者自我意识也没有第一人称视角的东西。翟振明著,孔红艳译:《有无之间——虚拟实在的哲学探险》,北京大学出版社 2007 年,第 194 页。对其的详细讨论,还可参见斯坦福大学柏拉图学院官网的哲学词条"Zombie":The Stanford Encyclopedia of Philosophy, Inc. Zombie[DB/OL].[2003－09－08]. https://plato.stanford. edu/entries/zombies/.

② 翟振明著,孔红艳译:《有无之间——虚拟实在的哲学探险》,北京大学出版社 2007 年,第 21 页。

③ 翟振明:《视觉中心与外在对象的自返同一性》,《哲学研究》2006 年第 9 期,第 76 页。

身体,还是别人的身体甚至人偶,都不存在本质的区别,因为跳舞的人始终是作为主体的舞者。它们的差别仅仅在艺术效果上呈现:舞者的身体与人偶在形体美感和舞蹈技能方面,若前者低于后者,则舞者会感到曾经由于身体条件的物理限制而受阻的意志获得了解放,直感得到更自由的表达以至舞蹈的艺术性得到了提升[①];若前者与后者相当,则艺术性不增不减;若前者高于后者,则艺术性减少。

在王学东借助托马斯的身体进行舞蹈表演所实现的艺术事件中,王学东起到的作用是将环节1中编舞者外化给他的直感通过自己的理解和再创造载入托马斯的身体;托马斯则将直感通过身体再次外化出来,其功能等同于人偶。整个过程中,舞蹈艺术的完整性并未因此而受到任何贬损。艺术结构图提醒我们,环节2是环节1中主体的直感传递媒介,其表现为艺术品或艺术事件。其中,没有任何证据能够表明媒介只能是单纯的物质载体,或具有主体性的存在者,抑或是二者的结合。于是,我们可以总结出完整的舞蹈艺术结构图(除人偶外,其他角色都具有主体性)

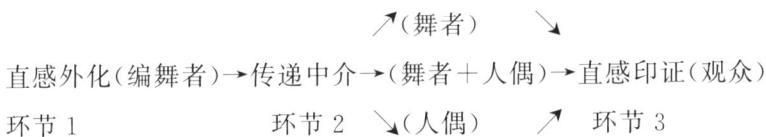

$$\nearrow\text{(舞者)}\searrow$$

直感外化(编舞者)→传递中介→(舞者＋人偶)→直感印证(观众)

环节1　　　　　　环节2 $\searrow$(人偶)$\nearrow$ 环节3

图1

由图1可知,完整的舞蹈艺术可表现为三种模式:模式一"编舞者→舞者→观众"、模式二"编舞者→舞者＋人偶→观众"、模式三"编舞者→人偶→观众"。传统舞蹈属于模式一,遥距临境舞蹈属于模式二,二者并无本质区别且均无损于舞蹈艺术的完整性。值得一提的是,如果演出结束后,支配着托马斯身体的王学东应台下观众的要求进行了一段即兴舞蹈表演,那么在这个过程

―――――――――

[①]　在刚才的人际遥距临境实验中,如果王学东在掌握西班牙舞的风格性和古典芭蕾的技术方面都胜于托马斯,则当他借助托马斯的身体诠释作品《卡门》时,具有艺术鉴赏力且曾经看过托马斯表演的观众一定会惊喜地说:"天啊! 托马斯的表演有了新的突破,他对舞种的把握和对风格的领会进步了不少!"如果这个观众曾经还看过王学东的表演,则他也许会感慨:"托马斯的表演与一位中国舞者相似极了,哦,我想起来了,那位舞者的名字叫王学东!"这位观众在观赏中很可能会产生错觉,即当他注视着台上的托马斯的每一个神情和体态时,他真切地感到,正在台上跳舞的人,不是托马斯,而是王学东。

中,环节1、2将发生主体重合现象:编舞者与舞者同为一人,舞蹈创作与舞蹈表演同时发生。

至此,描绘完整的舞蹈结构图的任务,还剩下最后一项工作,即通过思想实验确定模式三中的作为环节2的人偶能否被视为完整的舞蹈艺术的有效环节,从而完成对舞蹈结构图的修正。

2.思想实验Ⅰ—B:舞蹈真品还是舞蹈赝品?

一般地,"赝品"概念常常出现在造型艺术领域,而在舞蹈、音乐[①]这类具有较强时间性特征的艺术门类中并不常用,但虚拟实在参照系的出现使得我们不得不直面"舞蹈赝品"这个棘手的问题。

主人公仍然是王学东,他由于未能赶上飞机而错过了布拉格芭蕾庆典音乐会的演出。正当他感到遗憾之时,我们启动另外的方案对此进行补救。然而这次,我们毋需打扰托马斯,而是采用秘密放置在布拉格的、与王学东的身体在外观上完全相同的人偶。

方案一:王学东借助人偶进行遥距临境,人偶作为遥控终端使得此时的遥距临境是非人际间的[②]。

方案二:我们将编舞者罗兰·巴蒂的作品《卡门》中所要求的身体语言及其运动信息转化成数码程序(假定这种转化是可能的):将作品对舞者身体所要求的韵律、相对位置(可按要求精确到几何学上的空间关系)、面部表情等通过计算机进行编码,再根据王学东的形体特征和身体动力特点对程序进行完善,然后将其储存在通过无线电遥控人偶的计算机里。待到王学东即将上场表演时,远程计算机操控人偶如王学东般走上舞台,并在《卡门》的音乐响起的瞬间,计算机启动了此舞蹈的身体程序。于是,人偶配合音乐、按照电脑程序

---

① 值得一提的是,尼采在《悲剧的诞生》中将艺术按照日神精神和酒神精神进行了分类。日神类的艺术有史诗、造型艺术等,酒神类的艺术有音乐、抒情诗、舞蹈等。前者表现为非时间性的、绝对的形式,借助外观的幻觉达到自我肯定,守护个体化原理,通过美丽的外观普照万物;后者表现为对形式的摧毁,借助情绪的癫狂达到自我否定,解除个体化束缚,复归原始自然的体验,具有时间性的特点。尼采对艺术的分类在我们理解各门类艺术的特质方面具有很好的引导作用。详见[德]尼采著,周国平译《悲剧的诞生》,上海三联书店1986年,第2—18页。

② 这种情况类似于美国航天局(NASA)利用机器人和计算机进行遥距临境工作。参见翟振明著,孔红艳译《有无之间——虚拟实在的哲学探险》,北京大学出版社2007年,第16页。

进行了同步舞蹈①。设想人偶的肢体在空间中的表现达到甚至超过了王学东以前演绎这部作品时的最高水平,它的面部表情如此生动,配合着流畅的身体语言不断发生变化,时而忧伤、时而欣喜。当我们坐在台下观赏时,将会不自禁地为台上精彩的表演欢呼喝彩,或被感动得痛哭流涕。

在方案一中,实验Ⅰ-A已经表明,王学东操控人偶与他操控托马斯的身体并无实质性的区别,二者均属于"编舞者→舞者+人偶→观众"模式,只是在前一情景中,台下观众的鲜花和掌声属于王学东。但在方案二中,新的问题产生了。人偶按照事先编辑好的电脑程序在舞台上表演的舞蹈,能否被视为艺术事件? 这正是我们在实验Ⅰ-A结尾处提出的问题:模式三"编舞者→人偶→观众"能否算作完整的舞蹈艺术?

我们可以借助翟先生在题为《赝品分析:语言的与现象学的》的文章中关于"赝品"的相关讨论,来探究"人偶舞蹈能否成为完整的舞蹈艺术的有效环节"此一问题。

(1)针对环节3:我们通过摹仿王学东的身体制造出人偶,并让人偶冒充王学东进行舞蹈表演,人偶通过现实运作过程达到对自身本质的绝对否定。从第三人称视角看,由于王学东和人偶的舞蹈表演在物理层面上具有对等性,二者不存在审美意义和自然意义上的区别,因此,观众根本无法判断舞者到底是王学东还是其人偶。在此,人偶舞蹈满足完美赝品的本质规定:"它在可感的物理性质上与真品相似。"②(2)针对环节2:王学东通过支配自己的身体、托马斯的身体或人偶来进行舞蹈表演的过程中③,由于主体性的参与使得舞者的意

①　如果没有达到同步,计算机可通过远程操控的方式对其进行及时的调整。另外,舞蹈的表演并不一定要依赖音乐伴奏,其本身已经包括了音乐性(如节奏、动感等),音乐的功能和地位在舞蹈中或许只是辅助性的。在很多原生态舞蹈中,舞蹈是不需要音乐的烘托和修饰的,如舞剧《孔雀》的男主演岩金的原生态祭祀舞蹈。从这个意义上来说,似乎邓肯(Isadora Duncan)的舞蹈理论存在让音乐在舞蹈中喧宾夺主的嫌疑。尽管她主张舞蹈的目的是要表现人类灵魂中最崇高、最内在的情感,即那些来自神祇并活跃于我们心里的情感,然而她也认为,在所有的音乐家中,瓦格纳的音乐最接近舞蹈,虽然他的音乐太过抽象以至用舞蹈对其进行模仿难度很高,但这种音乐唤醒了死亡的舞蹈、唤醒了节奏,于是她要求舞者"一心一意用舞蹈去表现那发自灵魂的、向上而回旋的音乐"。详见伊莎多拉·邓肯著,张木楠、刘文荣译《邓肯论舞蹈艺术》,上海文艺出版社1985年,第100页。

②　翟振明:《哲学分析示例:语言的与现象学的》,《哲学研究》2003年第3期,第67页。

③　与这一过程类似的艺术表演有皮影戏、木偶戏等。人通过操控木偶来进行表演,人的意志活动对应于木偶的运动,二者同时发生。

图与可感材料的运动具有同时性,进而导致舞蹈具有物理可感性质之外的象征意义,其属于真品的范畴。"Y 所承载的象征意义被认为是不能被与组成 Y 的物质之同类物质的其他个体所承载的,即被认为是稀有的或独特的。"[①]这里的 Y 指作为象征意义的唯一承载物的真品。然而,人偶舞蹈由于主体性的缺失从而丧失了承载象征意义的机会,应被视为"舞蹈赝品"。(3)针对环节 1:在人偶舞蹈的始端,编舞者本人(或他人按照编舞者的意图)将作品的身体信息转化为数码程序的工作,看起来似乎是主体性参与其中的创造性活动。然而翟先生提醒我们,"如果一个艺术作品是由某个艺术家借助软件在电脑上完成并以数码的方式保存的,由于此作品的承载物——磁盘的物质材料——从一开始就没有与作品的内容建立独特的、排他的关系(任何一个拷贝磁盘都像第一个磁盘一样可以承担完全一样的物质承载功能),这个艺术品就没有资格变成作为赝品模仿对象的真品"[②]。这里给出了非常关键的信息:舞蹈表演的身体信息数码化将使得作品不能成为赝品模仿对象的真品。

据此,我们能够一般地总结出作为真品的完整的舞蹈艺术的三个要点:第一,作为环节 1 的编舞者必须将直感外化到具备可感属性的物质材料上(通过身体表现、语言描述、图像说明等),以供舞者理解、领悟和表现;第二,作为环节 2 的传递中介必须保证主体性的介入,其表现形式应为"主体＋可感材料",且主体的意图与可感材料的运动必须同时发生[③]才能确保此材料成为象征意义的唯一承载物[④];第三,作为环节 3 的观众必须具有主体性才能确保直感印

① 翟振明:《哲学分析示例:语言的与现象学的》,《哲学研究》2003 年第 3 期,第 69 页。
② 翟振明:《哲学分析示例:语言的与现象学的》,《哲学研究》2003 年第 3 期,第 69 页。按照这个结论,被誉为二十世纪最伟大的艺术的电影似乎不能成为赝品模仿对象的真品。
③ 翟振明:《哲学分析示例:语言的与现象学的》,《哲学研究》2003 年第 3 期,第 69 页。正如翟先生所言:"如果有众多的具备同样象征意义的承载物在世流行,任何一件真品的独特性就基本丧失,因而使仿制而造就赝品的条件也就基本丧失。"
④ 罗兰·巴蒂的作品《卡门》只有一个,但经过不同的舞者(具有主体性的)演绎就会产生不同的艺术事件,因此会呈现为不同的舞蹈作品,且同一个舞者对同一个作品的演绎在历时的维度也会呈现不同的表现形式(尽管如此,基于人格同一性原则,我们仍然将同一舞者在不同时间对同一作品的演绎视为同一艺术事件)。每一件时间性的舞蹈作品都是象征意义的唯一承载物。

证,但他们从根本上无法区分完美的赝品和真品。①因此,实验Ⅰ—A中总结出的完整的舞蹈艺术结构图的模式三并不属于真正的舞蹈艺术,其作为舞蹈赝品应该被排除。于是,结构图应修正为(图中,编舞者、舞者和观众均需要主体的介入,可感材料可以是舞者的身体、别人的身体、人偶等):

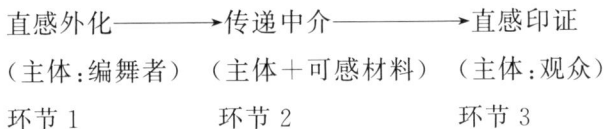

直感外化 ——————→ 传递中介 ——————→ 直感印证
(主体:编舞者)　　(主体＋可感材料)　　(主体:观众)
环节1　　　　　　环节2　　　　　　　环节3

图 2②

二、虚拟世界的舞蹈

翟先生指出,我们在自然实在中的生物学感知器官与虚拟实在中的头罩和紧身服一样,起到的作用是信号传输及其转换。而且,正如我们在实验Ⅰ中所确知的那样,无论我们的感知框架如何转换,人始终能够保持自我认证,尽管基于第三人称视角我们可能会对此人的同一性认证产生混淆。只有当我们拥有始终不变的参照点时,我们才能理解感知框架的转换。此一独立于自然实在和虚拟实在,根植于人的统一感知经验的给定结构中的参照点,和计算机

———————————

①　根据此三个要点,我们可以讨论一下舞蹈视频。摄像机将舞者完成编舞者作品的过程以数码方式记录了下来,我们可以通过电子播放设备欣赏此一舞蹈艺术。然而,我们很快就会发现,我们欣赏的既非真品、亦非赝品,而仅仅是纯数码复制品。在这个复制品中,作为真品的舞蹈艺术的三个要点中的前两个要点都不存在。但针对环节3,我们却能轻而易举地区分复制品和真品,尽管我们能够获得与欣赏真品时同样多的审美体验和直感印证。

②　事实上,完整的艺术结构图中三个环节的交互关系的真正根据是交互主体性(主体间性:intersubjectivity)。西方哲学跨入现代的门槛以来,现象学之交互主体性问题,存在主义哲学之共在关系本体论即他者问题,哲学阐释学之理解问题,社会学理论之符号互动论、冲突及团结问题,政治哲学之正义与公共性问题,都直接或间接地表征了对主体间性问题的浓厚兴趣。“交互主体性”(Intersubjektivität,或译为“主体间性”)概念成为正式的哲学用语,肇始于胡塞尔的现象学。对此一问题的思考源于现象学之理论自身的需要——“先验现象学要求成为先验的哲学,要求在由先验还原的自我所展开的构造问题和理论框架的形式中去解决客观世界的先验问题”。详见张宪译,胡塞尔《笛卡尔沉思与巴黎演讲》,人民出版社 2008 年,第 126 页。

巨大的计算力确保的因果与次因果①交换器的高超过滤技术,使得我们能够很快适应视听空间的人工实在,而此人工实在的整个扩展部分,就是浸蕴形式的艺术。

在实验Ⅰ—A中,我们通过人际遥距临境实验建立了完整的舞蹈艺术结构图;在此基础上,通过Ⅰ—B的人偶舞蹈实验对此结构图进行了修正。翟先生提醒我们,真正的哲学问题在任何被给予或被选择的感知框架中具有同样的意义。因此,在实验Ⅰ—B结尾处确立的舞蹈结构图能够在自然实在②和虚拟实在间通用。尽管实验Ⅰ借助了虚拟元素进行讨论,但我们实际上还处于在自然实在与虚拟实在间穿梭的阶段,尚未彻底进入虚拟实在。在此一部分,我们将以在实验Ⅰ中建立起来的舞蹈结构图为理论基础,真正浸蕴③在赛伯空间④中继续我们对舞蹈的探究。

20世纪初,现代舞创始人伊莎多拉·邓肯(Isadora Duncan)强调肢体与心灵的交融,主张用最真诚自然的舞蹈彰显灵魂的自然情感语言;德国表现主义舞蹈家 Mary Wigman 则重视人体内宇宙,提倡以肢体为工具,用心灵来舞蹈。毫无疑问,这些舞蹈家创造了一种以身体动作来认知世界的纯粹舞蹈,掀起了20世纪波澜壮阔的舞蹈革命。尽管如此,这场革命都无法与虚拟舞蹈对传统舞蹈的颠覆性革命相比拟。现在,让我们戴上头套,穿上紧身衣,在虚拟世界——纯粹感知的、意义的、自在的非物质世界——中开启舞蹈在自然实在

---

① 次因果(Subcausal)是用来指谓这样一种物理过程(如计算机集成块中的电子过程),其实现的唯一目的是支持预期的数码过程。翟振明著,孔红艳译:《有无之间——虚拟实在的哲学探险》,北京大学出版社2007年,第193页。

② 自然实在(Natural Reality)指如我们现在所习惯的被自然地给予的实在,与人工制造的虚拟实在相对。翟振明著,孔红艳译:《有无之间——虚拟实在的哲学探险》,北京大学出版社2007年,第196页。

③ 浸蕴(immerse)指一个人的经验中完全被人工环境环绕并且完全与自然环境的感知隔离。浸蕴技术(Immersion Technology)则指一种代替自然刺激系统并将我们与自然世界中的自然刺激系统隔离开来的、对我们的感官产生完全协调的刺激的技术。翟振明著,孔红艳译:《有无之间——虚拟实在的哲学探险》,北京大学出版社2007年,第193页。

④ 赛伯空间(Cyberspace),指的是一个完全被人工协调的系统,在其中各种感觉的刺激被结合起来感知为动态三维画面;它与我们现在称为的"物理空间"是本体地平行的,因为我们能够同该空间的物体相互作用并因此能像在自然世界一样有效地操纵物理过程。翟振明著,孔红艳译:《有无之间——虚拟实在的哲学探险》,北京大学出版社2007年,第194页。

中无法企及的艺术空间。

1.思想实验Ⅱ—A：虚拟舞蹈的诉求——人人皆是舞蹈家

让我们为中芭首席男演员王学东戴上头罩、穿上紧身衣，让他在虚拟世界中表演罗兰·巴蒂的作品《卡门》。值得一提的是，如果我们想欣赏他的表演，则同样需要浸蕴在虚拟世界中。计算机事先对他在自然实在中舞蹈时身体的所有信息（如内感觉中身体的相对位置感，外感觉中身体的运动形式等）进行了模拟[①]并储存了起来。于是，当他在虚拟世界的舞台中通过支配数码身体（此身体比自然实在中的人偶更易制作）进行表演时，每一个身体动作都会让他获得在自然实在中舞蹈时完全相同的内外感知，他在虚拟世界中跳舞如同他在自然世界中跳舞。显然，这里的舞蹈依然遵循了"编舞者→主体＋可感材料→观众"模式，其与传统舞蹈在艺术结构上并无本质区别，所不同的只是，前者借助的可感材料是纯数码身体。于是，一个已经在实验Ⅰ中触及的问题浮出了水面：既然数码身体只需要对自然实在中的身体力学、运动形式及舞者的内外感知等进行模拟，那么，舞者在自然实在中历经千辛万苦获得的舞蹈基本功还能充当舞蹈表演的必要条件吗？答案是否定的。

一直以来，很多业余舞者、甚至专业舞者都由于受到身体物理条件的限制而不能实现直感的自由表达，他们困扰、沮丧，且因为在自然进程中人的衰老总是伴随着身体功能的衰退，舞者的黄金年龄常常是短暂的。然而在虚拟世界中，一切都将改变！舞者毋需日复一日、年复一年地进行基本功的物理训练，而是把开发身体物理功能的时间和精力（此工作由计算机对数码身体的设计和运算完成）用于体验、思考和丰富直感的表达方式；舞者毋需担心因为长期不练功以致于舞蹈功底减退，亦不必因为身体的衰老而被迫离开心爱的舞台。一切有意识的存在者，都不会因为身体的差异或局限而不能舞蹈[②]，只要有意识，就能跳舞，舞者将彻底从身体的物理束缚中解放出来。

---

① 模拟(Simulation)指通过创造和运行特定的具有某种参量的计算机程序复制某一自然过程的相互作用模式。翟振明著，孔红艳译：《有无之间——虚拟实在的哲学探险》，北京大学出版社2007年，第93页。

② 中国著名古典舞皇后刘岩曾在一次排练中受伤以致于下肢瘫痪。现在，她再也不必因为残疾而感到痛苦，她将在虚拟世界中彻底摆脱身体的物质条件的束缚，借助数码身体继续追逐她的舞蹈梦想。

翟先生还启发我们,虚拟实在根本不需要模仿自然实在。因此,我们甚至可以打破传统的位置性概念,冲破正常人体的解剖结构的限制,完全按照我们的意愿创造出更理想的数码身体,让它看起来更美、更赋有力量、更能满足作品的要求;我们还可以改变数码身体的力学规律和运动特征,让它超越自然实在中人体的运动极限以便能更自由地传递直感①。在虚拟世界中,外部必然性和我们感知经验生动性之间的物质厚度的间距将被抹去,于是,我们的舞蹈获得了空前的自由度。由于电脑程序完全可以将舞者的数码身体的技能设定在同一个水平,因此任何一位舞者都将失去成为一名艺匠的机会。那些在自然实在中缺乏内在情感和生命体验、仅仅依靠物理技术的舞者将被虚拟艺术的舞台淘汰,而只有那些真正具有理解力和创造力的舞者才能成为舞蹈家。

2.思想实验Ⅱ—B:艺术创造的竞技场——人人皆是艺术家

Wigman 曾主张,舞蹈艺术是运用人体动作的舞动来传情达意的,"情"是赋予舞蹈作品以勃勃生机的魂。舞蹈以人体动作为外部因素,表演则是渗透、融化、贯穿在一切动作之中的内心情感流露。② 诚然,在传统意义上,人体对于舞蹈具有无可替代的重要意义,但在虚拟世界中,一切都将发生改变。

在实验Ⅱ—A 中,我们选择的环节 2 的可感材料是与舞者在自然实在中相对应的、能够使我们获得相同内外感知体验的数码身体。在此,为了给编舞者提供更自由的创作空间,我们让舞者换上非人体造型的数码身体③:自然界中的孔雀、飞鸟、鲜花、松柏,神话童话中的美人鱼、小仙女、天使、精灵,造型艺术中的维纳斯、大卫、戴珍珠耳环的少女、思想者,甚至是通过人的想象力创造出来的各种形状奇特的身体,等等。于是,新的问题产生了:既然我们在虚拟世界中可以选择各式各样的数码身体进行舞蹈表演,那么,人体的形式还是可感材料的唯一规定吗?答案是否定的,而在 Wigman 看来,这一定是一件不可

① 例如,王学东在自然实在中通过基本功训练而达到的旋转速度、弹跳高度、翻腾力度等的最大值,能够通过程序设置被改变。

② 详见张冬《舞蹈艺术的审美解读》,《教育前沿:综合版》2009 年第 8 期,第 124 页。

③ "在 VPL 中,我们经常变化成龙虾、瞪羚、长翅膀的天使等不同的生物逗乐。在虚拟世界里换一个不同的身体比换一件衣服的意义要深远得多,因为你实际上改变了你的身体力学。"(VPL 指 Jaron Lanier 创办的虚拟食杂软硬件公司,翟先生注,转引自翟振明著,孔红艳译:《有无之间——虚拟实在的哲学探险》,北京大学出版社 2007 年,第 91 页。

思议的事。接下来，让我们进入充满着无限可能性的虚拟艺术世界，看看舞蹈将会呈现出怎样的奇观。

方案一：我们按照自然实在中人体的力学规律来设计非人体数码身体，然后将我们现有的所有舞蹈语汇搬运到非人体数码身体上，这时，舞蹈将呈现出拟人化的特征。[①] 例如，中国古典舞十分重视对手的运用、对身体的体现、对步伐的协调，强调"圆"的观念，要求头、胸、臂、手、腿、脚等身体各部位尽可能地在"圆"的空间活动。如果舞者选择仙鹤作为数码身体跳一支中国古典舞，那这场表演将会是怎样的呢？是否只有人体（自然的或虚拟的）才是这个舞种的最佳诠释媒介，抑或是，我们能够根据这个舞种的特点设计一种在形式感和动力学方面最能满足此舞种审美要求的数码身体？

仙鹤遵循人体在自然实在中的身体力学，舞者可以用它的翅膀来充当手、双腿来充当脚。当舞者跳起中国古典舞时，他会真切地感到，支配仙鹤的身体如同支配人体[②]。毫无疑问，这依然是一场纯正的中国古典舞表演。至于"人体是否是此一舞种的最佳诠释媒介"的问题，我们不必急于回答，而是充分发挥想象力和创造力，试图根据中国古典舞的风格特点去创造一种新的数码身体。

方案二：人类创造舞蹈语汇时在一定程度上模仿了自然[③]，而在虚拟世界中，我们按照自然实在中的动物、植物的运动特点和力学规律来设计非人体的数码身体。这将导致舞者的直感表达获得更多的可能性。一方面，我们尝试让动物的自然性与人类创造的舞种相结合，即舞者根据数码身体的特点选择较适合的舞种进行表演（也可以选择跟身体不太相容的舞种进行表演以寻求

---

① 这种情况在现有的动画作品中并不陌生。在动画片《里约大冒险》中，鸟儿们模仿人类跳着热情四射的桑巴舞和拉丁舞，猴子们则模仿人类跳着又酷又滑稽的街舞。

② "令我们惊讶的是，人们几乎能立即使自己适应于控制根本不同形象的身体。他们用细长的蜘蛛臂溅起虚拟物体就像用人的手臂一样灵活。你认为你的大脑熟悉你的胳膊并按固定模式操纵它们，如果它们突然长了三英尺，你的大脑将无法控制它们，但是事实看起来并不是这样。"转引自翟振明著，孔红艳译《有无之间——虚拟实在的哲学探险》，北京大学出版社 2007 年，第 92 页。

③ 蒙古舞模仿鸿雁，塔吉克族舞模仿鹰，朝鲜舞模仿鹤，印度舞模仿蛇，芭蕾舞模仿天鹅……傣族舞《两棵树》则是对植物的寓意模仿，中国古典舞《爱莲说》则是对莲花的寓意模仿，中国古典舞《梦竹》则是对竹子的寓意模仿……总体而言，东方舞蹈较西方舞蹈更倾向于对自然的模仿。舞蹈理论家可以针对舞种模仿的不同对象来专研舞蹈语汇的特殊性。

挑战）。例如，天鹅可以跳芭蕾，大雁可以跳蒙古舞，火烈鸟可以跳踢踏舞，毛毛虫可以跳肚皮舞，竹节虫可以跳机械舞……

另一方面，我们可以根据自然实在中各种动植物的力学特点和生命特征创造出专属于这些身体形式的舞蹈语汇，于是，舞蹈语汇将从人体中解放出来（人体与舞种并无本质关联）。众所周知，在自然实在中，尽管身体健全的人都由一个脑袋、两只手、两条腿等部分组成，但人类却通过调整身体的相对位置，改变身体的节奏和律动，创造了成百上千种舞蹈，且很多舞种正在寻求其延伸的空间，正在尝试相互融合以期获得新的动觉和视觉体验。这些舞种，固然与地域性民俗文化、民族文化心理有着密切的关联，但却体现着人类伟大的想象力和创造力。我们看到，仅凭人类的身体形式感和力学规律，我们就已经创造了那么多风格迥异、形式多样的舞种；那么，在这个基础之上，如果我们以各种动物、植物、物体、甚至由想象力创造出来的数码身体为可感材料进行舞蹈创作时，我们的舞蹈将会获得前所未有的丰富、充实和挑战，人类的想象力和创造力将在虚拟舞蹈中得到彻底的解放。在编舞环节，视觉的可感材料变得空前丰富，动觉的力学规律变得异常多样，且由于不存在不同感觉间的无法改变的对应关系，直感将获得无限可能的外化途径，我们的意向性筹划能力将得到最大的释放。在虚拟舞蹈创作的竞技场上，可感材料随手可得，创作空间无限拓展。因此，那些在传统舞蹈创作中缺乏想象力和创造力，仅仅靠模仿、复制和拼贴来制造作品的艺术家将会被淘汰，而只有那些真正具有创造力、想象力和生命力的艺术家才能在竞技场上获得一席之地。

总之，在实验Ⅱ－A 和Ⅱ－B 中，我们以虚拟实在的方式扩展了（合乎艺术本质地）扩展了主体性的实项，展现了虚拟舞蹈优于传统舞蹈的诸多方面，其主要表现在：(1)针对环节 1，前者的艺术家拥有后者无法比拟的创作空间；(2)针对环节 2，前者的舞者拥有后者无法企及的直感表达形式；(3)针对环节 3，前者的观众获得后者无法提供的艺术体验。虚拟实在似乎是人的创作能力得以实现的最充分条件，在其背景下，艺术的本质部分尤为凸现，我们可以跨越物质厚度直接触摸纯粹舞蹈艺术的本质，舞蹈的本质部分将会在虚拟实在的条件下得到真正实现，一切伪艺术都将变得空前的萎靡。

三、结语

我们通过实验Ⅰ建构了完整的舞蹈艺术结构图,并强调此结构图的三个环节均需要主体的介入;在此基础上,我们通过实验Ⅱ探讨了虚拟舞蹈的诸多可能性,并认为虚拟舞蹈在三个环节上都优于传统舞蹈。

翟先生指出,虚拟世界中第一人称视界通过使第三人称视界成为可能的感知框架的重新配置将自身客观化。[①]"空间性差别原则上能被还原成时间性差别和身体运动感的差别的结合。时间性差别和身体性差别,是意识的终极不可还原要素并因而是理解经验的前提。"[②]在传统舞蹈创作中,艺术家打破可感材料的自然运动状态并将其按照自己的意图重新组合;在虚拟舞蹈创作中,艺术家按照自己的意图设计可感材料的形式和力学规律,并将其按照自己的意图重新组合。在两种创作中,第一人称视界的动觉借助视觉的可感材料将自身客观化,从而使艺术家的精神层面的内在价值在意义领域直接实现。其中,视觉的可感材料承载动觉,动觉离开视觉的可感材料又无法显现自身,从而无法构成舞蹈。如果说空间的连续性以时间为基础,那么视觉、听觉及触觉的连续性则以动觉为基础,动觉直接相关于内时间意识。无论我们如何将时间客观化,时间的最终参照一定是以我们的时间感知(相关于动觉)为基础的,并被我们的空间性感觉协调修正。[③]

舞蹈中没有静止,只有运动,哪怕是瞬间定格的静态舞姿也类似于不稳定

---

① 翟振明著,孔红艳译:《有无之间——虚拟实在的哲学探险》,北京大学出版社 2007 年,第三章第 1 节。

② 翟振明著,孔红艳译:《有无之间——虚拟实在的哲学探险》,北京大学出版社 2007 年,第三章第 1 节,第 94 页,翟先生关于空间性差别与时间性差别、身体性差别的区分近似于康德关于外感官与内感官的区分。

③ 这里触及了非常基础的问题,需另撰文探讨。

的倒三角,始终是趋于动态的。运动是舞蹈的本质①,而运动基于动觉。动觉是舞蹈发展的内在动力,它在视觉的可感材料中呈现为平衡与失衡、紧张与松弛的动态关系。每个舞姿都应当自然而然地、无目的而合目的地导入下一个舞姿。舞姿是舞蹈的否定性因素,它通过否定自身换取舞蹈对它的肯定。舞蹈作为一个连续的过程不能被分解,犹如时间之箭不能被分解为许多个瞬间的并置。② 这种连贯性和流动感使舞蹈呈现出强烈的生命感,一件舞蹈作品就是一个连续统③,一条灵动、流畅、难以捕捉的生命溪流④。

最后,让我们以卡西尔的一句话来结束我们关于舞蹈艺术的哲学探险——"人性并不是一种实体性的东西,而是人自我塑造的一种过程,真正的人性无非就是无限的创造性的活动。"⑤

(薛霜雨,广西师范大学文学院讲师)

Philosophical Adventure Of Dance

Xue Shuangyu

Abstract:Dance is investigated by philosophers of art,theorists and

---

① 体育运动与舞蹈的不同之处在于,体育以竞技为目的,而舞蹈则是创造者对精神性的内在价值之直接肯定或否定的直感外化活动(按照翟先生的说法,文学似乎并不属于艺术)。事实上,艺术体操、花样游泳在很大程度上已经符合了完整的舞蹈艺术结构图三个环节的要求,但由于其三个环节都是以竞技为目的,故可被视为不纯粹的舞蹈艺术。因为在纯粹的舞蹈艺术中,无论编舞者还是舞者,都能够做到不为任何具体目的而表现人的目的性。

② 可参见郭勇健《对"舞蹈是流动的雕塑"的质疑》,《厦门大学学报:哲学社会科学版》2004 年第 4 期。

③ 基于感知框架的舞蹈艺术,无论在自然实在还是虚拟实在中,都具有时空的连续性。康德在1770 年的《就职论文》中曾指出,在感官的表象中存在着质料与形式。质料即感觉;形式则是精神固有的某种把对象的在场产生的被感觉的东西彼此加以调序、统一为表象的某种整体的内在原则。这样一种感性形式的最根本的特征是"直观性",而直观性对应的根本性质则是"无限性－连续性"。且正是因为"无限性－连续性",在很大程度上促成了康德将感性的形式与理智区别为本性和来源上不同的认识机能。钱捷曾在《"批判哲学"的缘起与无限性》《无限性与超绝哲学的本质》等文章中,对无限性问题进行了细致的讨论。详见钱捷《超绝发生学原理(卷一)》,中国社会科学出版社 2012 年,第 93—124 页。

④ 当中国歌舞剧院首席女舞者唐诗逸在《幽兰碧雨》中翩翩起舞时,那充满动感和美感的舞姿就汇聚成了一条生命的溪流。

⑤ 〔德〕恩斯特·卡西尔著,甘阳译:《人论》,上海译文出版社 2004 年,第 5 页。

critics of dance in several approaches such as philosophical reflection, empirical induction and perceptual intuition. Instead of these methods, a new approach to discuss dance philosophically is thought experiments according to Philip Zhai's structure chart of art in "The Value Structure of Art" and his principle of reciprocity between alternative sensory frameworks in *Get Real: A Philosophical Adventure in Virtual Reality*. A structure chart of dance will be drawn with the help of experiment I, and it also comes a conclusion that virtual dance has more advantages over traditional one on the grounds of experiment II.

Keywords: art of dance; virtual reality; structure chart of art; principle of reciprocity

技术实验与独立秩序

——再看福西永的《形式的生命》

刘 爽

摘要：1934 年，法国艺术史家福西永（Henry Focillon，1881—1943）在巴黎大学研究与任教期间出版了《形式的生命》（La vie des formes）一书，以哲学与文学性文笔对诸多艺术史理论问题进行了讨论，其观点被看做对希尔德布兰德（Timo Hildebrand）、李格尔（Alois Riegl）与沃尔夫林（Heinrich Wolfflin）等人形式主义理论的讨论与发展，并显示出福西永独特的形式视角与哲学思辨。

本文通过对《形式的生命》一书的分析与评述，试图对福西永形式主义艺术发展理论进行相关学术史梳理，从而更为全面地呈现出本书及福西永学术思想的完整面貌；结尾部分通过对福西永理论与影响的相关延伸，结合当代艺术理论，对其学术思想进行简要评析与拓展，以呈现出 20 世纪后法国艺术史写作的更新与发展。

关键词：福西永；《形式的生命》；形式主义艺术理论

一、福西永与形式主义理论

自文艺复兴以来，"形式"已成为美学领域的独立范畴，18 世纪康德（Immanuel Kant）提出"先验形式"，为形式美学奠定基础，黑格尔（G. W. F. Hegel）则从形式的对立中归纳出艺术的最高定性。在后来的西方美学发展中，"形式"[①]的含义被不断地更新与还原，至今仍未形成稳定概念。19 世纪，艺术史理论不断将"形式"应用于视觉艺术并于下半叶走向艺术科学，如费德勒（Conrad Fiedler）在康德基础上提出的新视觉形式理论[②]等。

在迅速发展与激变的 20 世纪，受形态学等理论的影响，古希腊罗马的"艺术即形式"论断在 20 世纪初再次回归法国美学界，在艺术领域形成一种"回归本身"的艺术本体讨论，认为"形式决定一切"[③]，如克罗齐（Benedetto Croce）、希尔德布兰德（Adolf von Hildebrand）在费德勒"纯形式和纯视觉理论"基础上，将知觉心理学融入形式理论；除了德语学界的纯视觉领域研究，真正在艺术批评和美学体验领域提出形式主义艺术观的是法国批评家莫里斯·德尼（Maurice Denis），其形式理论影响了维也纳艺术史学派如李格尔（Alois Riegl）等人的风格与形式理论。

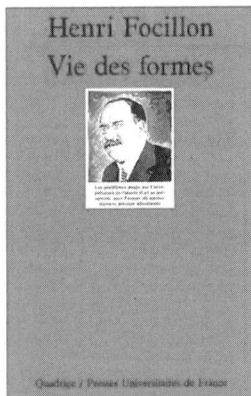

福西永，《形式的生命》，1996 年第 6 版，法国大学出版社

在巴黎高师的语言学、视觉艺术基础教育与实证主义、伯格森直觉主义的影响下，福西永（Henri Focillon，1881－1943）的形式理论继承了法国形式主

①　"形式"一词在西方美学史上至少有五种含义，如排列形式、外形式、形状形式、实体存在形式、先验形式等，并与拉丁文等存在同义词（figura，species，shape，figure）。

②　费德勒在《论视觉艺术作品的判断》（On Judging Works of Visual Art，1949）中提出"可视性"概念，被看作为艺术史走向纯视觉的标志。陈旭霞：《运动的形式及技术的实验——20 世纪法国艺术史家福西永研究》，上海大学博士学位论文 2012 年，第 50 页。

③　席勒（Johann Schille）："在真正美的艺术作品中，内容（质料）是无关紧要的，形式决定一切。"［美］雷纳·韦勒克，杨自伍译：《近代文学批评史第 1 卷》，上海译文出版社 2009 年，第 234 页。

义传统,并在其基础上融入沃尔夫林等人的德语系艺术理论,而之后的教学经历更使其理论分析逐渐显示出考古学、图像学研究倾向,并逐渐衍生出形式的独立意义。

此时的艺术理论界,形式的自律性已开始不断彰显,符号学与风格学的发展也为其提供了合法化依据。马尔库塞(Herbert Marcuse)将形式认定为艺术品最终呈现方式——形式是艺术本身[①];卡西尔(Ernst Cassirer)在《人论》(*An Essay on Man*,1944)中提出的"形式的理性"得到20世纪形式主义理论家们的捍卫,这种"形式的独立"类似于俄国形式主义理论中的"陌生化"概念[②],将形式自身的交流原则与自我参照看做艺术创造的根源;而同期英美新批评代表弗莱(Roger Fry)、皮亚杰(Jean Piaget)等人又从内容与框架上对形式理论进行了不同角度的延伸。

福西永的形式研究同样受到此时理论的影响,尤其是沃尔夫林(Heinrich Wolfflin)和李格尔关于"形式自动发展"的学说,其于1934年出版的《形式的生命》(*Vie des formes*,1934)运用视觉形式分析等理论对中世纪到20世纪西方艺术所处的时间、空间、心灵、物质形式进行了哲学性论述,成功在法国与欧洲艺术理论界确立了形式的独立自由力量。

二、《形式的生命》研究史

20世纪30—40年代,随着福西永理论研究的成熟与学术活动的扩展,欧美学界对其艺术形式观与写作方式的论著与批评不断涌现,如瑞士学者莫里诺(Jean Molino)发表于1986年的文章《形式与运动》(*La form et le Mouvement*),"用结构符号学分析与肯定了福西永的形式运动观"[③],被收录于中译本导论中。2004年里昂博物馆福西永学术研讨会论文集《形式的生

① Herbert Marcuse. Art as Form of Reality. *New Left Review*,Jul 1,1972,p53.

② "陌生化"概念(defamiliarization)由俄国形式主义评论家什克洛夫斯基(Виктор Борисович Шкловский)提出,指通过内容与形式上违反常情营造陌生化,从而达到感官刺激。Robert H. Stacy. *Defamiliarization in Language and Literature*. Syracuse University Press,1977,p167.

③ 陈旭霞:《运动的形式及技术的实验——20世纪法国艺术史家福西永研究》,上海大学博士学位论文2012年,第8页。

命——福西永的艺术》(*La vie des formes：Henri Focillon et les arts*)，可以看做迄今最为全面的研究论著，其中玛德莱娜(Maddalena Mazzocut-Mis)[①]等人对《形式的生命》一书的相关探讨具有重要学术意义；在英文学界，艾曼纽尔·温特尼茨(Emanuel Winternitz)、罗伯特·伍德(Robert E. Wood)等人也对本书进行了详尽的分析与梳理。

值得一提的是福西永的学生乔治·库布勒(George Kbuler)的论著《时间的形状》(*The Shape of the Time*，1962)用"时间性"的历史进程与艺术效力进一步拓展了福西永的"生命性"形式循环发展观，可以看做为对《形式的生命》的批评、增补与延伸。

相比欧美国家的关注，中文领域对福西永《形式的生命》一书的研究起步较晚，早期以概括性介绍和翻译为主，最早刊载于台湾《炎黄艺术》。1992年，上海大学的陈平先生据《形式的生命》英译本(*The life of Forms in Art*，1992)翻译并出版中译本，在前言中收录其对《形式的生命》的理论结构与形式分析的全面解读，并将"技术第一"原理作为福西永方法论基础；专题研究有2007年中央美术学院马艳的硕士论文《形式的生命——弗西雍的艺术理论研究》，对本书形式主义理论与风格分析进行了系统论述与版本梳理；由陈平先生指导的上海大学陈旭霞在2011年发表的博士论文《运动的形式与技术的实验》中同样以《形式的生命》为基础对福西永的形式理论进行了相关探讨。

综上所述，中文学界对福西永及其《形式的生命》论著的相关论述较少，虽然集中于系统的专题研究，但仍局限于英语学界相关论著或文本比较，未能充分利用《形式的生命》研究中的重要原始文本。因此，本文结合英法学界对《形式的生命》一书的相关研究，对福西永在本书中的写作手法、形式分析等研究方法进行相关学术史梳理与简要分析，并通过对福西永理论与影响的相关延伸，对其学术思想进行评析与拓展，以呈现出20世纪后法国艺术史写作的更新与发展。

[①]　玛德莱娜在《福西永与20世纪前期法国美学》(*Focillon et l'esthétique française de la première moitié du xxe siècle*)中分别以"形式与生命""时间的形状""形式与技术""巧合与形式"对福西永在《形式的生命》一书中的形式理念进行了全面阐述。*La vie des forms：Henri Focillon et les arts*，INHA/Snoeck-Ducaju & Zoon，2004，pp.185—195。

三、《形式的生命》内容评述

1.形式世界

一切皆是形式,生命本身亦是形式①。

在福西永看来,发展运动与自律变化是形式区别于图像与符号的一大动因,正如马勒(Emile Mâle)和巴雷斯(Maurice Barrès)对纹样形式的论述②:即使定型的图像背后也交织着大量形式试验,如乔托于阿琳那礼拜堂(Arena Chapel)的创作《屠杀婴儿》(*Massacre of the Innocents*)所体现出的"人体的形式思维"③,显示出形式从古至今"处于变化中的生命"。

在福西永对形式演变的论述中,沃尔夫林等人的风格学理论在其时代的影响得到充分显现:"一种风格就是一种发展,是各种形式的组合"④,风格发展经历了实验、古典阶段,进而进入到精致化时期和巴洛克时期⑤,正是其中的内在逻辑造就了风格的成型,在这个过程中,"技术第一规律"⑥和形式实验是首要动力。

和中世纪艺术研究背景有关,罗马与哥特式建筑与雕塑在福西永的形式分析中占有重要地位,受此前诸多罗马式艺术史学者的影响,福西永尤其强调"运动"带来的形式空间,这种形式同时带有历史相对论、决定论和实证主义

---

① 出自巴尔扎克。Henri Focillon. *Vie des Formes*. Press Universitaires de France,1943,p.2.

② Emile Mâle. *L'art religieux du XIIe siècle en France:étude sur les origines de l'iconographie du moyen âge*. Armand Moyen Age,1922,p.92;Maurice Barrès. *Le voyage de Sparte*. Emile-Paul,1906,p.240.

③ Joachim Poeschke,*Italian Frescoes,the Age of Giotto*,1280 − 1400. Abbeville Press Publishers,New York,London,2005,p112.

④ Henri Focillon,p11.

⑤ Henri Focillon. *Les pierres de France*. H. Laurens Editeur,Paris,1919 / Henri Focillon,Translated by Donald King,*The Art of the West*,Vol I,Romanesque Art,Vol II,Gothic Art,Phaidon Press,1963 / Henri Focillon,*Art D'Occident*,Parnassus,1938.

⑥ 出自路易·布雷希尔(Louis Bréhier)"技术第一规律"(law of technical primacy)。Louis Bréhier. *HISTOIRE BYZANTINE*. Presses Universitaires de France,1910.

性质①。

2.时间与空间,物质和心灵

福西永所营造的"形式世界"以形式与时间、空间、物质、心灵"四个王国"的复杂关系为主体,展开了从透视和纹样空间到建筑、雕塑、绘画空间形式问题,强调艺术作品创造必须空间而非从属于空间②。而在"时间"维度中,福西永同样将柏格森(Bergson)的"绵延"(duration)观应用于形式生命的"连续"(succession)中③,而丹纳(Taine)是福西永第一次在本书中提到前人学者,但并未对其理论框架表示认同——正是在人种、环境、时代的时间流变中,形式得以形成与发展,如法国火焰哥特式、奥托艺术的混杂性以及德国的变形风格等④。福西永真正强调的是形式生命与历史、时代、社会生活的不同步性,因为历史进程中的风格发展是一种次要的现象和迟滞的样式⑤,福西永的历史观可被视作"过去的传统秩序""现时影响"及"关于未来经验"的结合,而"错时论"的认识方式是对艺术作品对时间的界定及对时代创造的否定⑥。

在物质王国的论述中,福西永"技术第一"理念得到了最大体现,正如丁托列托、哈尔斯、伦勃朗的作品及铜版画创作,技术作为一种行为(behavior),从物质中提取形式,其"变异"(variations)与"干扰"(interferences)引起形式的反动与创新。福西永据此在物质内容和纯思想之间建立了一个形式王国,凭借"心理景观"促进社会结构的形成、创造着历史神话并转译其意义。

即使如此,形式在获得物质形态之前只是一个心灵视像(a vista of the mind),福西永在心灵王国中论述了形式对人的"创造性"⑦;正是对精神形式

①　Daniel Pageux. *Lavie des formes. Henri Focillon et les arts*. Revue de Littérature Comparée, Jul-Sep, 2004, p.375.

②　Robert E. Wood. *Henri Focillon, Thelife of forms in art*. The Review of Metaphysics, Mar, 1991, p.633.

③　华特·卡恩(Walter Cahn)认为福西永在《形式的生命》中体现的具有混杂性、非连续性的历史观不同于伯格森的哲学理念,其研究也更接近瓦尔堡的类型学研究。Walter Cahn, p.258.

④　关于中世纪建筑与纹样与符号象征具体论述,参见 Henri Focillon, *Art D'Occident*. Parnassus, 1938.

⑤　Emerson H. Swift. Henri Focillon. *Art d'occident, le moyen age roman et gothique*. Romanic Review, Feb 1. 1939, p.73.

⑥　Norman Bryson. *Tradition and Desire: From David to Delacroix*. CUP Archive, 1984, pp.3—7.

⑦　Henri Focillon, pp.77—78.

的支配使艺术创作区别于一般的"心灵技术",并因这种心灵秩序形成了后世极具亲和力的"心灵家族"①。而在之后的形式理论发展中,首次将艺术界定为"生命形式"的苏珊·朗格(Susanne K. Langer)又进一步将"情感"推向形式生命的顶峰。

3.手的礼赞

行动与言语,手势与语声,在开始时便是统一的。②

作为《形式的生命》的结尾,福西永用最后篇章阐述了赋予一切形式以生命的最初力量——艺术家之手,集中了全书中最为详细的艺术创作分析,从圣萨万教堂(St. Savin)的罗马式壁画到波拉约洛(Pollaiuolo)、伦勃朗、卡洛(Callot),再到高更(Paul Gauguin)、惠斯勒(James M. Whistler)、莫罗(Gustave Moreau)、葛式北斋(Hokousai)③,福西永通过对手与工具、偶发效果(l'accident)④、实验、技术与笔触间的利用、斗争、合作与创造关系的讨论,将手推向心灵中的神圣地位,直指形式创造的开端。

虽然此篇手与形式的论述较之后来的讨论更具文学意义,但其开创性使福西永的影响扩展至整个欧洲。即使如此,关于艺术家之手的讨论仍不乏争议并不断发展,如艾蒂安·吉尔松(Etienne Gilson)认为"让手与精神相对立是不会成为问题的"⑤,但绘画不是单纯的手的技能,亦非单纯的精神行为,正如真正的随意性(randomness)并非来自自然现象或是人工努力⑥。

---

① 福西永在此用心灵与形式间的亲和力对 19 世纪博物馆的作用进行了解释。Henri Focillon, pp.80—82.

② l'Action et le Verbe, les mains et la voix sont unies dans lesmêmes commencements. Henri Focillon. *Eloge de la main*, *Vie des formes*, 1934, p.7.

③ Henri Focillon. *Hokousai*, *Librairie Felix Alcan*. Paris, 1914.

④ L'accident 据陈平先生译为偶发效果,但《形式与生命》中译本中的"突发性艺术"(Art d'Occident,1938)实区别于当代偶发艺术(happening art)。

⑤ [日] 谷川渥:《艺术的言词》,王凯译,浙江大学出版社 2013 年,第 148 页。

⑥ Micheal Challinor. *Chance and Structure: Randomness and Formalism in ART*. Leonardo, Vol 4, p.1.

四、"形式"的"生命"

在福西永《形式的生命》论著背后，是 19 世纪末对形式的关注，其理论在带有开创性的同时也不得不引起我们的讨论与反思。

1.传统艺术的失效？

福西永的形式发展理论标示出与生命流变的异质同构，并在论述中强调一种革命与形式间不可回避的关联性，他对线性历史发展观和错时论的反对宣告了形式发展永远不会循环到同一历史发展刻度[①]，这种对形式的历史"突发性"讨论不断引起对其"内容及传统的漠视"的质疑。

在《形式的生命》论述中，福西永对理论体系和艺术发展模式的有意回避使其论述常常偏离常规来保持形式的生命和进化，"用形式的张力来抵抗经验主义倾向和哲学的抽象操纵"[②]，因而将重点放在内容之外的观察方式的研究上，虽然形式主义与内容的矛盾带给传统形式以打击，但福西永的形式运动理论始终将形式运动看做"复兴"（réveils）与"变形"（métamorphoses）规律的交替运作[③]，风格发展亦是前后相继的序列，因此在艺术创作中，他始终将传统作为这一"生长性过程"的基本源头，是其无形的形式范本与体验。正如库布勒所说："形式的潜力和意义总会不断以不完整的投射出现，我们可以随时选择对古老不完整形式的继承"[④]，而艺术史的任务是重新建立起对意义（meaning）与形成（being）的重视。

2.现实形式还是未来形式？

福西永将形式发展进化论代之以绵延的时间观念，认为每个时代的艺术都融合了遗留风格和早熟风格。时至今日，作为艺术的存在方式，形式发展不断展现出多样性和不确定性，在标示出艺术存在的生命流变的同时，也不断因

---

①　Henri Focillon. *L'Art et la Révolution*，Revue Philosophique de la France et de l'Étranger，No. 9/12，1939，p.11.

②　Robert E. Wood，Henri Focillon，p.634.

③　Micheal Challinor. *Chance and structure: Randomness and formalism in ART*. Leonardo，Vol 4，p.10.

④　See George Kubler. *the Shape of the Time*. Yale University Press，1962.

其创造力和纯形式内容产生对其本身性质的质疑。

自社会学发展和"艺术终结论"以来,格林伯格(Clement Greenberg)等人宣称的现代主义的"自律"本质不断受到批判,并产生艺术形式的反叛,艺术向非客观艺术、极简主义抽象艺术和反艺术的发展使得"艺术如不取消自身作为艺术的一切形式而成为现实,便无法实现自我"[①],为此沃林格将艺术划分为自然形式与抽象形式,从而对艺术进行形式上的抽离分析。但艺术所呈现出的美与崇高总是现实的一种再造,艺术本身既是现实又是对现实的抑制、对抗和升华,它预示也改变着未来的形式与艺术发展,"新的形式主义批评不断吸取当代语言学对隐喻性与目的的重视"[②],在艺术发展进程中,形式的独立价值与自律在其未来性上永远不会丧失其预示价值。

3.形式的生命

福西永形式理论的决定论思想使其对形式自律性的强调一定程度上削减了形式的"意味",形式可以无限趋近于自然却终为被造之物,苏珊·朗格据此将艺术形式看作为"逻辑形式"与"生命形式"的融合[③]。正如布雷亚尔(Michel Bréal)所说,符号在变形与消亡过程中展示出绝对创造性,衰退亦是增殖[④],形式也因题材的演变而永远得以更新与绵延,将生活的无序转化成为艺术的有序,并在被创造的过程中显现其意义。因此形式的确创造了一种"生命的秩序",而《形式的生命》关于空间与时间、物质与心灵领域的论述,也不仅展现出形式本体的多层次性,亦展现出艺术这一实验性过程的过去、现在和未来。

(刘爽,中央美术学院人文学院 2018 级博士生)

① Herbert Marcuse. *Art and Liberation*, *Collected Papers of Herbert Marcuse*. vol.4. Douglas Kellner, Toutledge, 2007, pp.140−148.

② 邵亦杨:《从形式美学到视觉文化——形式问题在现代主义和后现代主义历史语境的多重读本》,《美术观察》2003 年第 12 期,第 82 页。

③ 苏珊·朗格认为两者在艺术中存在着"象征性联系",艺术"可以用无数的手段去创造或加强'生命的形式'"。Susanne K. Langer. *Feeling and Form*, *A Theory of Art*. Charles Scribner's Sons, New York, 1953

④ See Brigitte Nerlich. *Change in Language: Whitney*, *Breal and Wegener*. Routledge, 1990.

Technique Experiment and Independent Order:

Review of La vie des forms by Henry Focillon

Liu Shuang

Abstract: In 1934, French art historian Henry Focillon (1881－1943) published the *La vie des formes* during his studying and teaching in the University of Paris, in which the writer discussed several history theories in a philosophical and literary tone. His issue was considered as the discussion and development of those of Timo Hildebrand, Alois Riegl and Heinrich Wolfflin etc., and showed Focillon's unique view of the form and philosophical speculation.

With the analysis and commentary on the *La vie des formes*, this articletries to make an academic pectination on the Focillon's formalistic art theory, so as to demonstrate the complete appearance of the book and Focillon's academic ideology. In extending the Focillon's theory and its influence, the conclusion briefly analyzes and expands its academic thoughts with the theory of contemporary art, so as to present the renewal and development of the writing of French art history after the 20th century.

Keywords: Henri Focillon; La vie des forms; formalistic art theory

视觉艺术的跨媒介互动

——以剧场性为中心的考察

刘白芊

摘要：当代视觉艺术彻底打破了现代主义的律令，消解了传统的视觉艺术、音乐、戏剧的界限，艺术家对于材料、媒体、技术的运用有了更大的掌控和自由。现代主义艺术之后的当代艺术，愈发强调观者的观看行为。观者的"观看"和作为艺术作品"被观看"，都处于一个过分增殖和深入强化的状态。这种状态可以概括为"剧场性"在当代艺术中的绵延。本文以批评术语"剧场性"为研究对象，将其概念从语言学、戏剧理论、艺术批评中层级展开，同时与现代主义艺术的媒介自足理论和当代艺术的跨媒介互动现象，进行彼此关照与对读，以期从剧场性的角度，分析归纳其在经历了现代主义艺术的理论批判之后，如何在当代艺术的实践中发生转向与回归。

关键词：剧场性；媒介；观看；互动

全球化的文化语境已经不仅仅局限在后现代主义强调的种族、阶级、性别的概念中,一如德勒兹(Deleuze)的根茎①概念,这是一个去中心、无规则、多元化的时代。深处其中的当代艺术更是处于"媒体""媒介"喷涌的"景观"之中。当代艺术作品的呈现方式,无论是依托架上的传统艺术,还是利用场地空间的装置、行为、表演、新媒体艺术,对于观者而言的"观看"和作为艺术作品"被观看",都处于一个过分增殖和深入强化的状态。观者的在场、参与、互动、体验、反馈,直接或间接地成为了艺术作品的一部分。在"一切皆可""人人都是艺术家"的景观社会里,当代艺术与这样一种可称为"剧场性"的概念紧密相连,叙述着观者如何被包围,如何被掌控,如何被深陷其中。"剧场性"虽然来源于戏剧领域,但却越来越多地被用来讨论和研究视觉艺术问题。尤其是美国现代主义艺术与后现代主义艺术转型期间,作为艺术批评术语的"剧场性"承担了重要的角色。在研究这些问题之前,首先需要厘清"剧场性"的概念。

一、何为剧场性

(一)"剧场性"语言谱系

剧场性(theatricality),具有多种含义,广义上指"戏剧化的风格与夸张的效果"。卡洛琳·凡·艾克(Caroline van Eck)②在《现代艺术与建筑的剧场性》(*Theatricality in Modern Art and Architecture*,2011)中从语言本身对剧场性的概念做了谱系梳理。公元二世纪之前,希腊语 thea(由动词 theaomai 衍生而来,以赞美或迷惑的眼光凝视或沉思),被用来特指剧场独特的视觉特征。"thea"指的是看到事物的行为,包括观看表演,但也包括沉思。同为希腊语的 theatron(剧场)的意思为"place for viewing",指的是观看的场所;同时也被用来形容无论是在剧院、大礼堂或其他地方,看到的奇观或表演本身。③ 从

---

① 根茎(Rhizome),也翻译为块茎,是法国哲学家德勒兹与精神分析学家加塔利提出的后结构主义思想概念。

② 卡洛琳·凡·艾克,荷兰莱顿大学教授,英国国王学院教授,艺术史研究主任。她的主要研究领域包括早期现代时期的艺术、建筑史、理论,特别是 18 世纪的修辞和艺术,以及艺术人类学。

③ Caroline van Eck, Stijn Bussels. "The Visual Arts and the Theatre in Early Modern Europe" in Caroline van Eck and Stijn Bussels eds. *Theatricality in Early Modern Art and Architecture*. Wiley-Blackwell Press,2011, p.12.

卡洛琳的考证不难看出，语言学中的"剧场性"是一个与场所、观看紧密相关的概念。

（二）"剧场性"的戏剧理论来源

从语言谱系的"剧场性"具体到戏剧理论中作为术语的"剧场性"。黑格尔在他的《美学》第三卷论戏剧体诗这一部分，专门探讨"戏剧艺术作品对观众的关系"。从与观众的关系上来把握戏剧的一般本质，是黑格尔戏剧美学思想的一个特色。20 世纪中叶以来，"观众"的问题被戏剧理论乃至哲学所关注。朗西埃（Jacques Ranciere）在《被解放的观众》①一文中提到了"观众的悖论"：戏剧的观看行为总是与戏剧所诉诸的行动或认知背道而驰。他认为没有观众就没有剧场，但是观看行为本身是认知和行动的对立面。换言之，戏剧是一种行动的艺术，而不是观看的艺术。早在朗西埃之前，布莱希特（Brecht）与安托南·阿尔托（Antonin Artaud）分别从史诗剧和残酷戏剧的角度强调了戏剧的行动特征，取决于观众主体与表演对象所构成的观演关系。德国美学家福来因菲尔斯（Muller Freinfels）从心理学角度对观演关系做出了很贴切的分析。他用欣赏戏剧的例子对观者做出了"参与者"与"旁观者"的区分。他认为，同样是看一出戏，参与者的感受是忘却自我，只感受剧中人物的情感；旁观者的感受却是相反，随时都知道这并非实人实事，固然可以想到剧中人物的情绪，不过这只是对美感提供材料，判断力在这个过程中始终是清醒的，始终可以意识到自己的情感。② 简言之，"剧场性"就是指观者与艺术作品形式之间的辩证关系。

（三）作为艺术批评术语的"剧场性"

美国艺术史与艺术批评家迈克尔·弗雷德（Michael Fried）关心的剧场性并非在戏剧领域，但他却将戏剧领域中观演关系运用到艺术批评领域。作为艺术批评的"剧场性"，是他在论文《艺术与物性》（*Art and Objecthood*，1967）

---

① ［法］雅克·朗西埃著，张春燕译：《被解放的观众》，《当代艺术与投资》2011 年第 2 期，第 82—87 页。

② 转引自黄应全《超越旁观式戏剧，建立绝对投入式戏剧——安托南·阿尔托残酷戏剧观的一种美学解释》，《文艺研究》2016 年第 11 期，第 95 页。

中批判极简艺术①(Minimal Art)的术语。在弗雷德看来,剧场是位于各门艺术之间的东西,导致剧场性产生的原因是艺术作品的形式与观者之间的关系。艺术作品越是强调"参与者",即观者的参与程度(互动性与投射性),其剧场性就越强。

　　弗雷德有关现代主义以及对极简主义的相关论述,离不开美国哲学家斯坦利·卡维尔(Stanley Cavell)。1962 年,弗雷德进入哈佛大学攻读艺术史博士学位,在求学的过程中结识了来哈佛访问的卡维尔。随后,两人在深入交流中成为好朋友。弗雷德加深了对维特根斯坦哲学理论的理解②,影响了其思维风格的形成与现代主义理论体系的构建。卡维尔通过引用布莱希特③倡导的"陌生化"理论,首先区分了自然主义戏剧和现代主义戏剧。前者是引诱观者的情绪,而后者恰恰相反,是一种疏离,不仅要求戏剧表演内容的陌生化、表演者和观众保持一种"距离"的疏离感,还要求观众排斥甚至反对共鸣,来实现一种"批判性参与"。因此,卡维尔界定"现代的剧作家并不依赖于他们的观众,而是否定观众的存在",假设观众被认为是"那些被演员忽视的在场的人"。④卡维尔用康德的"审美自律"明确区分了艺术与日常经验以及美学与世俗体验之间的界限。弗雷德用"剧场性"来批判极简主义艺术,正是源自卡维尔关于现代戏剧的表述与判断。

---

　　① Minimal Art,也翻译为极少主义艺术。也同 ABC 艺术(ABC Art)、初级解构(Primary Structure)、实在主义艺术(Literalist Art),指美国 1960 年出现的艺术运动。极少主义艺术作品通常是三维空间的装置或者雕塑,没有特定的主题,形式因素诸如色彩、造型、质地等被精简到最少。在这里沿用张晓剑、沈语冰在《艺术与物性》的翻译"极简艺术"。

　　② "卡维尔是当代哲学家中对后期维特根斯坦理论进一步加以阐发并向前推进的少数几个重要学者之一"。转引自沈语冰《还原论还是反本质主义?——迈克尔·弗雷德与格林伯格》,《荣宝斋》2010 年第 10 期。

　　③ 布莱希特颠覆的是亚里士多德戏剧理论中所追求的戏剧与观众间的"同情—共鸣—净化"模式。亚里士多德明确悲剧限定在模仿仅仅是引起怜悯和恐惧的情节,并且其目的是引起观众的同情,这种同情便是产生共鸣,这种形式的共鸣就是希腊人所说的净化的基础。参见布莱希特著,丁扬中等译《布莱希特论戏剧》,中国戏剧出版社 1990 年,第 91—92 页。同时参见迈克尔·弗雷德著,张晓剑、沈语冰译《艺术与物性:论文与评论集》,江苏凤凰美术出版社 2016 年,第 414 页。

　　④ Stanley Cavell. *Must We Mean What We Say? A Book of Essays*. Cambridge:Cambridge University Press,1969,pp.210—211.

二、媒介叙事对剧场性的批判

20世纪的西方艺术，现代主义与前卫艺术并行交织。作为20世纪40年代最有影响力的美国艺术批评家，克莱门特·格林伯格（Clement Greenberg）的影响力一直持续到60年代。他坚决捍卫现代主义艺术，尤其关注形式与媒介的问题。

（一）格林伯格的媒介还原论

格林伯格推崇艺术的纯粹性，认为艺术家应该脱离具象艺术中关于环境的再现，要专注媒介本身，创造抽象艺术。他的观点"绘画就是绘画"，指的是媒介的回归。格林伯格在1939年发表《前卫与媚俗》（Avant-Garde and Kitsch），区分了两种截然不同的文化，与之对应了两种不同的艺术层次：有教养的人的艺术属于前卫艺术，流行的大众艺术属于媚俗艺术。格林伯格沿着艺术媒介纯化理论的思路，1940年写了《走向更新的拉奥孔》（Towards a New Laocoon），从前卫艺术的社会与文化批判，转向了现代主义形式批评的原则与标准。正是这个原则与标准，论证了抽象艺术产生的历史合理性和存在合法性，并且为抽象表现主义艺术走向媒介创新奠定了基础。格林伯格借助莱辛的《拉奥孔》作为题目，就是用雕塑和诗歌的区别来说明不同门类艺术自身的特点，即媒介的特殊性。但在这篇文章中，格林伯格并没有充分解释"回到媒介自身"的历史逻辑线路，但他做出了预言性的理论判断。1960年，格林伯格发表了《现代主义绘画》（Modernism Painting），找到了媒介进化和康德（Kant）启蒙思想之间的承接关系。他视康德为"第一个真正的现代主义者"①，认为现代主义艺术意味着以康德的"自我批判"方式，从内部展开不断的自我批判。就艺术而言，方法是用艺术而不是其他学科的标准，寻求"独特和不可还原"的东西。现代主义因此是一个不断走向媒介纯粹的过程。1962年，格林伯格在《抽象表现主义之后》（After Abstract Expressionism）中，将自我

---

① ［美］格林伯格著，沈语冰译：《现代主义绘画》，载《艺术学经典文献导读书系·美术卷》，北京师范大学出版社2010年，第269页。

批判落实到媒介的物理性质,认为绘画的艺术本质就是"平面性及其对平面性的边界"①。

1960 年代,西方艺术处于现代主义式微,极简艺术、波普艺术和各种综合艺术兴起的转型期。② 格林伯格的理论对画家、雕塑家和评论家思考艺术的方式产生了巨大的影响。他的评论文章为当时的形式主义抽象风格奠定了基础。在他的引领下,一批艺术家受到抽象表现主义形式发展的吸引,抛弃了抽象表现主义绘画中的主观情感和立体空间,实践格林伯格提出的"平面性",从根本上消除了所有的情感叙事和空间感。隶属于该时期的形式主义抽象风格的极简主义艺术,不仅实践了格林伯格的理论,更是将其发挥到了极致。极简主义的先驱弗兰克·斯特拉(Frank Stella)在绘画中表现一种纯粹性的绘画理念,把绘画精简到最基本的元素,创造了一种几何形的、严谨的、绝对平面化的图像,也被称为硬边抽象。他坚持艺术的纯粹性,并坚持"你看到的什么就是什么"。对格林伯格形式主义理论做出回应的还有雕塑家,实践着斯特拉在绘画领域进行的工作。如果说画家们强调的是平面性,那么雕塑家则更加注重三维空间。亚历山大·卡德尔(Alexander Calder)专注于开放的空间和透明的形式和解构,挑战了雕塑作为静止的体量构成的传统概念,对抽象艺术的发展有意义。

(二)弗雷德与格林伯格的分歧

在弗雷德最初以批评家身份开始写作的时候,他并没有质疑过格林伯格提出的现代主义艺术内在逻辑(即"不可还原的本质")的解释。格林伯格认为绘画艺术相比较其他艺术门类,不可还原的本质由两个标准构成:"平面性与平面性的边界"。弗雷德则认为"平面性及平面性的划定"不应该被认为是"绘画艺术不可还原的本质"③。

弗雷德在 1965 年《三位美国画家》中讨论诺兰德的作品时,所秉持的现代

① 转引自[美]迈克尔·弗雷德著,张晓剑、沈语冰译《艺术与物性:论文与评论集》,江苏凤凰美术出版社 2016 年,第 378 页。

② 沈语冰、张晓剑:《晚期现代主义的形式课题——论弗雷德对格林伯格形式批评的推进》,《美术研究》2011 年第 4 期。

③ [美]迈克尔·弗雷德著,张晓剑、沈语冰译:《艺术与物性:论文与评论集》,江苏凤凰美术出版社 2016 年版,第 378 页。

主义本质在于"它拒绝把某个特定的形式'解决方案'视为最终方案,无论它如何成功、如何激动人心",这相当于认识到"如果现代主义辩证法在哪个地方停下来,它就背叛了自身"①。如果说,格林伯格在《抽象表现主义之后》中提到的遵守绘画的"平面性与平面性规定"便足以"创造一个可以被经验为一幅画的对象:因此,一张展开的或被钉起来的画布,早已作为一幅画存在——尽管并不必然是一副成功的画"。那么,在弗雷德看来,绘画一但实现了格林伯格的绝对平面性,只剩下画布,绘画便同生活中的任意物品没有任何区别。也就是说,坚守内部"自我批判"的现代主义艺术同使用现成品的达达艺术不谋而合。如此一来,便违背了现代主义艺术不断进行内部(媒介自身)辩证的自主性,走向了外部(艺术同生活)的道路。在随后的《艺术与物性》中,弗雷德在注释中针对格林伯格,再次指明他认为绘画的本质是"能够迫使人们相信它是一幅画的东西",这里面的决定因素是"过去那些其品质毋容置疑的画作",而不是格林伯格强调的"平面性与平面性的边界"。

(三)媒介与"剧场性"的矛盾

正是由于弗雷德认为格林伯格的还原论误读了现代主义辩证法,因此产生了艺术的自主性与承载绘画的物品的实在特性之间的矛盾。换言之,是媒介与物性之间的矛盾。就绘画而言的"物性",指画布或者画板的实际物理特征,是作为物品的根本形状,具体表现为两方面,一是平面性或者称之为二维性,二是指具体的长宽比例和大小尺寸。弗雷德在《艺术与物性》中指出,极简主义因为强调凸显作品的物性,否认了作品赋予观众的审美经验,这就意味着背叛了现代主义艺术对媒介的不断探索。极简主义艺术提供的剧场性将观众从他或她日常的、非超越性的世界中排斥出来。弗雷德认为剧场性扰乱甚至威胁了艺术的自主性与纯粹性,所以他对极简主义艺术以及其呈现的剧场性持否定态度。

弗雷德在《艺术与物性》中回应了极简主义者唐纳德·贾德(Donald Judd)和罗伯特·莫里斯(Robert Morris)的作品,他们被弗雷德认为是"实在主义"。

---

① [美]迈克尔·弗雷德著,张晓剑、沈语冰译:《艺术与物性:论文与评论集》,江苏凤凰美术出版社 2016 年版,第 263 页。

弗雷德指责这些艺术家混淆了"物性"和"艺术"的定义,他们的作品过于"剧场性",以至他们的作品引诱观者成为"参与者"。同时,弗雷德对现代主义与极简艺术的对立进行了概括,现代主义绘画在于"击溃了它自身的物性",而极简艺术"不寻求击溃或悬置它自身的物性,相反,它要发现并凸显这种物性"①。弗雷德在这里也厘清了媒介同现代主义艺术和极简艺术之间的关系。现代主义绘画将基底材料当做媒介,将媒介看做是一种承载绘画自身的材料,是一种手段与工具,是需要击溃和隐藏的;而极简艺术是让作品直接等同媒介,凸显最原始的物性的状态。然而,极简艺术的布展特点,是用戏剧领域中"场面调度"(mise-en-scene)的方式来激发观者的体验,这是追求剧场性的表现。现代主义艺术是"反剧场性的",也可以说是将剧场性悬置的。这也就构成了现代主义艺术媒介与剧场性之间的矛盾。

三、"剧场性"在跨媒介互动中的彰显

极简主义艺术利用物性来突出剧场性的时候,遭到了弗雷德的批判。但实际上弗雷德预言了对即将到来的如装置艺术、观念艺术、行为艺术、身体艺术等新前卫艺术的"危机意识"。弗雷德认为,20 世纪 70 年代以及之后的美国和世界其他地方的艺术,朝向他批判的剧场性的方向发展,甚至是追求剧场性的高潮:一切都为了追求炫人耳目效果,成为一种"景观"。艺术媒介的多元性打破了媒介与媒介之间的藩篱。更重要的是,这种多元性会更加看重观众,激发观众的体验,甚至与观众互动。理查德·沃尔海姆(Richard Wollheim)在 1987 年的《绘画即艺术》(*Painting as an Art*)一书中,引用戏剧中"外部观众"和"内部观众"的概念,作为理解观众行为的方式。他将剧场性作为一种启发式手段,帮助理解艺术与观众之间的互动。②

---

①　[美]迈克尔·弗雷德著,张晓剑、沈语冰译:《艺术与物性:论文与评论集》,江苏凤凰美术出版社 2016 年版,第 159 页。

②　Caroline van Eck, Stijn Bussels."The Visual Arts and the Theatre in Early Modern Europe" in Caroline van Eck and Stijn Bussels eds. *Theatricality in Early Modern Art and Architecture*. Wiley-Blackwell Press, 2011, p.13.

（一）初显"剧场性"的动态雕塑

罗莎琳·克劳斯（Rosalind Krauss）在《现代雕塑的变迁》（*Passages in Modern Sculpture*）中，就弗雷德的"剧场性"做了深入的讨论。根据前文分析，在弗雷德看来，不同艺术之间存在绝对清晰的分界线，"剧场性"会对现代艺术的纯粹性造成攻击，甚至形成损害。就雕塑而言，"剧场性"会使其"雕塑性"不断瓦解。但克劳斯不同于弗雷德，她认为现代雕塑正是由于善于运用光线、运动、声音等造成了一种舞台在场感（presence），对重新构想雕塑事件具有重要意义。

在克劳斯看来，剧场性是一个涵盖性的术语，包括了动态和灯光艺术、环境和场景雕塑，与剧场性更为直接是行为艺术，比如偶发艺术或者是为舞蹈所搭建的舞台道具。作为现代雕塑批评术语的"剧场性"在受到弗雷德抨击时，也得到各类艺术形式的支持者。克劳斯回溯了"剧场性"雕塑在 20 世纪初的征兆。她引用了两个例子，一是莫霍利·纳吉（Laszlo Moholy-Nagy）1930 年的《芭蕾演出的灯光道具》，二是毕卡比亚（Picabia）在 1924 年为瑞典芭蕾的舞剧《喘息》所创作的布景。这两件艺术作品都试图将作品的目的与舞台的实践性与戏剧性进行融合。克劳斯总结，尽管这两件作品都具备剧场性，但是截然不同。《芭蕾演出的灯光道具》是针对戏剧中的空间和时间所做的贡献，而《喘息》则是参与了一场作为改变剧场与其观众关系的运动。① 纳吉的作品呈现了他在包豪斯所进行的实验，集技术、新材料、灯光于一体，是一种现代世界在雕塑领域中技术化的体现。作品背后的意义直指作为媒介的新技术对艺术创作的介入，不仅是一种媒介认知与艺术实践之间新关系的思考，更是"剧场性"理念在动态雕塑中的初步显现。在克劳斯看来，纳吉和毕卡比亚都是现代雕塑探索"剧场性"的先驱。

（二）总体艺术的非偶然"剧场性"

约翰·凯奇（John Milton Cage Jr）的艺术作品利用的是一种"非焦注"（unfocusing）思想，目的是不让观众的意识集中于一点，实际上已经展露了对

---

① ［美］罗莎琳·克劳斯著，柯乔、吴彦译：《现代雕塑的变迁》，中国民族摄影艺术出版社 2017 年，第 204—218 页。

剧场的追求。凯奇认为艺术作品应该是向观众敞开的,这种开放使得观众更加了解自己和所处的环境,而不应该使观众脱离,处于一个封闭的状态。凯奇的观念得益于阿尔托的《剧院和它的替身》(*The Theater and Its Double*),开始思考将剧院看做是一个非叙事性的时间与空间的载体,其中充满了不相关的事件。阿尔托提出一种原始的并且带有仪式性的表演场景来激起与观众的强烈交流。1952 年,凯奇的作品《剧场作品 1 号》(*Theater Piece* ♯1)在黑山学院表演,标志着"偶然音乐和舞蹈的真正开始和发生"[①],是一种与现代主义艺术相左的道路。这件作品被诗歌朗诵、音乐、绘画、钢琴演奏、跳舞还有咖啡服务所贯穿[②],而凯奇坐着,时而阅读有关禅宗和音乐关系的演讲稿,时而默默倾听。在整件作品中,无论是参与"表演"的艺术家还是观众,在某一个特定的时间内,可以随心所欲地去体验感官带来的触动。每一个参与者的个体特征是凯奇所期望的核心。这种偶发性质的艺术形式,完全打破了各种媒介与表现形式之间的界限,由于充分考虑了观众在作品中的感受,可以说,这是一件具有"剧场性"的总体艺术。

(三)追求"剧场性"的影像媒介艺术

对于要把观众的注意力引向艺术的过程,而不是在画布或纸上、或用木头或用青铜这些传统的媒介来创造作品的艺术家而言,录像与多屏幕组合式的装置成为了重要的媒介。芬兰艺术家艾佳丽莎·阿提拉(Eija-Liisa Ahtila)利用综合媒体,比如摄影和电影,融合了戏剧、现实和内心叙事,要求观众建立起自我观照所得的版本。她目前是通过作品来询问正常与病态,戏剧、幻想与真实的边界究竟在何处,或者是否存在边界。同样利用影像媒介探索艺术作品与观众之间的关系,还有瑞士艺术家珀皮劳提·里斯特[③](Pipilotti Rist)。她的艺术实践包括单频道影像作品、雕塑、摄影、墙画以及视频装置等。她将影像被投映在两面墙上,并且邀请观众对理解和体验艺术的方式提出质疑,以此

---

① [美]费恩伯格著,陈颖、姚岚、郑念缇译:《艺术史:1940 年至今》,上海科学院出版社 2015 年,第 179 页。

② M.C.理查兹(M.C.Richards)和诗人查尔斯·奥尔森(Charles Olson)在梯子上朗诵诗歌;劳申伯格在一台老式的留声机上放伊迪丝·皮亚芙(Edith Piaf)的唱片,同时他的"白色绘画"就悬挂在头顶上边;戴维·图多(David Tudor)弹奏钢琴。

③ 1962 年出生于瑞士莱茵河地区,目前生活在美国的洛杉矶。

来不断拓展他们的感知。观者在刚进入她的作品的展示空间时，会遇到一张从天花板上悬挂下来的与墙体等长的牛仔布窗帘，在物理和心理双重作用下阻隔了作品与观众的距离，但里斯特更多是怂恿观众去掀开它以此探索障碍之外的区域。里斯特在展览的地面铺上了丝绒地毯和羽绒被，来自日常生活的亲切感会邀请观众不由自主躺下来，打破了以往站立观看艺术作品的模式，提供了体验大于观看的新模式。观者完全处于一种浸没式的、感官性的环境作品，可以随意穿梭在图像以及投映在墙上的自己的影子之中，加强了身体与环境之间的互动。无论是阿提拉还是里斯特，他们作品的共性在于将观众的感受与参与同作品融为一体，这正体现了影像媒介互动对"剧场性"的实践与追求。

（四）浸没"剧场性"的灯光媒介艺术

与影像装置相比较，将灯光作为媒介的艺术形式，更加注重观者的参与，并且这种参与成为灯光艺术的关键特征。前文提起的莫霍利·纳吉，他撰写了包豪斯丛书中《包豪斯舞台》的第二章《剧场，马戏团，杂耍》。在这篇文章中，纳吉构想了一种可以充分调动舞台各种潜能的"总体性剧场"（Theater of Totality）。其中，实现总体性剧场的三个视觉要素分别是沉浸式的用光、舞台移动装置、观众的"掌控和参与"。如果说《芭蕾演出的灯光道具》仅仅是关于"总体性剧场"的思考，没有涉及具体的实现方法，那么当代艺术家奥拉维尔·埃利亚松的艺术作品充分利用"沉浸式用光"和"观众参与"，践行了"总体性剧场"的构想。埃利亚松的展览《道隐无名》2018年在北京红砖美术馆展出。展览同名作品《道隐无名》利用展厅中间覆盖的镜面箔，将一个半圆形黄色单频光灯管通过镜面反射，呈现出一个整圆。黄色单频光造成了除黑色和黄色以外的其他光线被吸收，整体呈现出一个静谧温暖的黄色空间。当观者进入展厅，会不由自如地向上看镜面反射中的自己。埃利亚松本人在展览开幕时提到，展览的完成离不开观者的亲身体验，因为观者的所思所悟会成为作品的一部分。他同时希望观者抱有轻松的姿态去看展，不用那么严肃，可以坐着、甚至躺着。埃利亚松的这一番话，充分体现了他将观者列入作品当中的思考，也就是"剧场性"理念的延伸。

四、结语

现代主义建立了自足的媒介美学理论,从格林伯格到弗雷德,再到罗莎琳克劳斯,他们通过对媒介自身以及媒介扩张的不断论证,勾画出一部"媒介扩展史"①。20世纪的50—70年代,美国艺术运动彼此相互关联。极简主义艺术在脱离晚期现代主义的同时,与装置、观念等当代艺术形式实现了初步的对接,并且建立了密切的联系。经历了极简主义的兴盛时期之后,西方艺术重心偏向复杂性与多元性。

如果说格林伯格的现代主义艺术媒介叙事是对剧场性的悬置,那么,当代艺术在媒介融合与跨媒介互动实际上践行了达达艺术的理念,打破了媒介内部(媒介与媒介)、外部(媒介与日常生活)之间的隔膜,凸显了感性经验在20世纪后期的生活里的主导地位,成为全球化视野中的新标尺。媒介已经从幕后转向台前,获得了解放。所谓高级与低端,前卫与媚俗,艺术与日常生活的之间的界限不再存在。与此同时,在当代视觉艺术实践的过程中不断彰显和愈发强调艺术作品与观者的关系。从20世纪早期的动态雕塑,到总体艺术,再到影像装置和灯光艺术,"剧场性"实际上与现代主义相伴而生。从某种程度上,弗雷德从戏剧理论借鉴提炼出来并且加以批判和否定的"剧场性",在当代艺术中被认为是一种积极的正面品格。从极简艺术到装置艺术、观念艺术,并未按照弗雷德的批判道路走下去,"剧场性"在当代视觉艺术的实践中实现了开放与绵延,并且愈发凸显。

(刘白芊,北京师范大学艺术与传媒学院艺术学理论专业2017级博士研究生)

---

① 　参见高名潞《西方艺术史观念:再现与艺术史转向》,北京大学出版社2016年,第300页。

The Cross-media Interaction of Contemporary Art: A Study on Theatricality

Liu Baiqian

Abstract: Contemporary visual art completely breaks the rule of modernism, and dissolves the boundaries of traditional visual art, music and drama; therefore artists have greater control and freedom over the use of materials, media and technology. The viewer's seeing behavior is increasingly emphasized by the contemporary art after the modernist art. The "seeing" for the viewer and "being seen" for the work of art is in a state of excessive proliferation and further strength, which is summarized as the continuation of "theatricality" in contemporary art. This essay takes the critical term "theatricality" as the research object and develops this concept from the perspectives of linguistics, drama theory and art criticism. Meanwhile, it focuses on the relationship between the media self-sufficiency theory of modernist art and the cross-media interaction phenomenon of contemporary art. It also focuses on the return of theatricality in contemporary art, based on the view of criticism term, and the analysis and induction of the term "theatricality" after modernism and postmodernism.

Keywords: theatricality; media; seeing; interaction

何光作品选登

何光,笔名金乌旭,男,汉族,1974 年生于广西贵港市,1998 年毕业于广西艺术学院美术系油画专业并留校任教至今,2007 年毕业于中央美术学院油画系 14 届研修班,现为广西艺术学院美术学院油画系主任、副教授、硕士研究生导师、中国美术家协会会员、广西美术家协会油画艺委会副秘书长、广西油画学会副秘书长、广西青年美术家协会副主席。

恰同学少年 NO.6
150cm×150cm
2016.7

恰同学少年 NO.8　布面丙烯油彩　150cm×200cm　2018.6

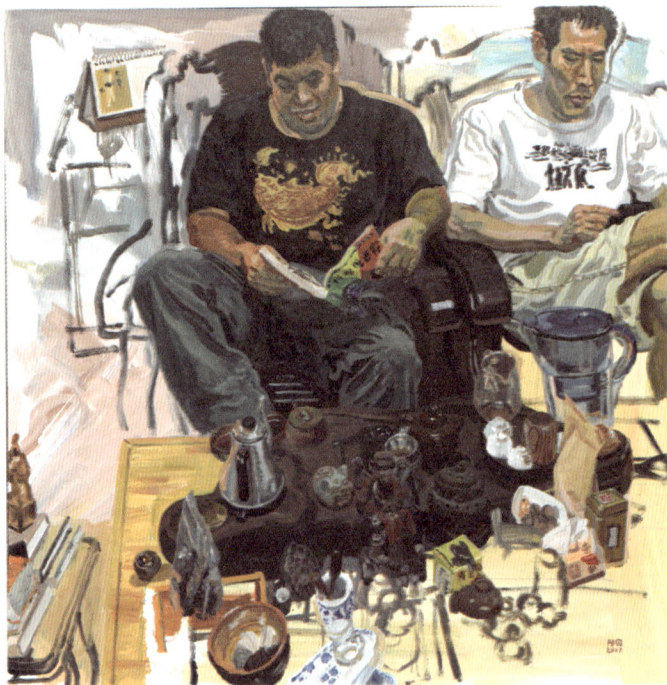

二郎神
布面丙烯油彩
150cm×150cm
2017.8

三个老炮
150cm×200cm
2018.4

珠一样的队友
160cm×160cm
2017.7

珠一样的队友 2
150cm×150cm
2018.3

机不可失
160cm×160cm
2017.8

不必远烧香
布面丙烯油彩
150cm×150cm
2018.5

寿比南山－84　布面丙烯油彩　180cm×100cm　2018.12

午茶　布面丙烯油彩　150cm×150cm　2018.12

黄光良作品选登

　　黄光良,男,壮族,广西南宁人。现为广西艺术学院美术学院副教授、广西美术家协会油画学会委员、广西青年美术家协会理事、广西艺术学院美术学院基础部副主任、美术学院油画系风景绘画工作室主任、漓江画派艺术促进会常务理事。

靖西印象——魁星楼　布面油画　50cm×60cm　2005 年

八月西风龙眼低　160cm×110cm　布面油画　2014 年

企沙写生 NO.6
布面油画
50cm×50cm
2015 年

华国公别墅
布面油画
100cm×100cm
2016 年

疾风骤雨
布面油画
50cm×50cm
2016 年

明仕蕉林
布面油画
50cm×50cm
2016 年

台风季节
布面油画
50cm×50cm
2016 年

西藏桑耶寺 NO.2
布面油画
50cm×50cm
2017 年

小雨涩涩　布面油画　70cm×80cm　2017 年

编后记

　　这辑《媒介批评》因为加了英文标题和摘要，所以整本书就变得"厚重"起来了，当然，我们希望《媒介批评》在内容上做得更加结实，话题上更加丰富，并为媒介文化研究开辟出新的领域。另外，从本辑起，《媒介批评》授权知网转载，这对于每位撰稿人来说添加了无形的压力，因为每篇文章的传播范围扩大了，更需要对自己的文章负责。

　　这一辑的核心话题是讨论"二次元世界"，是一个特别时尚的话题。"二次元"看起来是二十来岁年轻人的世界，其实不然，这是当下互联网文化的共同语境。焦典和张柠的《符号战争：二次元世界的建造与破损》将这一文化现象描述为"符号战争"很是到位，这是在"符号围墙"所构筑的世界内的战争，是各种资本力量和个人欲望之间的战争，特别是文章对"二次元世界的叙事方法"的阐释上作出了有见地的概括。

　　朱丽丽的《混杂式粉丝经济：网络 IP、明星与粉丝社群》论述的是这几年特别热门的网络 IP 现象。作者认为可以从粉丝经济入手，来描绘一个法律概念的演变，即"知识产权"概念怎样在某种意义上成为风行的粉丝文化和粉丝经济的代名词。由于网络 IP 的红火正是网络受众力量所导致，并且改变了原先单向的传播模式，所以才造就了粉丝社群、明星、大资本多重合谋的经济样态。

　　本辑"都市空间"栏目特发表曾一果的《都市景观札记》，这类札记体批评，是本刊认可，并愿意为之推广的文体。作者从都市的新地标建筑、城市天际线，别出心裁的建筑物和城市媒体等四个维度来着墨，似可一网打尽。当然前三者是都市有形的景观，后者则是无形景观，而无形的景观往往比有形的景观有更加广阔的内涵和空间。

柳珊、宋佳芸《"外在弱势感"与"内在强自尊"》一文，对新媒介环境下嘻哈族群的某种情感结构作了剖析。文章围绕其"地下出身"，提炼出他们背后"外在弱势感"与"内在强自尊"两种情感走向，并认为这一情感结构是饱含矛盾张力与紧迫困窘的，因此对中国地下说唱族而言，朝向一种文化公民身份的努力，是他们在社会多元化发展过程中实现自身价值的一条重要途径。

在"图像与视觉文化"栏目，我们推出的是薛霜雨的《舞蹈艺术的哲学探险》，这确实是一种精神探险，而本辑《媒介批评》将笔触伸进舞蹈领域起码是一种有益的尝试。笔者以翟振明在《论艺术的价值结构》一文中已经建构起来的理论框架为凭据，来勾勒舞蹈艺术的结构图，并试图证明虚拟舞蹈优于传统舞蹈，相信会给读者带来新鲜的阅读感受。

本辑在"西洋经"栏目，刊出的是英国学者雅各布·约翰森的《主观和客观之间：大数据，变态以及数字媒介》。该文从心理分析的角度对大数据和数据挖掘进行了分析，并借用精神分析的"变态"概念，概述当今许多数字媒体平台如何将数字媒体用户既视为主体又视为客体。即用户体验重视个体主体，而数据挖掘实践通过承诺定制用户体验来构建用户客体特征。借鉴此文，也许我们可以说，这样一种"变态"是数字媒体时代的常态。